El Cronómetro
Manual de preparación del DELE
Examen A1 para escolares

Alejandro Bech Tormo
Francisco Javier López Tapia
Sara Martín Mateo
María de los Ángeles Villegas Galán

¡Atención! Los exámenes para obtener el DELE, como cualquier examen, sufren cambios. El *Instituto Cervantes* los actualiza y corrige frecuentemente. Sus contenidos vienen definidos en función de dos documentos: el *Marco común europeo de referencia para las lenguas* y el *Plan curricular del Instituto Cervantes*.

El modelo de **examen de nivel A1 para escolares** es nuevo. Este manual de preparación incluye toda la información actualizada del examen e incorpora las novedades a partir de las modificaciones que el *Instituto Cervantes* introduce en los exámenes para ajustarlos y corregirlos.

El Cronómetro. Examen A1 para escolares, a través de la *ELEteca*, permite encontrar esas actualizaciones y correcciones, así como materiales para completar la preparación para el examen. También es recomendable visitar la página web del *Instituto Cervantes*.

© Editorial Edinumen, 2015
© Autores de este manual:
Alejandro Bech Tormo, Francisco Javier López Tapia, Sara Martín Mateo, María de los Ángeles Villegas Galán. Coordinador: Iñaki Tarrés Chamorro

ISBN: 978-84-9848-682-7
Depósito Legal: M-12716-2015
Impreso en España

Coordinación editorial:
David Isa

Edición:
Javier Fernández

Maquetación:
Ana María Gil y Amelia Fernández

Ilustración:
Carlos Casado

Fotografía:
Archivo Edinumen

Diseño de portada:
Carlos Yllana

Impresión:
Gráficas Glodami. Coslada (Madrid)

Editorial Edinumen
José Celestino Mutis, 4. 28028 - Madrid
Teléfono: 91 308 51 42
Fax: 91 319 93 09
e-mail: edinumen@edinumen.es
www.edinumen.es

Extensión digital de **El Cronómetro. Examen A1 para escolares**: consulta nuestra **ELEteca**, en la que puedes encontrar, con descarga gratuita, materiales que complementan este manual.

La Extensión digital para el **alumno** contiene los siguientes materiales:
- Modelo de examen n.º 6.
- Transcripciones de las audiciones con la respuesta correcta marcada en cada caso.
- Fotografías en color de las pruebas.

Recursos del alumno:
Código de acceso
98486827
www.edinumen.es/eleteca

La Extensión digital para el **profesor** contiene los siguientes materiales:
☐ Modelo de examen n.º 6.
☐ Transcripciones de las audiciones con la respuesta correcta marcada en cada caso.
☐ Fotografías en color de las pruebas.
☐ Consejos para el uso en clase de **El Cronómetro. Examen A1 para escolares**.

Recursos del profesor:
Código de acceso
Rellena el formulario de solicitud de acceso a los recursos del profesor en
www.edinumen.es/eleteca/solicitudes

En el futuro, podrás encontrar nuevas actividades. **Visita la ELEteca**

Reservados todos los derechos. No está permitida la reproducción parcial o total de este libro, ni su tratamiento informático, ni transmitir de ninguna forma parte alguna de esta publicación por cualquier medio mecánico, electrónico o por fotocopia, grabación, etc., sin el permiso previo y por escrito de los titulares del *copyright*.

Introducción para candidatos y profesores

1. El Instituto Cervantes otorga en nombre del Ministerio de Educación de España el *Diploma de Español como Lengua Extranjera (nivel A1 para escolares)*, que certifica ese nivel de español a candidatos de entre 12 y 17 años. Para conseguirlo hay que realizar un examen.

2. El objetivo del examen es demostrar que un candidato tiene el nivel A1 de español. Este manual prepara al candidato justamente para ese objetivo, y se centra tanto en las dificultades de las pruebas como en el desarrollo de habilidades para superarlas.

3. La colección El Cronómetro entiende la preparación del examen como una actividad individual porque el examen lo es, y ofrece las herramientas necesarias para una preparación autónoma. En el caso de los exámenes para escolares se tiene especialmente en cuenta que la preparación del examen se realiza muchas veces en un contexto escolar y con la ayuda de un profesor. Además, la información sobre el examen puede ser a veces de difícil comprensión para los chicos sin la ayuda de su profesor: por un lado, están en español; por otro, suponen un nivel de abstracción difícil para ellos. Por ello creemos que la ayuda del profesor es fundamental: es importante que acompañe a los chicos y actúe de mediador entre el libro y el alumno, adaptando y explicando en su lengua informaciones, comentarios y consejos.

Hola, me llamo Croni.

4. El manual se centra en cuatro puntos básicos: información actualizada sobre el examen, dosificada a lo largo del libro; práctica con modelos; desarrollo de habilidades a través de actividades centradas en aspectos concretos; y comentarios y consejos fundamentados en el análisis del examen y en nuestra experiencia como examinadores y como profesores.

5. Los modelos de examen se diseñan respetando escrupulosamente las características establecidas por el Instituto Cervantes: contenidos, tipología textual, tipo de tareas y ámbitos, etc. El manual ofrece, de hecho, fragmentos del examen ofrecido por el Instituto Cervantes en su página web. El aspecto gráfico también se acerca al del examen.

6. Los autores de la colección son profesores de plantilla o colaboradores del Instituto Cervantes, e intervienen habitualmente en los exámenes como examinadores acreditados.

7. La nota. El Instituto Cervantes facilita en su página web un documento llamado *Guía del examen* en el que se describe cómo se calcula la nota. En el caso de las pruebas 1 y 2 es fácil de calcular (ver página 5). Es bueno calcular la nota de esas pruebas de todos los modelos de examen que se proponen en este libro para tener una referencia objetiva del proceso de preparación. En cada prueba hay un espacio para anotarla.

MUY IMPORTANTE

8. El manual se completa con una explicación de lo que pasa el día del examen, así como con unos apéndices que incluyen más información sobre el nivel. Además, el banco de recursos **ELEteca** de la editorial **Edinumen** ofrece de manera gratuita recursos que complementan los del propio manual en su versión en papel. En especial, un modelo de examen completo.

9. Un último consejo. El examen tiene unos límites de tiempo. Es muy importante saber el tiempo que cada candidato necesita para hacer cada parte del examen. Habituarse a controlar este factor es importantísimo. El Cronómetro ayuda a hacerlo. Antes de empezar la preparación, hay que buscar un reloj o mejor un cronómetro, es necesario en todas las tareas que llevan este icono:

Pon el reloj.

Índice

Introducción para candidatos y profesores 3

Esquema general del examen A1 para escolares 5

Consejos para aprovechar este manual 6

Reflexiones sobre la preparación del DELE A1 para escolares .... Disponible en la *ELEteca*

Compendio de instrucciones del examen .... Disponible en la *ELEteca*

Modelo de examen n.º 1 7

Modelo de examen n.º 2 61

Modelo de examen n.º 3 105

Modelo de examen n.º 4 151

Modelo de examen n.º 5 197

Modelo de examen n.º 6 .... Disponible en la *ELEteca*

Resumen de la preparación 225

El día del examen 228

Apéndice 1. Lista de contenidos del nivel A1 230

Apéndice 2. Transcripciones de las audiciones .... Disponible en la *ELEteca*

Apéndice 3. Hojas de respuestas para fotocopiar 234

Esquema general del examen

El examen empieza a las 9:00 en la mayoría de los centros de examen.

 El día del examen recibes para las pruebas 1, 2 y 3 un cuadernillo con los textos y las preguntas, y unas **Hojas de respuestas**, semejantes a las que puedes encontrar al final de este manual.

PRUEBA 1 — COMPRENSIÓN DE LECTURA
45 min. 9:00-9:45 — **25 preguntas**

- **Tarea 1:** Respondo a 5 preguntas con 3 opciones en relación con un correo electrónico o una carta.
- **Tarea 2:** Relaciono 6 frases breves con 6 notas, anuncios, avisos, etc. de 9 posibles.
- **Tarea 3:** Relaciono 6 declaraciones con 6 anuncios breves o instrucciones de 9 posibles.
- **Tarea 4:** Respondo a 8 preguntas con 3 opciones en relación con anuncios, avisos, carteles, etiquetas, etc.

PRUEBA 2 — COMPRENSIÓN AUDITIVA
20 min. 9:45-10:05 — **25 preguntas**

- **Tarea 1:** Escucho 5 diálogos y respondo a 5 preguntas con 3 imágenes cada una.
- **Tarea 2:** Escucho 5 mensajes cortos y los relaciono con 5 imágenes.
- **Tarea 3:** Escucho un monólogo y relaciono 8 palabras o nombres con 8 frases.
- **Tarea 4:** Escucho un monólogo y completo 7 frases con una palabra.

PRUEBA 3 — EXPRESIÓN E INTERACCIÓN ESCRITAS
25 min. 10:10-10:35

- **Tarea 1:** Relleno un formulario.
- **Tarea 2:** Escribo un texto a partir de unas instrucciones.

Total: 1 hora 35 minutos

A OTRA HORA U OTRO DÍA

PRUEBA 4 — EXPRESIÓN E INTERACCIÓN ORALES
10 min.

- **Tarea 1:** Me presento: nombre, edad, nacionalidad, etc.
- **Tarea 2:** *Presento un tema preparado antes.
- **Tarea 3:** Converso con el entrevistador sobre el tema de la tarea 2.

* Más 10 minutos previos de preparación.

 LA NOTA. El resultado del examen no es una nota como en la escuela, solo dice que el candidato tiene el nivel (**apto**) o no lo tiene (**no apto**).

PRUEBA	GRUPO 1		GRUPO 2	
	📖	✏️	💿	💬
PUNTUACIÓN MÁXIMA	25 puntos	25 puntos	25 puntos	25 puntos
PUNTUACIÓN MÍNIMA NECESARIA	30 puntos		30 puntos	

CÁLCULO:
- **Comprensión de lectura y auditiva:** 1 punto por respuesta correcta. 0 puntos por respuesta incorrecta o nula.
- **Expresión e interacción escritas y orales:** consultar la *Guía del examen* en la página web del Instituto Cervantes.

 ¡Atención! Es necesario conseguir las dos notas mínimas para obtener el apto.

Puedes encontrar más información en: http://www.diplomas.cervantes.es
ELEteca http://www.edinumen-eleteca.es/

Consejos para aprovechar este manual

Este manual te sirve para preparar el examen DELE, nivel A1 para escolares. La ayuda de un profesor y de otros candidatos es muy importante, pero también es posible prepararse solo.

 ■ **La idea principal**. Tienes nivel A1 para escolares de español, lo tienes que **demostrar**. Para hacerlo, el **Instituto Cervantes** te propone unas tareas. Para aprobar debes conocerlas, y conocer también las habilidades que tienes para realizarlas. Este manual te ayuda a eso: a prepararte para demostrar lo que sabes.

Vas a encontrar **6 modelos de examen** (5 modelos en el libro y otro en la *ELEteca*). Es importante leer la descripción del principio de cada modelo: te explican cuál es el punto principal que se va a trabajar en él. Algunos están especialmente diseñados para trabajar ciertas dificultades o ciertos tipos de texto. Sigue siempre todas las INSTRUCCIONES.

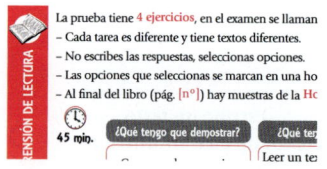 ■ **La información**. Todas las pruebas tienen una **tarea previa** con información del Instituto Cervantes o de los autores. Haz todas esas tareas. En ellas hay preguntas como esta: «Anota aquí tu comentario». No hay que escribir en español, se puede hacer en el idioma del candidato. Lo importante es anotar las ideas, intuiciones y percepciones.

■ **El Cronómetro**. El nombre de este manual tiene que ver con un aspecto muy importante del examen: **el control del tiempo**. No dejes pasar esta indicación: ● ● ● ● ● 🕒 Mi tiempo para esta tarea: _____ min.

 ■ **Actividades**. Al final de cada prueba tienes una serie de actividades. Se centran en habilidades de examen muy útiles.

 ■ **Las claves** de los modelos de examen y de las actividades. No solo sirven para conocer las respuestas correctas, también tienen **comentarios y consejos** sobre los resultados. Las claves son el complemento perfecto de los modelos.

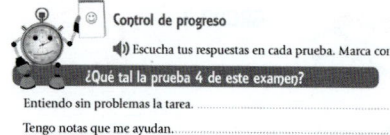 ■ **Las tablas de control de progreso**. Al final de cada prueba de cada modelo vas a encontrar unas tablas para saber cómo progresa tu preparación. Tienes que completarla cada vez. Al final del manual tienes un espacio, "Resumen de la preparación". Allí puedes anotar todos los resultados de todos los modelos y tener una panorámica de tu preparación.

■ **La nota.** Esa misma tabla incluye en las pruebas 1 y 2 un espacio para escribir la nota. Es bueno escribirla siempre porque es un buen indicativo para saber cómo va la preparación del examen en general.

DELE A1
para escolares

Modelo de examen n.º 1

 PRUEBA 1. COMPRENSIÓN DE LECTURA — 45 min.

 **PRUEBA 2. COMPRENSIÓN AUDITIVA** — 20 min.

 **PRUEBA 3. EXPRESIÓN E INTERACCIÓN ESCRITAS** — 25 min.

 **PRUEBA 4. EXPRESIÓN E INTERACCIÓN ORALES** — 10 min.

 **Claves, comentarios, consejos y actividades sobre este modelo de examen.**

En este modelo n.º 1 tienes un primer contacto con el examen. Vas a ver cada prueba, los textos, el tipo de tareas (ejercicios), las preguntas, el tiempo para cada prueba, etc. Al principio de cada prueba hay una actividad para encontrar esa información. Al final de cada prueba hay más actividades para continuar la preparación.

 El Cronómetro, manual de preparación del DELE. Examen A1 para escolares

Prueba 1: Comprensión de lectura

● ● ● ● ● **Antes de empezar la prueba de Comprensión de lectura.**
¿Qué sabes de esta prueba? Responde a las preguntas que te hace Croni:

1. ¿Cuánto tiempo dura la prueba?
....

2. ¿Cuántos ejercicios tienes que hacer?
....

3. ¿Los textos tienen imágenes que me ayudan a entender?
....

4. ¿Todos los textos son del mismo tipo?
....

5. ¿Tienes que entender informaciones concretas?
....

6. ¿En las respuestas hay más de una opción correcta?
....

7. ¿Tienes que escribir las respuestas?
....

8. ¿Tienes que entender toda la información del texto?
....

¿Tus respuestas son correctas? Las respuestas están al final de esta prueba (pág. 16).

PRUEBA DE COMPRENSIÓN DE LECTURA

La prueba tiene **4 ejercicios**, en el examen se llaman **tareas**.
– Cada tarea es diferente y tiene textos diferentes.
– No escribes las respuestas, seleccionas opciones.
– Las opciones que seleccionas se marcan en una hoja diferente: la **Hoja de respuestas**.
– Al final del libro (pág. 234) hay muestras de la **Hoja de respuestas** para fotocopiar.

45 min.

	¿Qué tengo que demostrar?	¿Qué tengo que hacer?	¿Cómo son los textos de cada tarea?	
Tarea 1	Comprendo mensajes breves y sencillos.	Leer un texto y responder a 5 preguntas con 3 opciones.	Textos cortos: correo electrónico, tarjeta postal, etc.	150-175 palabras
Tarea 2	Reconozco informaciones concretas como nombres, horarios o fechas.	Relacionar 6 frases muy breves con 6 textos de 9 posibles.	Textos muy breves con imágenes: notas de agendas, catálogos, anuncios, avisos, etc.	20-30 palabras*
Tarea 3	Entiendo el sentido general de informaciones e instrucciones sencillas con ayuda visual.	Relacionar 6 declaraciones con 6 anuncios breves de 9 posibles.	Textos breves con imágenes: instrucciones, informaciones, anuncios, catálogos, etc.	20-30 palabras*
Tarea 4	Encuentro información concreta en textos informativos cortos.	Leer un texto y responder a 8 preguntas con 3 opciones.	Anuncios o avisos cortos, carteles, etiquetas, etc.	175-200 palabras

*Cada texto.

Fuente: Instituto Cervantes.

 ¡Atención! Puedes consultar la descripción de la prueba original en:
http://diplomas.cervantes.es/informacion-general/nivel-a1-escolares.html

¿Cómo se hace la prueba de **Comprensión de lectura**? Observa sus elementos:

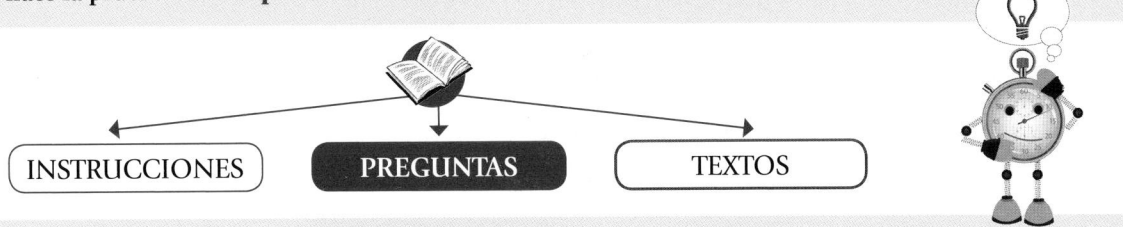

Vamos a ver un ejemplo (tarea 1 del modelo de examen del **Instituto Cervantes**). Observa las flechas.

Pregunta	Fragmento del texto
1. Macarena escribe un correo electrónico sobre… a) sus vacaciones. b) su viaje al extranjero. c) su curso de español.	¡Hola! ¿Qué tal? El curso acaba la próxima semana y tengo muchos planes para este verano: en julio voy a Cádiz con mis padres, a un hotel muy bonito que tiene una piscina y está al lado de la playa; quiero bañarme en el mar por las mañanas y comer y cenar en restaurantes todos los días.

Comentario. La palabra "vacaciones" está relacionada con las palabras "verano", "hotel", "piscina", "playa", "bañarme", "restaurantes". Son cosas que puedes hacer cuando estás de vacaciones, no cuando haces un curso. En el texto completo hay nombres de ciudades de España: Cádiz, San Sebastián y Bilbao; Macarena no habla de países, no habla de ir al extranjero (ir fuera de España, por ejemplo a Francia, a Italia o a Alemania). Conclusión:

Para hacer bien esta prueba tienes que:

1. Leer bien las instrucciones.
2. Leer bien cada pregunta.
3. Localizar en el texto la parte de cada pregunta.
4. Relacionar la parte del texto y una de las opciones de la pregunta.

En las tareas tienes que buscar la información en diferentes tipos de textos, pero la forma de hacer las tareas es siempre como te explica Croni. ¿Qué parte es más importante para aprobar el examen: las instrucciones, las preguntas o el texto?, ¿qué tienes que entender? Anota aquí tu comentario (en español o en tu idioma).

....
....

MUY IMPORTANTE
En el examen **no puedes usar** diccionarios de papel o electrónicos, ni el móvil.

 ¡Atención! Antes de seguir, mira la respuesta en la pág. 16.

 Usa siempre un reloj para calcular el tiempo que necesitas en cada tarea, o mejor: ¡un cronómetro!

¡Ya puedes empezar esta prueba!

Prueba 1: Comprensión de lectura

La prueba de **Comprensión de lectura** tiene cuatro tareas. Debes responder a **25 preguntas**.

● ● ● ● ● 🕒 La prueba dura **45 minutos**. ¡Pon el reloj al principio de cada tarea!

Debes escribir o marcar tus opciones únicamente en la **Hoja de respuestas**.

Tarea 1

INSTRUCCIONES

Vas a leer un correo electrónico de Cristina a Ana, dos amigas. A continuación, debes leer las preguntas (de la 1 a la 5) y seleccionar la opción correcta (A, B o C).

Tienes que marcar la opción elegida en la **Hoja de respuestas**.

0. A ☐ B ☐ C ☐

PARA: ana@micorreo.es
CC:
CCO:
ASUNTO: Excursión

Hola, Ana:
¿Cómo estás? Yo estoy muy contenta porque vienes con nosotros de excursión.
¿Ya sabes que también viene Pedro? Somos cinco personas en total, María, Pedro, Lucas, tú y yo.
La excursión es el próximo sábado, nos encontramos en mi casa a las 8:00 y vamos juntos a la escuela, el autobús nos recoge allí y nos lleva a la playa. ¡Me encanta la playa! Aunque a mi hermano Ángel no le gusta nada, por eso él no viene. Él se queda en casa con mis padres y van a la montaña, yo odio la montaña.
A Pedro y a Lucas ya los conoces, pero a María no. Yo creo que María y tú podéis ser buenas amigas. A ella también le gusta mucho leer y cantar, igual que a ti. Es una chica muy divertida, es alta, morena, delgada y tiene el pelo muy largo.
¡Lo vamos a pasar muy bien!
Te quiero preguntar algo, ¿quieres dormir en mi casa el viernes por la noche? Así podemos desayunar juntas.
Espero tu respuesta.
¡Hasta pronto!
Cristina

PREGUNTAS

1. Hacen la excursión…
   a) en coche.
   b) en bus.
   c) a pie.

2. A Cristina no le gusta…
   a) la playa.
   b) la montaña.
   c) ni la playa ni la montaña.

3. Ángel es…
   a) un amigo de Cristina.
   b) un compañero de clase de Cristina.
   c) un familiar de Cristina.

4. Ana conoce…
   a) a todas las personas que van a la excursión.
   b) solo a una persona que va a la excursión.
   c) a tres personas que van a la excursión.

5. La foto de María es…

a)

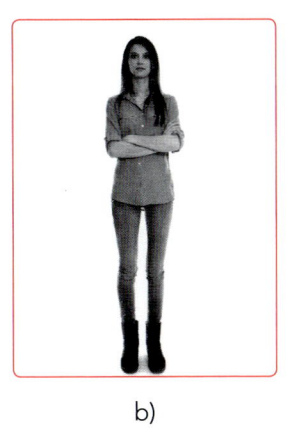
b)

c)

● ● ● ● ● 🕐 Mi tiempo para esta tarea: _____ min.

Tarea 2

● ● ● ● ● 🕐 Pon otra vez el reloj.

INSTRUCCIONES

Vas a leer unos anuncios de un centro deportivo. Debes relacionar los anuncios (A-J) con las frases (de la 6 a la 11).
Hay diez anuncios, incluido el ejemplo. Debes seleccionar seis.
Tienes que marcar la opción elegida en la **Hoja de respuestas**.

Ejemplo: Frase 0. Para hacer este curso no importa tu nivel.

❗ **¡Atención!** El anuncio relacionado con la frase es el **A**, porque estos cursos de tenis son para todos los niveles.

ACTIVIDADES DE NUESTRO POLIDEPORTIVO

CURSOS DE TENIS

Todos los fines de semana, cursos de tenis de 10 a 14 horas, **para todos los niveles**.

A

CAMPEONATO DE BALONCESTO

Del 2 al 28 de junio. Las entradas para el campeonato escolar son gratuitas, solo es necesario reservar la entrada para la final del 3 de abril.

B

PISCINA

Del 15 de junio al 30 de agosto abrimos la piscina. Todos los días, cursos de natación de 09:30 a 12:30 y a partir de las 12:30 abierta para todos.

C

Continúa ➔

PROFESOR DE FÚTBOL
Esta tarde no hay entrenamiento de fútbol porque el profesor está enfermo. La próxima semana continúan los entrenamientos.

D

PISTA DE BALONMANO
A partir del 1 de agosto comienzan las reformas en la pista de balonmano, todas las actividades se cancelan hasta principios de septiembre.

E

CAMISETAS PARA EL EQUIPO DE *RUGBY*
Ya puedes comprar tu camiseta del equipo de *rugby* por 40€, tenemos todas las tallas y puedes elegir tu número preferido.

F

EXCURSIÓN EN BICICLETA
Cada sábado nos vamos de excursión a la montaña, solo necesitas tu bicicleta, ropa cómoda, comida y bebida. Te esperamos en la recepción a las 10:00.

G

RAQUETA DE SEGUNDA MANO
Se vende raqueta casi nueva, muy barata. Solo tiene 2 años y no está muy usada. Si quieres saber el precio, puedes escribir un correo electrónico a: jiotd213@td.com

H

MARATÓN
¿Quieres correr 15 kilómetros? Ya te puedes inscribir para la maratón del 10 de junio. Cada martes, de 16:30 a 18:30, hacemos un entrenamiento para preparar a los participantes.

I

FIESTA
El 14 de junio celebramos la fiesta de la piscina. Empieza a las 19:00. Tenemos música en directo y la actuación de dos cómicos. Te esperamos.

J

	FRASES	ANUNCIOS
0.	Para hacer este curso no importa tu nivel.	A
6.	Te preparan para correr.	
7.	No hay entrenador para hoy.	
8.	Puedes comprar una porque no es muy cara.	
9.	Tienes que reservar una entrada para ver el último partido.	
10.	Solo abre en verano.	
11.	Tienes que llevar tu bicicleta.	

Mi tiempo para esta tarea: _____ min.

Comprensión de lectura

Tarea 3

• • • • • 🕐 Pon otra vez el reloj.

INSTRUCCIONES

Vas a leer las ofertas de cursos de un centro cultural y las frases que dicen unos estudiantes sobre los cursos que necesitan. Debes relacionar los cursos (A-J) con las frases (de la 12 a la 17).

Hay diez ofertas, incluido el ejemplo. Debes seleccionar seis.

Tienes que marcar la selección en la **Hoja de respuestas**.

Ejemplo: Frase 0. Me gusta la música y quiero aprender a tocar varios instrumentos. Quiero estudiar música de mayor.

❗ **¡Atención!** La opción correcta es la letra **A** porque hay clases de varios instrumentos.

A	B	C	D	E
MÚSICA	**KÁRATE**	**IDIOMAS**	**TEATRO**	**ESQUÍ**

Clases de piano, guitarra y flauta para niños, adolescentes y adultos. De lunes a jueves, de 16:00 a 20:00.

Curso de kárate. Lunes y miércoles de 18:00 a 19:30.

Clases de italiano, portugués y francés con profesores nativos. Todas las tardes, de 16:00 a 19:00.

Cursos de teatro e improvisación para niños y adolescentes. Todos los jueves de 18:00 a 20:00.

Curso de esquí con profesor especializado. Sábados de 10:00 a 12:00.

F	G	H	I	J
INGLÉS	**CANTO**	**BAILE**	**CIENCIAS**	**INFORMÁTICA**

Profesor particular de inglés para todos los niveles. Ayuda con la preparación de exámenes y con todos los problemas y dudas.

Clases de canto. Martes y jueves de 16:30 a 18:00. Precios especiales para estudiantes y gente sin trabajo.

Cursos para aprender a bailar salsa, merengue y bachata para niños y niñas. Viernes por la tarde y sábados por la mañana.

Clases de Matemáticas, Física, Química, Ciencias Naturales e Historia a domicilio. Todas las tardes, de lunes a viernes, a partir de las 17:00.

Clases de informática en grupos reducidos, máximo 6 personas por grupo.

Continúa →

	FRASES		ANUNCIOS
0.	Me encanta la música y quiero aprender a tocar varios instrumentos. Quiero estudiar música de mayor.		A
12.	Tengo problemas con algunas asignaturas, pero no puedo ir a una academia porque vivo muy lejos del centro. Necesito un profesor en casa.		
13.	Necesito aprender a usar mejor el ordenador, pero quiero un curso con pocos estudiantes.		
14.	Quiero cantar en un grupo de *rock*, pero soy estudiante y no tengo mucho dinero para pagarme un curso.		
15.	Necesito ayuda con mis deberes de Inglés, pronto tengo un examen y lo tengo que aprobar.		
16.	Hablo muy bien inglés y quiero aprender un nuevo idioma parecido.		
17.	Quiero practicar deporte, pero solo tengo tiempo los fines de semana.		

• • • • • 🕐 Mi tiempo para esta tarea: _____ min.

Tarea 4

• • • • • 🕐 Pon otra vez el reloj.

INSTRUCCIONES

Vas a leer la información del calendario de actividades de verano de un instituto de Secundaria. A continuación, debes leer las preguntas (de la 18 a la 25) y seleccionar la opción correcta (A, B o C).

Tienes que marcar la opción elegida en la **Hoja de respuestas**.

```
        A   B   C
    0.  ☐   ☐   ☐
```

INSTITUTO DE SECUNDARIA VIRGEN DEL POZO

JUNIO	¿Qué vamos a hacer?	¿Para quién es?
8 - Lunes	Fiesta de inauguración. Comida en el patio del instituto.	Todos, alumnos y familias
9 - Martes	Exhibición del grupo de gimnasia rítmica del instituto (en el gimnasio).	Todo el instituto
10 - Miércoles	Visita al Departamento de Física de la universidad.	2.º de Secundaria
11 - Jueves	Concurso de carteles. (Inscripción hasta el 2 de este mes).	3.º y 4.º de Secundaria
12 - Viernes	Fiesta de disfraces con concurso. (Fecha límite de inscripción: 10 de junio).	Secundaria
13 - Sábado	"Liga del sábado", campeonato de fútbol escolar en el patio.	Alumnos con sus padres
14 - Domingo	Excursión a la playa. (Precio: 15 euros. Plazo límite de inscripción: día 10).	4.º de Secundaria
17 - Miércoles	Miniferia del Libro de Segunda Mano. Lugar: salón de actos, junto al gimnasio. Organización: 3.º de Secundaria.	Todos
18 - Jueves	Lectura de poesía en la biblioteca.	1.º y 2.º de Bachillerato
19 - Viernes	Curso de tango y salsa. (Precio: 12 euros. Sin plazo límite de inscripción).	Todo el instituto
20 - Sábado	Visita a la Casa de Bomberos (Plazas limitadas, inscripción hasta el día 18).	1.º y 2.º de Secundaria
21 - Domingo	Fiesta de despedida desde las 18:00.	Todos

18. El 10 de junio los alumnos de 2.º de Secundaria ....
   a) van a hacer un experimento de Física.
   b) van a recibir una visita de la universidad.
   c) van a hacer una visita fuera del instituto.

19. La actividad deportiva del martes es para ....
   a) todos los alumnos del instituto.
   b) los alumnos de Bachillerato.
   c) las alumnas de Secundaria.

20. Los alumnos de 3.º de Secundaria van a organizar ....
   a) una radio.
   b) una feria.
   c) una fábrica.

21. El .... de junio se celebra un concurso de disfraces.
   a) diez.
   b) once.
   c) doce.

22. Para participar en el concurso de carteles debes inscribirte antes del día .... de junio.
   a) dos.
   b) diez.
   c) doce.

23. El campeonato de fútbol va a ser ....
   a) en la playa.
   b) en el gimnasio.
   c) en el patio.

24. Todos los alumnos pueden asistir a clases de ....
   a) Física.
   b) baile.
   c) poesía.

25. .... pueden ir a visitar a los bomberos.
   a) Todos los alumnos de Secundaria.
   b) Los alumnos de Secundaria con sus familias.
   c) Algunos alumnos de Secundaria.

● ● ● ● ● Mi tiempo para esta tarea: _____ min.

Comprensión de lectura

CLAVES

●●●●● **Antes de empezar la prueba de Comprensión de lectura.**

1. 45 minutos; **2.** 4 tareas; **3.** Sí; **4.** No. Unos son cartas o correos electrónicos, otros son anuncios, carteles o avisos…; **5.** Sí; **6.** No; **7.** No; **8.** No es necesario, solo lo más importante.

Muy importante. ¿Qué parte es más importante para aprobar el examen: **las instrucciones, las preguntas** o **el texto**?

Los tres elementos son importantes, tienes que entender los tres. En especial tienes que entender bien las preguntas: son parte del examen igual que el texto.

Tarea 1						Tarea 2					
1	2	3	4	5		6	7	8	9	10	11
B	B	C	C	B		I	D	H	B	C	G

Tarea 3						Tarea 4							
12	13	14	15	16	17	18	19	20	21	22	23	24	25
I	J	G	F	C	E	C	A	B	C	A	C	B	C

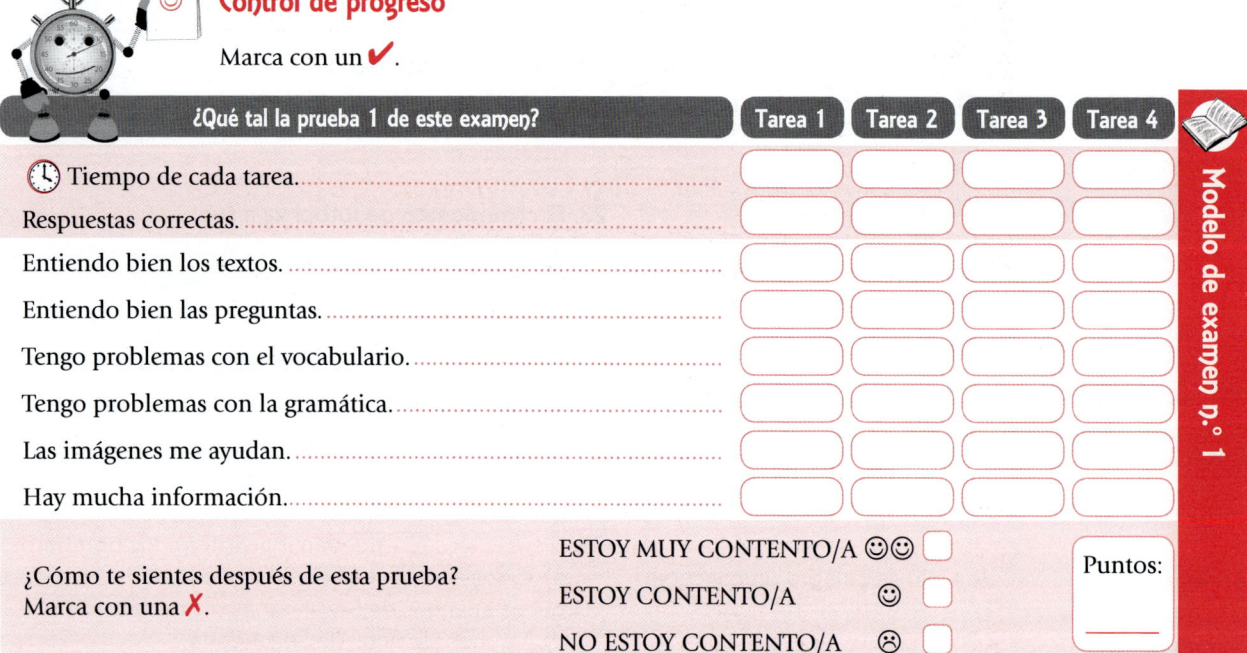

Control de progreso

Marca con un ✔.

¿Qué tal la prueba 1 de este examen?	Tarea 1	Tarea 2	Tarea 3	Tarea 4
Tiempo de cada tarea.				
Respuestas correctas.				
Entiendo bien los textos.				
Entiendo bien las preguntas.				
Tengo problemas con el vocabulario.				
Tengo problemas con la gramática.				
Las imágenes me ayudan.				
Hay mucha información.				

¿Cómo te sientes después de esta prueba? Marca con una ✗.
- ESTOY MUY CONTENTO/A ☺☺
- ESTOY CONTENTO/A ☺
- NO ESTOY CONTENTO/A ☹

Puntos: ___

Actividades sobre el Modelo n.º 1

> **¡Atención!** En los cuatro primeros modelos de **El Cronómetro.** *Examen A1 para escolares* tienes actividades para preparar las tareas. No son tareas de la prueba, pero son muy útiles.

Tarea 1.

a. Subraya en el texto de la tarea 1 de este Modelo n.º 1 las frases de las respuestas correctas.

b. Une las expresiones con el mismo significado.

1. Hacen la excursión en bus.
2. A Cristina no le gusta la montaña.
3. Ángel es un familiar de Cristina.
4. Ana conoce a tres personas que van a la excursión (incluida Cristina).
5. Maria es alta, morena y con el pelo largo.

a. A mi hermano Ángel no le gusta nada…
b. A Pedro y a Lucas ya los conoces, pero a María no.
c. El autobús nos recoge allí y nos lleva a la playa.
d. Es una chica muy divertida, es alta, morena, delgada y tiene el pelo muy largo.
e. …yo odio la montaña.

c. Relaciona las descripciones con las fotografías de la pregunta 5. (Solo hay una descripción para cada fotografía).

1.
2.
3.

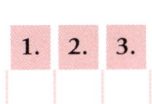

a. Chica alta, morena, delgada y con el pelo muy largo.
b. Chica baja, morena, delgada y con el pelo corto.
c. Chica alta, rubia, gorda y con el pelo largo.
d. Chica alta, morena, gorda y con el pelo largo.
e. Chica alta, morena, delgada y con el pelo corto.

Tarea 2.

a. Busca en los anuncios (págs. 11-12) palabras o expresiones relacionadas con estas:

1. Preparar: ....
2. Correr: ....
3. Verano: ....
4. Último partido: ....
5. No es muy caro: ....

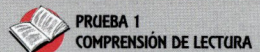
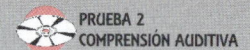
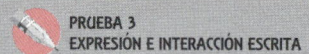
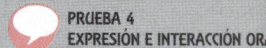

b. Subraya en los anuncios de la tarea 2 la información de la respuesta correcta. Copia esa frase aquí:

FRASES DE LOS ANUNCIOS

6. Te preparan para correr. — ¿Quieres correr 15 kilómetros?… hacemos un entrenamiento para preparar…

7. No hay entrenador para hoy.

8. Puedes comprar una porque no es muy cara.

9. Tienes que reservar una entrada para ver el último partido.

10. Solo abre en verano.

11. Tienes que llevar tu bicicleta.

Tarea 3.

a. Relaciona las siguientes imágenes con su palabra y marca si están en la tarea 3 (en el texto o en las fotografías) como en el ejemplo.

IMÁGENES

PALABRAS

a. ordenador
b. diccionario de inglés
c. balón de baloncesto
d. teléfono móvil
e. micrófono
f. flauta
g. esquís
h. raqueta de tenis
i. tablón de anuncios
j. guitarra
k. libros de diferentes asignaturas

¿ESTÁ EN LA TAREA 3?

	Sí	No		Sí	No
1. h	✔		7.		
2.			8.		
3.			9.		
4.			10.		
5.			11.		
6.					

> ▶ Actividades sobre el Modelo n.º 1

b. En los anuncios y en las frases de los estudiantes hay palabras relacionadas. Subraya esas palabras. Observa el ejemplo del examen del Instituto Cervantes.

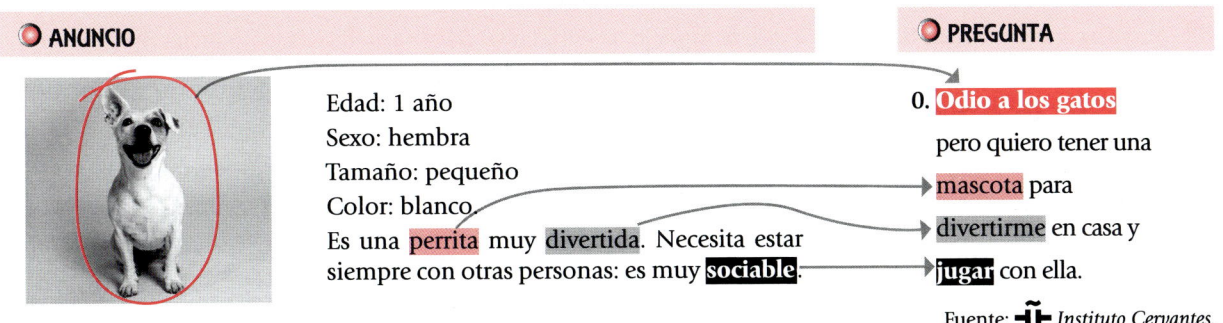

Fuente: Instituto Cervantes.

Tarea 4.

a. Aquí tienes una parte del ejercicio del modelo de examen del Instituto Cervantes. Observa la relación de palabras.

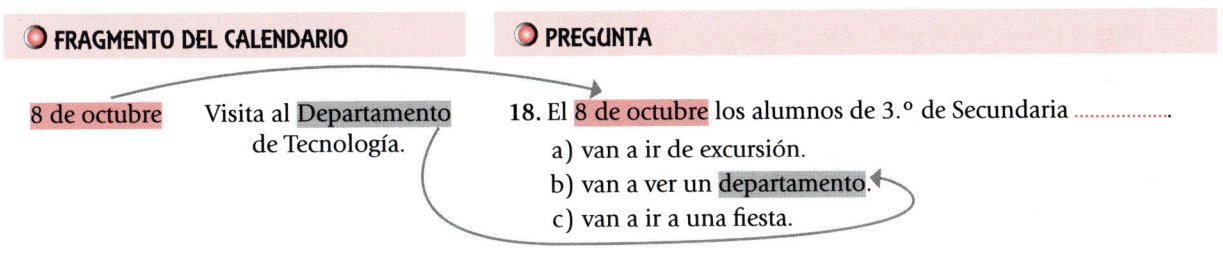

Marca las palabras relacionadas en los siguientes fragmentos del mismo examen.

FRAGMENTOS DEL CALENDARIO		PREGUNTAS
Lectura de Prensa Escrita	Secundaria	19. La actividad para aprender a leer prensa es para .... a) todos los alumnos del instituto. b) los alumnos de Bachillerato. c) los alumnos de Secundaria.
Visita a la exposición "75 aniversario de Radio Jerez"	4.º de Secundaria	20. Los alumnos de 4.º de Secundaria van a visitar .... a) una radio. b) una exposición. c) una feria.
15 de octubre	Concurso de pasteles. (Inscripción hasta el 2 de octubre).	21. El .... se celebra el concurso de comida. a) 30 de octubre b) 15 de octubre c) 2 de octubre
30 de octubre	Fiesta de Halloween. (Fecha límite de inscripción al concurso: 25 de octubre).	22. Para participar en el concurso de la fiesta de Halloween, debes inscribirte antes del .... a) 25 de octubre. b) 30 de octubre. c) 1 de noviembre.

Fuente: Instituto Cervantes.

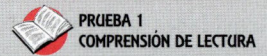 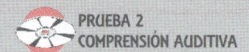 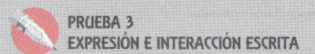 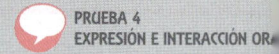

 Consejo. Es buena idea hacer los exámenes que ofrece el **Instituto Cervantes**. En la pág. 8 tienes el enlace.

b. Ahora, marca en el texto de la tarea 4 de este modelo de examen las **palabras relacionadas** con las opciones correctas.

○ FRASES DEL CALENDARIO

Fecha	Actividad	Para
10 de junio Miércoles	Visita al Departamento de Física de la universidad.	
9 de junio Martes	Exhibición del grupo de gimnasia rítmica del instituto (en el gimnasio).	Todo el instituto
	Miniferia del Libro de Segunda Mano. Lugar: salón de actos, junto al gimnasio. Organización: 3.º de Secundaria.	
12 de junio Viernes	Fiesta de disfraces con concurso. (Fecha límite de inscripción: 10 de junio).	
11 de junio Jueves	Concurso de carteles. (Inscripción hasta el 2 de este mes).	
13 de junio Sábado	"Liga del sábado", campeonato de fútbol escolar en el patio.	
	Curso de tango y salsa. (Precio: 12 euros. Sin plazo límite de inscripción).	Todo el instituto
	Visita a la Casa de Bomberos (Plazas limitadas, inscripción hasta el 18 del mes).	1.º y 2.º de Secundaria

○ PREGUNTAS

18. El 10 de junio los alumnos de 2.º de Secundaria ....
    c) van a hacer una visita fuera del instituto.

19. La actividad deportiva del martes es para ....
    a) todos los alumnos del instituto.

20. Los alumnos de 3.º de Secundaria van a organizar ....
    b) una feria.

21. El .... de junio se celebra el concurso de disfraces.
    c) doce.

22. Para participar en el concurso de carteles debes inscribirte antes del día .... de junio.
    a) dos.

23. El campeonato de fútbol va a ser ....
    c) en el patio.

24. Todos los alumnos pueden asistir a clases de ....
    b) baile.

25. .... pueden ir a visitar a los bomberos.
    c) Algunos alumnos de Secundaria.

¿Qué son las **palabras clave**?

Anota aquí tu comentario (en español o en tu idioma).

....
....
....

▶ Actividades sobre el Modelo n.º 1

CLAVES

Tarea 1.

a. 1. *el autobús nos recoge allí y nos lleva a la playa*; 2. *yo odio la montaña*; 3. *a mi hermano Ángel no le gusta nada*; 4. *A Pedro y a Lucas ya los conoces* (y a Cristina, que es quien escribe la carta); 5. *Es una chica muy divertida, es alta, morena, delgada y tiene el pelo muy largo.*

b. 1. c; 2. e; 3. a; 4. b; 5. d.

c. 1. d; 2. a; 3. b.

Tarea 2.

a. 1. Entrenamiento, entrenar; 2. Maratón; 3. del 15 de junio al 30 de agosto; 4. final; 5. muy barata.

b. 6. *Cada martes de 16:30 a 18:30 hacemos un entrenamiento para preparar a los participantes*; 7. *Esta tarde no hay entrenamiento de fútbol porque el profesor está enfermo*; 8. *Se vende raqueta casi nueva, muy barata*; 9. *…solo es necesario reservar entrada para la final*; 10. *…del 15 de junio al 30 de agosto abrimos la piscina*; 11. *…solo necesitas tu bicicleta.*

Tarea 3.

a. 1. h; 2. j; 3. a; 4. f; 5. d; 6. c; 7. i; 8. e; 9. k; 10. b; 11. g.

¿Está en la tarea 3? **Sí:** 1, 2, 3, 4, 7, 8, 9, 10, 11; **No:** 5 y 6.

b. 12. *algunas asignaturas… no puedo ir a una academia* / I. *Clases de Matemáticas, Física, Química, Ciencias Naturales e Historia a domicilio*; 13. *usar mejor el ordenador… quiero un curso con pocos estudiantes* / J. *Clases de informática en grupos reducidos, máximo 6 personas por grupo*; 14. *cantar… no tengo mucho dinero* / G. *Clases de canto… Precios especiales*; 15. *ayuda… Inglés… examen* / F. *Profesor… inglés… Ayuda con la preparación de exámenes*; 16. *aprender… nuevo idioma* / C. *Clases de italiano, portugués y francés*; 17. *deporte… fines de semana* / E. *esquí…Sábados.*

Tarea 4.

a.

FRASES DEL CALENDARIO		PREGUNTAS
Lectura de Prensa Escrita	Secundaria	19. La actividad para aprender a leer prensa es para .... a) todos los alumnos del instituto. b) los alumnos de Bachillerato. c) los alumnos de Secundaria.
Visita a la exposición "75 aniversario de Radio Jerez"	4.º de Secundaria	20. Los alumnos de 4.º de Secundaria van a visitar .... a) una radio. b) una exposición. c) una feria.
15 de octubre	Concurso de pasteles. (Inscripción hasta el 2 de octubre).	21. El .... se celebra el concurso de comida. a) 30 de octubre b) 15 de octubre c) 2 de octubre

 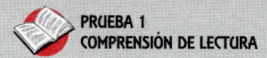 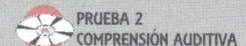 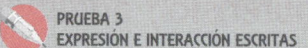 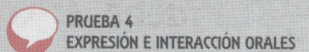

30 de octubre	Fiesta de Halloween. (Fecha límite de inscripción al concurso: 25 de octubre).		22. Para participar en el concurso de la fiesta de Halloween, debes inscribirte antes del .... a) 25 de octubre. b) 30 de octubre. c) 1 de noviembre.

b.

FRASES DEL CALENDARIO			PREGUNTAS
10 de junio Miércoles	Visita al Departamento de Física de la universidad.		18. El 10 de junio los alumnos de 2.º de Secundaria .... c) van a hacer una visita fuera del instituto.
9 de junio Martes	Exhibición del grupo de gimnasia rítmica del instituto (en el gimnasio).	Todo el instituto	19. La actividad deportiva del martes es para .... a) todos los alumnos del instituto.
	Miniferia del Libro de Segunda Mano. Lugar: salón de actos, junto al gimnasio.	3.º de Secundaria	20. Los alumnos de 3.º de Secundaria van a organizar .... b) una feria.
12 de junio Viernes	Fiesta de disfraces con concurso (Fecha límite de inscripción: 10 de junio).		21. El .... de junio se celebra un concurso de disfraces. c) doce.
11 de junio Jueves	Concurso de carteles. (Inscripción hasta el 2 de este mes).		22. Para participar en el concurso de carteles debes inscribirte antes del día .... de junio. a) dos.
13 de junio Sábado	"Liga del sábado", campeonato de fútbol escolar en el patio.		23. El campeonato de fútbol va a ser .... c) en el patio.
	Curso de tango y salsa. (Precio: 12 euros. Sin plazo límite de inscripción).	Todo el instituto	24. Todos los alumnos pueden asistir a clases de .... b) baile.
	Visita a la Casa de Bomberos (Plazas limitadas, inscripción hasta el 18 del mes).	1.º y 2.º de Secundaria	25. .... pueden ir a visitar a los bomberos. c) Algunos alumnos de Secundaria.

¿Qué son **palabras clave**?

Son las palabras que tienes que reconocer y seleccionar para elegir la opción correcta. Están en el texto y en las preguntas. Es buena idea **marcar** en el texto esas palabras (con círculos, con rayas, con colores, etc.).

También en la prueba 2 hay palabras clave, pero las tienes que escuchar, no leer como en esta prueba.

Prueba 2: Comprensión auditiva

•••• **Antes de empezar la prueba de Comprensión auditiva.**
¿Qué sabes de esta prueba? Responde a las preguntas que te hace Croni:

1. ¿Cuántas tareas tiene esta prueba?
   ....

2. ¿Puedes tomar notas?
   ....

3. ¿Cuántas veces escuchas las audiciones?
   ....

4. ¿Hablan muy rápido?
   ....

5. ¿Tienes que entender absolutamente todo?
   ....

6. ¿Puedes pedir la repetición de la audición?
   ....

7. ¿Se oyen ruidos o música?
   ....

8. ¿Tienes suficiente tiempo para responder?
   ....

¿Tus respuestas son correctas? Las respuestas están al final de esta prueba (pág. 31).

PRUEBA DE COMPRENSIÓN AUDITIVA

La prueba tiene **4 tareas**.
– A veces tienes que entender la idea general y a veces una palabra en concreto. Las audiciones se escuchan 2 veces.
– A veces hay imágenes y otras veces textos.
– Las preguntas están en el cuadernillo y marcas las opciones correctas en una hoja diferente: la **Hoja de respuestas**.
– Al final del libro (pág. 234) hay muestras de la **Hoja de respuestas** para fotocopiar.

20 min.

	¿Qué tengo que demostrar?	¿Qué tengo que hacer?	¿Cómo son las audiciones en cada tarea?	
Tarea 1	Entiendo la idea general y datos concretos.	Escuchar 5 diálogos y seleccionar 1 de las 3 imágenes de la pregunta.	Dos personas hablan despacio sobre temas cotidianos o sobre necesidades.	20-30* palabras
Tarea 2	Identifico información concreta como horas, números, precios, etc.	Escuchar 5 mensajes cortos y relacionarlos con 5 de las 8 imágenes de la tarea.	Mensajes o avisos muy breves, cara a cara o por megafonía. La persona habla despacio.	20-30* palabras
Tarea 3	Comprendo datos concretos.	Escuchar un texto y relacionar 8 palabras o nombres con 8 frases de una lista de 11 frases.	Un monólogo sencillo en el que se describe algo: personas, lugares, objetos, etc.	160-200 palabras
Tarea 4	Entiendo la idea general.	Completar 7 frases con las palabras de una lista de 8 palabras o grupos de palabras.	Una conversación entre dos personas que hablan despacio y con claridad de temas cotidianos.	150-170 palabras

*Cada texto tiene entre 20 y 30 palabras.

Fuente: *Instituto Cervantes*.

 ¡Atención! Recuerda que puedes consultar la descripción original de la prueba en:
http://diplomas.cervantes.es/informacion-general/nivel-a1-escolares.html

¿Cómo se hace la prueba de **Comprensión auditiva**? Cada tarea tiene los siguientes elementos:

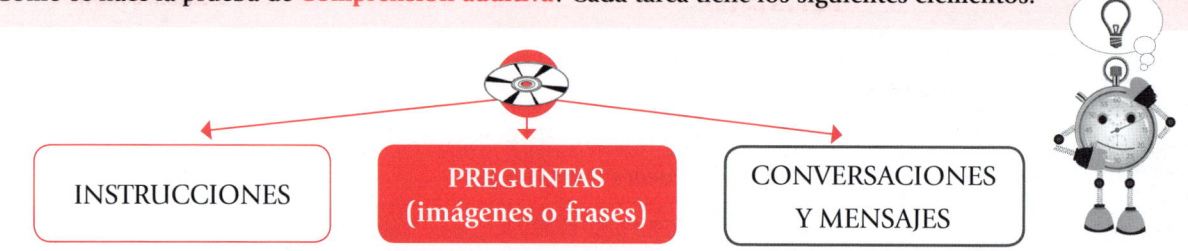

Como ves, son casi los mismos elementos que hay en la prueba 1, **Comprensión de lectura** (pág. 9). ¿Cuál es la diferencia principal entre las dos pruebas?, ¿cuál de las dos crees que es más difícil? Anota aquí tu comentario (en español o en tu idioma).

....
....

¡Atención! Antes de seguir, mira la respuesta en las claves (pág. 31).

Vamos a ver ahora un ejemplo de la tarea 1 del modelo de examen del **Instituto Cervantes**. En la parte izquierda hay una pregunta con tres imágenes y, en la derecha, el texto de una conversación. Hay una palabra marcada. Es la palabra relacionada con la respuesta correcta. Escucha la conversación y observa las imágenes y el diálogo.

1 Pon dos veces la pista n.° **1**.

| PREGUNTA | Conversación 1 |

1. ¿A dónde va el chico?

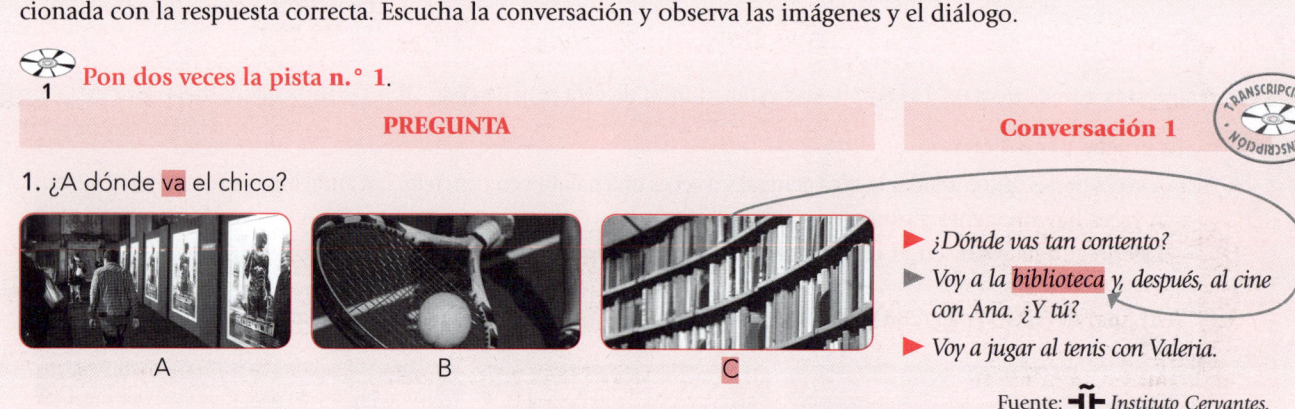

▶ ¿Dónde vas tan contento?
▶ Voy a la biblioteca y, después, al cine con Ana. ¿Y tú?
▶ Voy a jugar al tenis con Valeria.

Fuente: Instituto Cervantes.

Comentario. Observa la pregunta: "¿A dónde va el chico?" Lo que hace la chica (*ir a jugar al tenis* ), no es importante. Lo que va a hacer más tarde el chico (*ir al cine* ) tampoco es importante.

Lo importante es el lugar donde va en este momento, es la respuesta a la pregunta (*ir a la biblioteca* ).

Escucha ahora dos conversaciones más. Ya tienes la foto seleccionada. Ahora, solo tienes que marcar la palabra relacionada con la imagen.

2 Pon la pista n.° **2**. Puedes usar el botón de ⏸ PAUSA si lo necesitas.

| PREGUNTA | Conversación 2 |

2. ¿Dónde va a ir de vacaciones el chico?

A   B   C

▶ Este verano voy de vacaciones con mis amigos.
▶ ¿Al final vais al campamento en la montaña?
▶ No, porque no tiene piscina. Vamos a la playa.
▶ ¡Que suerte!

Modelo de examen n.° 1

PREGUNTA			Conversación 3

3. ¿Qué va a hacer la chica el sábado por la mañana?

A   B   C

▶ ¿Quieres ir el sábado por la mañana a montar a caballo?
▶ No puedo. Tengo que estudiar, el lunes tengo un examen de Matemáticas.
▶ ¡Qué pena! ¿Y el sábado por la tarde?
▶ Voy a casa de mi abuela.

Escucha ahora dos conversaciones más. Ya tienes la foto seleccionada, solo tienes que escribir la palabra relacionada con esa imagen.

 Pon la pista n.° 3. Puedes usar el botón de ⏸ PAUSA si lo necesitas.

PREGUNTAS	Conversaciones

4. ¿Qué gafas prefiere el chico?

A   B   C

▶ Inés, ¿te gustan estas gafas negras para mí?
▶ No. Me gustan estas ....
▶ Esas no me gustan. Prefiero las redondas.

5. ¿Qué tiempo va a hacer mañana?

A   B   C

▶ ¿Qué tiempo hace?
▶ Llueve y hace mucho frío, pero mañana va a ....
▶ ¡Qué mala suerte! Hoy tengo partido de fútbol.

Para hacer bien esta prueba tienes que:

1.° Leer bien las instrucciones y cada pregunta.

2.° Observar bien cada foto o cada respuesta.

3.° Escuchar con atención: ¡recuerda que escuchas cada texto **2 veces**!

4.° Identificar la parte importante de la conversación (a veces una sola palabra).

❗ **¡Atención!** Cada tarea es diferente. Solo en las tareas 1 y 2 tienes que relacionar preguntas con imágenes, en las tareas 3 y 4 no hay imágenes, pero siempre tienes que escuchar con atención e identificar las palabras clave (recuerda el comentario de la página 22).

¡Ya puedes empezar esta prueba!

Prueba 2: Comprensión auditiva

> ¡**Atención!** En este modelo de examen tienes los **diálogos y mensajes** que escuchas en las tareas (la transcripción). <u>Es algo especial de este modelo de examen</u> y te puede ayudar a entender cómo funciona esta prueba. En los otros modelos las transcripciones no están.

La prueba de **Comprensión auditiva** contiene cuatro tareas. Debes responder a **25 preguntas**.

• • • • • La prueba dura **20 minutos**.

Debes marcar o escribir únicamente en la Hoja de respuestas.

 Pon la pista n.° 4. No uses el botón de ⏸ PAUSA en ningún momento. Sigue todas las instrucciones que escuches.

Tarea 1

INSTRUCCIONES

Vas a escuchar cinco conversaciones. Hablan dos personas. Las conversaciones se repiten dos veces. Hay una pregunta y tres imágenes (A, B y C) para cada conversación. Tienes que seleccionar la imagen que corresponde a cada conversación.

Debes marcar la opción elegida en la **Hoja de respuestas**.

Consejo: ¡Mira bien las fotos!

Escucha y observa el ejemplo.

| PREGUNTA | Conversación 0 |

0. ¿Dónde va a bañarse hoy Irene?

 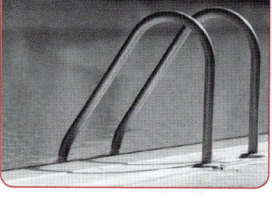 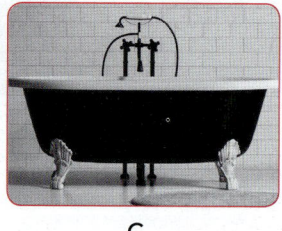

A   B   C

▶ Hola, Irene, ¿a dónde vas?
▶ Voy a la playa, pero Juan y Luis están en la piscina.
▶ Ah, yo vuelvo a casa. Vengo de jugar al fútbol y necesito un baño relajante en la bañera.

La opción correcta es la letra **A**.

0.

| PREGUNTA | Conversación 1 |

1. ¿Qué compra el chico?

  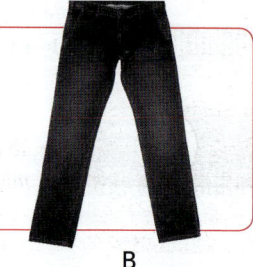 

A   B   C

▶ Hola, ¿qué haces aquí?
▶ Pues, es que este verano quiero comprarme ropa nueva. Necesito unos pantalones y una falda.
▶ Yo voy a comprar estos zapatos. ¿Te gustan?

Comprensión auditiva

PREGUNTA

2. ¿Qué va a hacer el padre?

A

B

C

Conversación 2

▶ ¿Qué haces esta tarde?
▶ No sé, o estudio en casa o salgo con mis amigas.
▶ Yo voy llevar a tu hermano al partido de fútbol, ¿te vienes?

PREGUNTA

3. ¿Cómo va la chica normalmente a la escuela?

A

B

C

Conversación 3

▶ ¡No hay aparcamiento!
▶ ¿Hoy vienes en coche?
▶ Es que hoy hace mal tiempo y tengo un examen. No puedo llegar tarde, pero siempre vengo en autobús.
▶ Yo vengo en metro, es rápido y está cerca de la escuela.

PREGUNTA

4. ¿Qué come el chico?

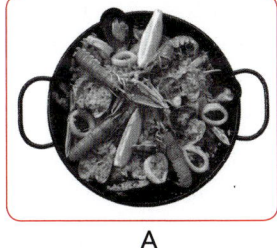
A

B

C

Conversación 4

▶ Hoy en la escuela podemos comer muchas cosas diferentes. Hay hamburguesas, bocadillos o paella, ¿qué prefieres, Ana?
▶ Una hamburguesa con patatas y una ensalada, ¿y tú?
▶ Yo no, yo quiero un bocadillo.
▶ Muy bien, ahora se lo decimos al camarero.

PREGUNTA

5. ¿Dónde va a ir la chica el sábado por la noche?

A

B

C

Conversación 5

▶ ¿Qué haces el fin de semana?
▶ Quiero ir a la biblioteca el sábado por la mañana y al cine por la noche, y el domingo no sé qué hacer.
▶ Yo voy al teatro. ¿Quieres venir conmigo?
▶ Vale, pero si vamos el domingo por la noche.

Tarea 2

INSTRUCCIONES

Vas a escuchar cinco mensajes. Cada mensaje se repite dos veces. Debes relacionar las imágenes (de la A a la I) con los mensajes (del 6 al 10). Hay nueve imágenes, incluido el ejemplo. Tienes que seleccionar cinco.

Debes marcar la opción elegida en la **Hoja de respuestas**.

¡Atención! Recuerda: hay más imágenes que mensajes.

Ahora vas a escuchar un ejemplo.

Ejemplo: Mensaje 0. Los vestidos los tiene en la estantería de arriba.

La opción correcta es la letra **F**.

	MENSAJES	IMÁGENES
0.	Mensaje 0	F
6.	Mensaje 1	
7.	Mensaje 2	
8.	Mensaje 3	
9.	Mensaje 4	
10.	Mensaje 5	

A B C D E F G H I

MENSAJE 1

Solo esta semana su compra al mejor precio. Un kilo de pescado a 9,90 €, la carne más tierna a 10,50 € y el mejor pan a 80 céntimos. Porque la calidad no tiene que ser cara.

MENSAJE 2

Los señores pasajeros con destino a Alicante tienen que embarcar por la puerta C6.

MENSAJE 3

¿Para ir a la biblioteca? Tiene que seguir todo recto y girar la tercera a la derecha. Tarda 10 minutos si va a pie.

MENSAJE 4

Juan, recuerda que la abuela está enferma y necesita las medicinas. Mañana vas a la farmacia y se las llevas. Hay dinero en el sobre que está en la mesa del salón.

MENSAJE 5

La habitación reservada a nombre del Sr. López está en el quinto piso al final del pasillo.

Comprensión auditiva

Tarea 3

INSTRUCCIONES

Vas a escuchar a una chica, Sonia, que habla de los profesores de su escuela. La información se repite dos veces.

A la izquierda, están los nombres de sus profesores. A la derecha, la información sobre ellos. Debes relacionar los números (del 11 al 18) con las letras (de la A a la L).

Hay 12 letras, incluido el ejemplo. Tienes que seleccionar 8.

Debes marcar la opción elegida en la **Hoja de respuestas**.

Consejo: Recuerda que cada audición se oye dos veces.

¡Atención! Lee el ejemplo y observa cómo hay que seleccionar la información:

Ejemplo: Frase 0. Hola, me llamo Sonia y voy a hablar de mis profesores del colegio. Tengo varios y me **gustan mucho**.

La opción correcta es la letra D.

0.	A Sonia	D
11.	Felipe	
12.	Olga	
13.	Soledad	
14.	Leo	
15.	Sandra	
16.	Miguel	
17.	Jorge	
18.	A Asunción	

A	juega al *ping-pong* en su tiempo libre.
B	habla con todos.
C	vamos juntos a la escuela.
D	**le encantan sus profesores.**
E	vive lejos de la escuela.
F	es muy deportista.
G	le gusta leer.
H	llega siempre tarde.
I	explica muy bien.
J	es el más joven.
K	hace exámenes muy difíciles.
L	pone siempre un CD en clase.

▶ SONIA: …Felipe es mi profesor de Música. Le gusta enseñarnos música clásica y moderna, y siempre hace las clases muy prácticas.

Olga es mi profesora favorita porque es muy sociable y siempre me ayuda cuando tengo problemas.

Soledad es la mejor de los profesores y es muy inteligente. Para mí, es muy difícil aprender matemáticas, pero con ella parece fácil.

Leo es mi profesor de español. Lo veo todas las mañanas en la parada del autobús. Practico mucho con él mi español antes de llegar a la escuela.

Sandra es mi profesora de Educación Física. Viene a clase en bicicleta y en invierno esquía en Sierra Nevada.

Miguel es mi profesor de Historia. Vive en un pueblo a 40 kilómetros de la escuela. El campo es su pasión.

Jorge es mi profesor de Literatura. Tenemos que estudiar mucho porque es muy estricto. Es difícil aprobar con él.

Asunción es mi profesora de Inglés. Ella también se ocupa de la biblioteca de la escuela porque le encantan los libros.

Tarea 4

INSTRUCCIONES

Vas a escuchar a un chico, David, que habla de su casa con su amiga Ana. Vas a escuchar la conversación dos veces.

Tienes siete frases (de la 19 a la 25) que no están completas. Debes leer las frases y seleccionar una opción del cuadro (de la A a la I) para completar las frases, como en el ejemplo.

Debes marcar la opción elegida en la **Hoja de respuestas**.

¡Atención! Lee el ejemplo y la transcripción. Observa cómo se selecciona la respuesta correcta:

Ejemplo: Frase 0. La casa de David está .... de su escuela.

La opción correcta es la letra **E**.

Consejo: Lee bien las frases. Recuerda: hay más palabras que frases.

Ahora tienes **30 segundos** para leer las frases.

0.	La casa de David está ___E___ su escuela.
19.	Vive allí desde hace .... años.
20.	David vive en un .... con sus padres.
21.	Tiene .... habitaciones.
22.	Le gusta porque es ....
23.	Su habitación es ....
24.	Está .... del centro.
25.	Está .... comunicada.

A	pequeña
B	tres
C	metro
D	piso
E	cerca de
F	grande
G	trece
H	lejos
I	bien

▶ Hola, Ana, ¿qué tal?
▶ Muy bien David, ¿y tú?
▶ Bien. Voy a casa.
▶ ¿Y vives cerca?
▶ Sí, vivo cerca de la escuela, más o menos a unos 15 minutos. Es muy cómodo por la mañana porque me levanto tarde y llego a tiempo.
▶ ¡Qué suerte! Yo vivo en un piso en el centro, pero tengo que coger el metro todos los días.
▶ Yo también vivo en un piso. Vivo aquí desde hace trece años con mis padres.
▶ ¿Y cómo es?
▶ Muy bonito. Tiene un salón, una cocina, tres habitaciones y dos baños.
▶ ¡Qué grande!, ¿no?
▶ Sí, bastante, pero mi habitación es un poco pequeña.
▶ Bueno, pero al menos está cerca de la escuela.
▶ Sí, pero lejos del centro, aunque está bien comunicado. ¿Y tú? ¿A dónde vas? ¿Por qué no vienes a mi casa y así la ves?
▶ Pues… vale, pero no puedo quedarme mucho tiempo porque tengo que estudiar.
▶ Venga, te tomas algo y te vas.

Comprensión auditiva

CLAVES

●●●●● 🕐 **Antes de empezar la prueba de Comprensión auditiva.**

1. La prueba tiene 4 tareas. En unas tienes que entender la idea general, en otras, información concreta (las horas, los precios, etc.). A veces escuchas a dos personas que hablan (tarea 1, 3, 4) y, a veces mensajes o avisos (tarea 2); **2.** Puedes tomar pocas notas porque tienes poco tiempo. Puedes escribir alguna palabra; **3.** Escuchas las audiciones dos veces; **4.** No. Hablan despacio y con claridad. Normalmente el acento es de España, pero puede haber acentos del español de países hispanoamericanos; **5.** No tienes que entender absolutamente todo: a veces solo una palabra, un dato o una idea. También el contexto ayuda; **6.** No. La audición se repite dos veces y no puede repetirse más veces; **7.** No, no hay ruidos ni música; **8.** Sí. Entre una audición y otra tienes tiempo para responder y para leer las preguntas de la siguiente tarea.

Solución. **A.** redondas; **B.** hacer sol.

❗ **Comentario.** La prueba de Comprensión de lectura te puede resultar más fácil porque puedes volver a leer las preguntas o el texto. En la prueba de Comprensión auditiva, debes entender qué te piden, escuchar solo dos veces la audición, comprender y buscar la opción correcta.

Tarea 1					Tarea 2				
1	2	3	4	5	6	7	8	9	10
A	B	B	C	A	G	D	B	A	H

Tarea 3								Tarea 4						
11	12	13	14	15	16	17	18	19	20	21	22	23	24	25
L	B	I	C	F	E	K	G	G	D	B	F	A	H	I

Control de progreso

Marca con un ✔.

¿Qué tal la prueba 2 de este examen?	Tarea 1	Tarea 2	Tarea 3	Tarea 4
Respuestas correctas.	☐	☐	☐	☐
Entiendo lo que tengo que hacer.	☐	☐	☐	☐
Me parece fácil entender los diálogos.	☐	☐	☐	☐
Tengo problemas para encontrar la opción correcta.	☐	☐	☐	☐
No entiendo porque hablan muy rápido.	☐	☐	☐	☐

¿Cómo te sientes después de esta prueba? Marca con una ✗.

ESTOY MUY CONTENTO/A 😊😊 ☐
ESTOY CONTENTO/A 😊 ☐
NO ESTOY CONTENTO/A ☹ ☐

Puntos: ___

 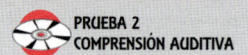 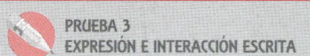 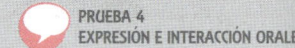

Actividades sobre el Modelo n.º 1

¡Atención! Como sabes, en los cuatro primeros modelos de *El Cronómetro. Examen A1 para escolares* tienes actividades para preparar las tareas. No son tareas de examen, pero son muy útiles.

Tarea 1.

a. Vuelve a escuchar la tarea 1 (págs. 26-27) y marca en la transcripción la palabra clave. Observa el ejemplo.

 Pon la pista n.° 5. Puedes usar el botón de ⏸ PAUSA si lo necesitas.

Pregunta	Conversación 0

0. ¿Dónde va a bañarse hoy Irene?

 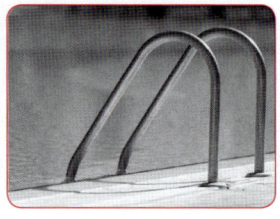 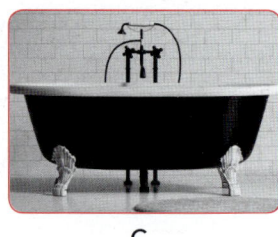

A   B   C

▶ Hola, Irene, ¿a dónde vas?
▶ Voy a la **playa**, pero Juan y Luis están en la piscina.
▶ Ah, yo vuelvo a casa. Vengo de jugar al fútbol y necesito un baño relajante en la bañera.

b. Aquí tienes preguntas nuevas sobre los mismos diálogos. Tienes que hacer el ejercicio como en este modelo de examen. Recuerda que en el examen no tienes la transcripción.

 Escucha la pista n.° 6 sin usar el botón de ⏸ PAUSA.

Pregunta	Conversación 0

0. ¿Dónde va a bañarse hoy Pedro?

A   B   C

▶ Hola, Irene, ¿a dónde vas?
▶ Voy a la playa, pero Juan y Luis están en la piscina.
▶ Ah, yo vuelvo a casa. Vengo de jugar al fútbol y necesito un baño relajante en la bañera.

Pregunta	Conversación 1

1. ¿Qué compra la chica?

A   B   C

▶ Hola, ¿qué haces aquí?
▶ Pues, es que este verano quiero comprarme ropa nueva. Necesito unos pantalones y una falda.
▶ Yo voy a comprar estos zapatos. ¿Te gustan?

▶ Actividades sobre el **Modelo n.º 1**

Pregunta	Conversación 2

2. ¿Qué va a hacer la hija?

A — B — C

▶ ¿Qué haces esta tarde?
▶ No sé, o estudio en casa o salgo con mis amigas.
▶ Yo voy llevar a tu hermano al partido de fútbol, ¿te vienes?

Pregunta	Conversación 3

3. ¿Cómo va el chico normalmente a la escuela?

A — B — C

▶ ¡No hay aparcamiento!
▶ ¿Hoy vienes en coche?
▶ Es que hoy hace mal tiempo y tengo un examen. No puedo llegar tarde, pero siempre vengo en autobús.
▶ Yo vengo en metro, es rápido y está cerca de la escuela.

Pregunta	Conversación 4

4. ¿Qué come la chica?

  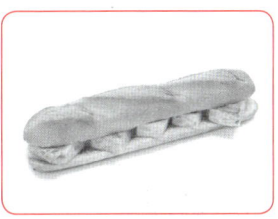

A — B — C

▶ Hoy en la escuela podemos comer muchas cosas diferentes. Hay hamburguesas, bocadillos o paella. ¿Qué prefieres, Ana?
▶ Una hamburguesa con patatas y una ensalada, ¿y tú?
▶ Yo no, yo quiero un bocadillo.
▶ Muy bien, ahora se lo decimos al camarero.

Pregunta	Conversación 5

5. ¿Dónde quiere ir el chico el fin de semana?

  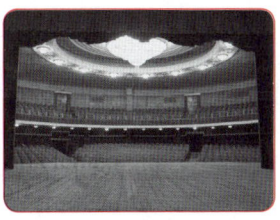

A — B — C

▶ ¿Qué haces el fin de semana?
▶ Quiero ir a la biblioteca el sábado por la mañana y al cine por la noche, y el domingo no sé qué hacer.
▶ Yo voy al teatro. ¿Quieres venir conmigo?
▶ Vale, pero si vamos el domingo por la noche.

Ahora, señala en los diálogos la palabra clave.

Tarea 2.

a. Marca en la transcripción de los mensajes (pág. 28) la palabra relacionada con la imagen.

b. Aquí tienes una nueva serie de fotos. Relaciona los 5 mensajes con 5 fotos. Escribe junto a las fotos el número del mensaje. Recuerda que en el examen no tienes la transcripción.

 Pon la pista n.° 7 sin usar el botón de ⏸ PAUSA.

A ☐   B ☐

C ☐   D ☐

E ☐   F ☐

G ☐   H ☐

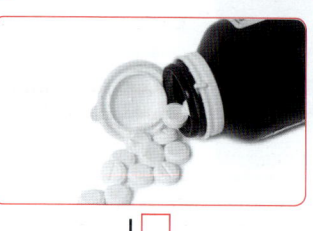

I ☐

MENSAJE 1
Solo esta semana su compra al mejor precio. Un kilo de pescado a 9,90 €, la carne más tierna a 10,50 € y el mejor pan a 80 céntimos. Porque la calidad no tiene que ser cara.

MENSAJE 2
Los señores pasajeros con destino a Alicante tienen que embarcar por la puerta C6.

MENSAJE 3
¿Para ir a la biblioteca? Tiene que seguir todo recto y girar la tercera a la derecha. Tarda 10 minutos si va a pie.

MENSAJE 4
Juan, recuerda que la abuela está enferma y necesita las medicinas. Mañana vas a la farmacia y se las llevas. Hay dinero en el sobre que está en la mesa del salón.

MENSAJE 5
La habitación reservada a nombre del Sr. López está en el quinto piso al final del pasillo.

c. Esta tarea es del examen del **Instituto Cervantes**. Esta vez no tienes la transcripción. Escribe el número del mensaje.

Pon la pista n.° 8 sin usar el botón de ⏸ PAUSA.

Fuente: Instituto Cervantes.

Tarea 3.

a. Escucha la audición y relaciona los nombres de los profesores de Sonia con la información sobre ellos, las frases son diferentes a las de la tarea 3. Recuerda que tres informaciones no son necesarias y que en el examen no tienes la transcripción.

Pon la pista n.° 9. Puedes usar el botón de ⏸ PAUSA si lo necesitas.

0.	Sonia	H
11.	Felipe	
12.	Olga	
13.	Soledad	
14.	Leo	
15.	Sandra	
16.	A Miguel	
17.	A Jorge	
18.	Asunción	

A	pasa mucho tiempo en la biblioteca.
B	viene poco a la escuela.
C	enseña de forma sencilla.
D	es muy antipático.
E	practica mucho deporte.
F	le gustan los exámenes difíciles.
G	no sabe explicar.
H	está contenta con sus profesores.
I	vive cerca de mi casa.
J	le gusta vivir lejos del centro.
K	hace las clases poco teóricas.
L	es muy abierta.

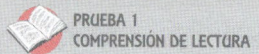 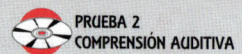 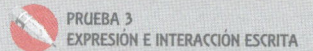 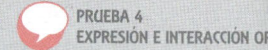

▶ **SONIA:** Hola, me llamo Sonia y voy a hablar de mis profesores del colegio. Tengo varios y me gustan mucho.

Felipe es mi profesor de Música. Le gusta enseñarnos música clásica y moderna, y siempre hace las clases muy prácticas.

Olga es mi profesora favorita porque es muy sociable y siempre me ayuda cuando tengo problemas.

Soledad es la mejor de los profesores y es muy inteligente. Para mí, es muy difícil aprender matemáticas, pero con ella parece fácil.

Leo es mi profesor de Español. Lo veo todas las mañanas en la parada del autobús. Practico mucho con él mi español antes de llegar a la escuela.

Sandra es mi profesora de Educación Física. Viene a clase en bicicleta y en invierno esquía en Sierra Nevada.

Miguel es mi profesor de Historia. Vive en un pueblo a 40 kilómetros de la escuela. El campo es su pasión.

Jorge es mi profesor de Literatura. Tenemos que estudiar mucho porque es muy estricto. Es difícil aprobar con él.

Asunción es mi profesora de Inglés. Ella también se ocupa de la biblioteca de la escuela porque le encantan los libros.

b. Marca en la transcripción de la actividad anterior, las palabras o expresiones clave que te ayudan a hacer la tarea.

c. La audición de esta tarea es del examen del **Instituto Cervantes**. Esta vez no tienes la transcripción.

¡Atención! Las frases son distintas de las del modelo del **Instituto Cervantes**. Puedes hacer el modelo original del Instituto Cervantes con esta grabación.

 Pon dos veces la pista n.° **10**. **No uses** el botón de ⏸ PAUSA.

0.	Ana	D
11.	Estela	
12.	Javier	
13.	A Yolanda	
14.	José	
15.	A Maribel	
16.	Felipe	
17.	Isabel	
18.	Carlos	

A	no va al colegio en autobús.
B	no quiere ser deportista.
C	le gusta ir de compras.
D	conoce a mucha gente en clase.
E	no es muy buen estudiante.
F	le gustan mucho los deportes.
G	no vive lejos del colegio.
H	le gusta mucho la lectura.
I	no tiene muchos amigos.
J	no hace los deberes en casa.
K	pasa mucho tiempo con su ordenador.
L	habla mucho de cine.

Fuente: *Instituto Cervantes*.

▶ Actividades sobre el Modelo n.º 1

Tarea 4.

a. Escucha la audición y escribe en los espacios las palabras o expresiones adecuadas, como en un dictado.

 Pon la pista n.° 11. Puedes usar el botón de ⏸ PAUSA si lo necesitas.

● ● ● ● ● 🕐 Tienes **30 segundos** para leer las frases.

0.	La casa de David está cerca de su escuela.
19.	Vive allí .... hace trece años.
20.	David vive en un piso con sus ....
21.	Tiene tres ....
22.	Le .... porque es grande.
23.	Su habitación .... pequeña.
24.	Está lejos del ....
25.	Está bien ....

b. Ahora, escucha la tarea del modelo del **Instituto Cervantes**. Completa los espacios con palabras del cuadro, como en la tarea de examen.

● ● ● ● ● 🕐 Tienes **30 segundos** para leer las frases.

Pon la pista n.° 12. Puedes usar el botón de ⏸ PAUSA si lo necesitas.

0.	Alicia en vacaciones se levanta a las ....
19.	.... desayunar tarde en verano.
20.	.... estudiar inglés.
21.	Está en la piscina .... horas.
22.	En verano come normalmente a las ....
23.	El cine es más barato ....
24.	Hace deporte ....
25.	Juega al ordenador ....

A	nueve
B	dos
C	le gusta mucho
D	los martes y jueves
E	los miércoles
F	tres
G	no le gusta
H	todos los días
I	once

Fuente: Instituto Cervantes.

¿Te parece más fácil o más difícil hacer la tarea sin las palabras delante (actividad a) o con las palabras delante (actividad b)? Anota aquí tu comentario (en español o en tu idioma).

Escribe en una lista todas las palabras que para ti son **nuevas, necesarias o importantes**.

 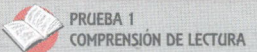 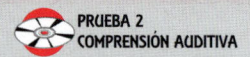 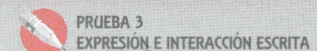 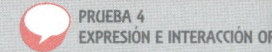

CLAVES

Tarea 1.

a. Palabras clave: **1.** *zapatos*; **2.** *partido de fútbol*; **3.** *autobús*; **4.** *bocadillo*; **5.** *cine*.

> ⓘ **Comentario.** Comprender e identificar en la grabación la palabra clave te ayuda a hacer la tarea correctamente. Recuerda lo que dice Croni en la página 22.

b. **1.** C; **2.** C; **3.** A; **4.** B; **5.** C.

> ⓘ **Consejo.** Es **muy importante** leer bien la pregunta. Si comparas el ejercicio del Modelo n.º 1 (págs. 26-27) con este, puedes observar que cambian las preguntas. Por ejemplo, en el Modelo n.º 1 la pregunta dice: "¿Dónde va a bañarse hoy Irene?". En esta actividad la pregunta dice: "¿Dónde va a bañarse hoy Pedro?". Es importante en esta tarea entender bien los elementos de la pregunta y distinguir la información de cada persona.

Las **palabras clave** son: **0.** *bañera*; **1.** *falda*; **2.** *amigas*; **3.** *metro*; **4.** *hamburguesa*; **5.** *teatro*.

Tarea 2.

a. Las palabras clave son: **0.** *vestidos*; **1.** *pan*; **2.** *pasajeros*; **3.** *biblioteca*; **4.** *medicinas*; **5.** *habitación*.

> ⓘ **Comentario.** Para hacer esta tarea, debes entender la palabra clave y buscar la relación con la foto; a veces la foto no representa exactamente la palabra clave, sino el tema. Por ejemplo, en la página 28, en el mensaje 4 hablan de "medicinas" y en la imagen **A** hay una "farmacia". En el mensaje 2 dice "señores pasajeros" y en la imagen **D** hay "un pasajero con una maleta".

b. **1.** G; **2.** D; **3.** C; **4.** I; **5.** A.

> ⓘ **Comentario.** Si comparas este ejercicio con el del Modelo n.º 1 (pág. 28), puedes ver que los mensajes son los mismos, pero las imágenes son diferentes. Por ejemplo, en el Modelo n.º 1 hay **un pasillo de un supermercado** y en esta actividad **la foto de una barra de pan**. Lo importante es seleccionar la foto que se relaciona con el mensaje.

c. Mensaje 1. B; Mensaje 2. A; Mensaje 3. G; Mensaje 4. D; Mensaje 5. I.

> Entender qué imagen es la correcta puede ser una dificultad en esta tarea. Antes de escuchar la audición: **1.º Observa con atención las imágenes. 2.º Escribe el nombre de lo que representan.** Así puede ser más fácil hacer las tareas con imágenes.

▶ Actividades sobre el **Modelo n.º 1**

Tarea 3.

a. y **b.**

0.	Sonia	H
11.	Felipe	K
12.	Olga	L
13.	Soledad	C
14.	Leo	I
15.	Sandra	E
16.	A Miguel	J
17.	A Jorge	F
18.	Asunción	A

A	pasa mucho tiempo en la biblioteca.	*biblioteca, le encantan los libros*
B		
C	enseña de forma sencilla.	*con ella parece fácil*
D		
E	practica mucho deporte.	*monta en bicicleta y esquía*
F	le gustan los exámenes difíciles.	*es difícil aprobar con él*
G		
H	está contenta con sus profesores.	*tengo varios y me gustan mucho*
I	vive cerca de mi casa.	*lo veo en la parada del autobús*
J	le gusta vivir lejos del centro.	*vive a 40 kilómetros*
K	hace las clases poco teóricas.	*clases prácticas*
L	es muy abierta.	*sociable*

⚠ **Comentario.** En esta tarea, las opciones de la tabla son diferentes de los mensajes que oyes. En la audición se escucha "monta en bicicleta", pero la opción correcta es "practica mucho deporte todos los días". Es importante reconocer estas ideas similares, pues, en este caso, la selección de la opción correcta no depende de una palabra, sino de una idea o una información.

c. 11. G; 12. E; 13. H; 14. I; 15. F; 16. J; 17. B; 18. K.

⚠ **Comentario.** Es importante también comparar el mensaje que se oye y lo que pone en la opción. Por ejemplo, en la audición se dice: "Maribel va a nadar todos los días. Y los fines de semana juega al baloncesto"; en las opciones tienes que elegir entre "quiere ser deportista" y "hace deporte todos los días". Hablan del mismo tema, pero la primera opción no es correcta porque habla de la profesión, no de la frecuencia para hacer deporte. Por eso, la respuesta correcta es la segunda.

Tarea 4.

a. 19. *desde*; 20. *padres*; 21. *habitaciones*; 22. *gusta*; 23. *es*; 24. *centro*; 25. *comunicada*.

b. 19. G; 20. C; 21. B; 22. F; 23. E; 24. D; 25. H.

⚠ **Consejo.** Como en la tarea 3, hay diferencias entre la audición y la opción correcta: en la audición escuchas "me encanta estudiar idiomas" y en la opción correcta pone "le gusta mucho". ¿Qué puedes hacer? La primera vez que oyes la audición, puedes **tomar notas** de las palabras y la segunda vez, puedes **comparar tus notas** con las opciones de la tarea.

¿Qué son las palabras clave en esta prueba?

Como ves, en esta prueba también hay **palabras clave,** pero no las puedes marcar: tienes que identificarlas mientras escuchas las audiciones. Es buena idea **marcar** las palabras importantes en las preguntas (con círculos, con rayas, con colores, etc.), esto te ayuda a identificar las palabras clave en la audición.

Prueba 3: Expresión e Interacción escritas

●●●●● **Antes de empezar la prueba de Expresión e Interacción escritas.**

¿Qué sabes de esta prueba? Responde a las preguntas que te hace Croni:

1. ¿Cuántos textos tienes que escribir?
2. ¿Cuánto tiempo tienes para escribir?
3. ¿Cuántas palabras tienes que escribir?
4. ¿Tienes que escribir sobre tu vida?
5. ¿Hay dibujos o fotos?
6. ¿Tienes que escribir sobre la escuela o la familia?
7. ¿Tienes que decir la verdad?
8. ¿Tienes más preguntas sobre esta prueba?

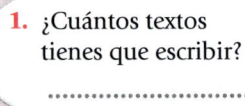

¿**Tus respuestas son correctas?** Las respuestas están al final de esta prueba (pág. 44).

La prueba tiene **2 tareas**.
– Tienes un tiempo máximo para hacer las tareas.
– Tienes que escribir un número máximo de palabras.
– Debes responder en una hoja especial, la **Hoja de respuestas**. En esa hoja están las instrucciones y un espacio para tu texto. En **El Cronómetro** las instrucciones y el espacio para escribir están en el modelo, no hay hojas para fotocopiar.

 25 min.

	¿Qué tengo que demostrar?	¿Qué tengo que hacer?	¿Cómo son los textos en cada tarea?	
Tarea 1	Respondo a preguntas breves con datos personales. Doy información sobre mi vida cotidiana.	Completar un formulario.	Instrucciones y formularios.	15-25 palabras
Tarea 2	Escribo mensajes con información personal relacionada con mi vida.	Escribir una postal, un correo electrónico o una carta breve.	Instrucciones e indicaciones sobre el contenido (verbos en infinitivo).	30-40 palabras

Fuente: Instituto Cervantes.

 ¡Atención! Recuerda que puedes consultar la descripción de la prueba original en:
http://diplomas.cervantes.es/informacion-general/nivel-a1-escolares.html

¿Cómo se hace la prueba de Expresión e Interacción escritas? Observa sus elementos.

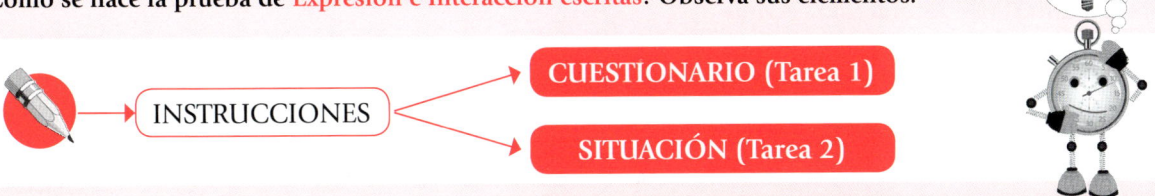

Vamos a ver ahora un ejemplo, la **tarea 2** del modelo de examen del **Instituto Cervantes**. ¡Observa las flechas!

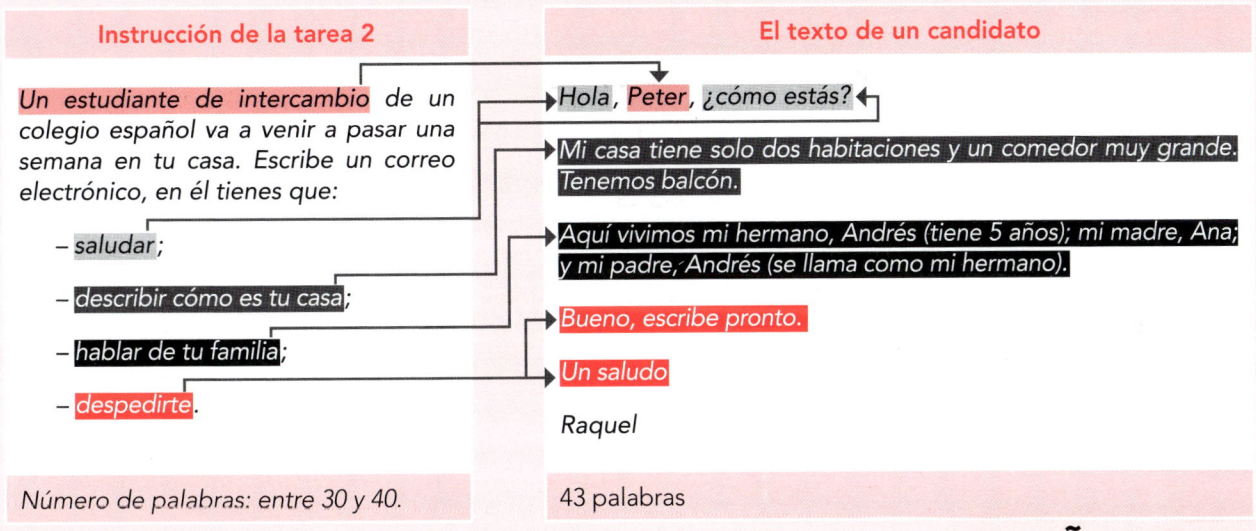

Fuente: Instituto Cervantes.

! Comentario. La instrucción tiene dos partes: una situación y unos verbos. Debes entender bien las dos cosas porque en el texto tienen que aparecer: tienes que escribir frases relacionadas con esas instrucciones para explicar la situación. No tienes que escribir muchas palabras. El texto es muy corto.

¿Qué es lo más importante para aprobar el examen?, ¿qué tienes que hacer? Anota aquí tu comentario (en español o en tu idioma).

....

....

! ¡Atención! Antes de seguir, mira la respuesta que te ofrece Croni.

¡Ya puedes empezar esta prueba!

Prueba 3: Expresión e Interacción escritas

La prueba de **Expresión e Interacción escritas** tiene 2 tareas.

● ● ● ● ● La prueba dura **25 minutos**.

Pon el reloj al principio de cada tarea.

Tarea 1

INSTRUCCIONES

Tu colegio organiza una fiesta de fin de curso. Debes completar este formulario para ayudar a organizar la fiesta.

Tienes que escribir las respuesta únicamente dentro del cuadro.

http://www.colegio.es

FIESTA DE FIN DE CURSO

Nombre

Apellidos

Correo electrónico

Curso en el que estás

Nombre de tu profesor/a

¿Qué tipo de música te gusta?

¿Qué bebida y comida puedes llevar a la fiesta?

¿Prefieres hacer la fiesta en el gimnasio, en el patio o en el salón de actos? ¿Por qué?

Firma

ENVIAR

N.° de palabras: _____.

● ● ● ● ●  **Mi tiempo para esta tarea:** _____ **min.** Pon otra vez el reloj.

Expresión e Interacción escritas

Tarea 2

INSTRUCCIONES

Estás de vacaciones con tu familia. Escribes un correo electrónico a un amigo o una amiga. En él debes:

- *saludar;*
- *decir dónde estás;*
- *explicar qué haces;*
- *explicar por qué te gusta ese lugar;*
- *despedirte.*

Número de palabras: entre 30 y 40.

N.º de palabras: _____.

 **Mi tiempo para esta tarea:** _____ min.

CLAVES

● ● ● ● ● 🕐 **Antes de empezar la prueba de Expresión e Interacción escritas.**

1. 2 textos; **2.** 25 minutos; **3.** En la tarea 1, máximo 25 palabras; en la tarea 2, máximo 40 palabras; **4.** Hay muchos temas posibles, pero siempre relacionados con tu vida normal; **5.** No; **6.** Sí, son dos temas posibles; **7.** No es necesario, lo importante es seguir todas las instrucciones.

❗ **¡Atención!** Hay muchas maneras de hacer bien esta prueba. Aquí tienes solo dos formas posibles.

Tarea 1.

FIESTA DE FIN DE CURSO

Nombre: Fernando
Apellidos: Palacios Reyes
Correo electrónico: fernand.rey@yahoo.es
Curso en el que estás: 3.° de ESO
Nombre de tu profesor/a: Lourdes Díez
¿Qué tipo de música te gusta? Casi todos los tipos, pero especialmente la música *rock*. Mi grupo favorito es…

¿Qué bebida y comida puedes llevar a la fiesta? Puedo llevar 5 botellas de agua y puedo hacer 10 bocadillos (de queso y de jamón).
¿Prefieres hacer la fiesta en el gimnasio, en el patio o en el salón de actos? ¿Por qué? Prefiero el patio porque es más grande y no tenemos que limpiarlo después.
Firma: Fernando Palacios Reyes.

Tarea 2.

Para:	juan.pecas@hotmail.com
Asunto:	De vacaciones

Hola, Juan, ¿qué tal?
Estoy de vacaciones en Almería. Es muy bonito, hace mucho calor. Voy todos los días a la playa. Me encanta el mar y el sol.
Bueno, te dejo. Un beso.
Alicia

N.° de palabras: 35.

☺ Control de progreso

Lee otra vez despacio tus textos. Marca con un ✔.

¿Qué tal la prueba 3 de este examen?	Tarea 1	Tarea 2
🕐 ¿Cuánto tiempo necesitas en cada tarea?		
Número de palabras.		
Entiendo bien las instrucciones.		
Escribo una frase para cada instrucción.		
No escribo demasiadas palabras.		
Tengo pocos errores de gramática.		
Tengo pocos errores de vocabulario.		

¿Cómo te sientes después de esta prueba? Marca con una ✗.

ESTOY MUY CONTENTO/A ☺☺ ☐
ESTOY CONTENTO/A ☺ ☐
NO ESTOY CONTENTO/A ☹ ☐

Modelo de examen n.° 1

 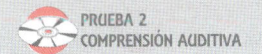 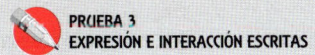 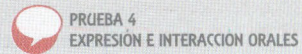

!¡Atención! Como sabes, en los 4 primeros modelos de **El Cronómetro.** *Examen A1 para escolares* tienes actividades que no son tareas de la prueba, pero son muy útiles para mejorar tu preparación.

Tarea 1.

a. La primera parte del formulario son **datos personales**. En la siguiente lista, hay dos palabras que no son datos personales. Busca esas palabras.

MIS DATOS PERSONALES   REGISTRARSE

Nombre: ....
Apellidos: ....
Dirección: ....

Fecha de nacimiento: ....
Lugar de nacimiento: ....
Nombre de los padres: ....
Nacionalidad: .... Sexo: ....

Correo electrónico: ....
Número del móvil: ....

Intereses:

Gustos:

Puedes completar el cuestionario.

b. Relaciona algunas de esas palabras con la información correspondiente, como en el ejemplo.

1. Nombre
2. Apellidos
3. Dirección
4. Correo electrónico
5. Número de teléfono
6. Fecha de nacimiento
7. Lugar de nacimiento
8. Nacionalidad

A. *Rodríguez Ruiz*
B. *Guadalupe (México)*
C. *Carlos*
D. *Mexicano*
E. *C/ Rosas n.º 12, Madrid*
F. *91 345 654 346*
G. *21 de febrero de 2002*
H. *carlos.rodri@gmail.com*

c. La tercera parte del formulario normalmente tiene dos o tres preguntas sobre el tema del formulario. Relaciona las siguientes preguntas con su tema, son del modelo de examen del **Instituto Cervantes**. Sigue el ejemplo.

Temas posibles	Preguntas
1. ¿Qué te gusta hacer en tu tiempo libre?	**A.** Cine Rialto
2. ¿Haces deporte normalmente?	**B.** Tienda de productos informáticos
3. ¿Te gusta ver películas con tus amigos?	**C.** Intercambio escolar
4. ¿Entras mucho en tu página de Facebook?	**D.** Veterinario
5. ¿Juegas mucho con tu ordenador?	**E.** Redes sociales
6. ¿Tienes mascota?	**F.** Tienda de productos deportivos

Tarea 2.

a. La primera línea del texto de la tarea 2 es siempre un saludo. En la siguiente lista hay dos frases que **no** son saludos. Búscalas.

Hola, ¿qué tal?   *Querido Pedro.*   *¿Qué tal te va?*
¿Cómo te va?   *Buenos días.*   *¿Dónde estás?*
¿Tienes tiempo?   *Hola a todos.*   *¡Buenas tardes!*

b. Es muy importante entender bien los verbos de la instrucción. Aquí tienes tres instrucciones posibles. En todas hay un verbo que **no** es una instrucción relacionada con la tarea. Busca ese verbo.

Instrucción 1	Instrucción 2	Instrucción 3
Un estudiante de intercambio de un colegio español va a venir a pasar una semana en tu casa. Escribe un correo electrónico, en él tienes que: – saludar; – describir cómo es tu casa; – hablar de tu familia; – pensar; – despedirte.	*En tus vacaciones conoces a una persona interesante. Escribe un correo a un amigo. En él debes:* – saludar; – correr; – describir a esa persona; – decir por qué te gusta; – despedirte.	*Ahora vives en un barrio nuevo de la ciudad. Escribe un correo electrónico a un amigo de tu antiguo barrio. En él debes:* – saludar; – describir tu nuevo barrio; – comparar tu nuevo barrio con el antiguo; – dormir bien; – decir si te gusta; – despedirte.

Fuente: *Instituto Cervantes.*

▶ Actividades sobre el Modelo n.º 1

c. Aquí tienes tres instrucciones más. Debes relacionar la situación con los verbos de A, B o C.

Situación 1	Situación 2	Situación 3
Tienes un examen y necesitas un libro. Escribe un correo electrónico a la biblioteca. En él debes:	En el instituto hay un profesor nuevo. Escribe un correo electrónico a un amigo o amiga. En él debes:	Tienes una mascota nueva. Escribe un correo electrónico a una persona de tu familia. En él debes:

A
- saludar;
- dar la noticia del animal;
- decir qué animal es y describirlo;
- explicar qué haces con él;
- saludar.

B
- saludar;
- decir cuál necesitas;
- explicar por qué lo necesitas y cuánto tiempo;
- despedirte.

C
- saludar;
- decir cómo es;
- explicar qué asignatura da;
- explicar si te gusta o no;
- despedirte.

CLAVES

Tarea 1

a. Las palabras que no son datos personales: *Intereses, Gustos.*

b. 1. C; 2. A; 3. E; 4. H; 5. F; 6. G; 7. B; 8. D.

c. 1. C; 2. F; 3. A; 4. E; 5. B; 6. D.

Tarea 2

a. Las frases que no son saludos: *¿Tienes tiempo?, ¿Dónde estás?*

b. Los verbos que no son instrucciones: 1. *pensar;* 2. *correr;* 3. *dormir bien.*

c. 1. B; 2. C; 3. A.

¡Ánimo, adelante!

Prueba 4: Expresión e Interacción orales

● ● ● ● ● **Antes de empezar la prueba de Expresión e Interacción orales.**
¿Sabes algo de esta prueba? Responde a las preguntas que te hace Croni:

1. ¿Cuántas tareas tiene la prueba?
....

2. ¿Cuánto tiempo dura la prueba?
....

3. ¿Todas las tareas son iguales?
....

4. ¿Puedo tomar notas cuando preparo la prueba?
....

5. ¿Voy a hablar con otros candidatos?
....

6. ¿Es importante mi pronunciación?
....

7. ¿Tengo que hablar de usted?
....

8. ¿Solo hablo sobre un tema?
....

9. ¿Puedo saber la nota el mismo día del examen?
....

¿Tus respuestas son correctas? Las respuestas están al final de esta prueba (página 55).

PRUEBA DE EXPRESIÓN E INTERACCIÓN ORALES

La prueba tiene **3 tareas**.
– Antes de hablar tienes 10 minutos para preparar las **tareas 1 y 2**.
– Puedes tomar notas, hacer esquemas y mirarlos en la entrevista, pero no puedes leer directamente.
– A veces tienes que hablar solo y, a veces, tienes que conversar con el entrevistador, pero nunca con otro candidato.
– Tu acento no es importante, pero la pronunciación tiene que ser correcta y fácil de entender.
– Los examinadores no pueden decirte nada sobre tu nota.

10 min.*	¿Qué tengo que demostrar?	¿Qué tengo que hacer?	¿Cómo son los materiales?	
Tarea 1	*Me presento: digo mi nombre, edad, nacionalidad, etc.	Hacer una presentación sobre mí que preparo antes.	Instrucciones y un esquema con palabras sobre información personal.	1-2 minutos
Tarea 2	Doy información sobre mí mismo y sobre mi vida: personas conocidas, cosas y lugares favoritos, actividades escolares, etc.	Hacer una presentación sobre mi familia, mis amigos, mis cosas, etc.	Instrucciones y palabras sobre un tema.	2-3 minutos
Tarea 3	Converso sobre las informaciones de la tarea 2.	Conversar sobre el tema de la tarea 2.	No hay.	3-4 minutos

*Más 10 minutos de preparación de las tareas 1 y 2 en una sala diferente.

Fuente: *Instituto Cervantes*.

Observa la situación:

En el examen tú no eres un estudiante, eres un **candidato**. El entrevistador es la persona que pregunta y el calificador, el que pone las notas.

(1) el entrevistador
(2) el candidato
(3) el calificador

Lee la información del **Instituto Cervantes** sobre las instrucciones de las tareas de esta prueba:

La prueba de Expresión e Interacción orales tiene tres tareas:

- **TAREA 1. Realizar una presentación personal breve (1-2 minutos)**.
  Vas a preparar una presentación personal de 2 minutos aproximadamente.

- **TAREA 2. Realizar una presentación sobre un tema (2-3 minutos)**.
  Vas a seleccionar tres opciones para hablar sin interrupciones de un tema durante unos 2 minutos.

- **TAREA 3: Participar en una conversación (3-4 minutos)**.
  El entrevistador te va a hacer preguntas sobre el tema de la tarea 2 y tienes que responder. Después, tú tienes que hacer **dos preguntas** al entrevistador sobre el tema de la tarea 2.

Fuente: *Instituto Cervantes.*

¡Atención! Puedes consultar la descripción de la prueba original en:

http://diplomas.cervantes.es/informacion-general/nivel-a1-escolares.html

Con esa información, relaciona los siguientes diálogos con la tarea correspondiente.

DIÁLOGOS*	TAREAS ¿1, 2 o 3?
SALUDO ▶ **Entrevistador:** *Hola, me llamo Paco, ¿y tú?* ▶ **Candidato:** *Hola, Paco. Yo me llamo Marco.* ▶ **E:** *¿Cómo estás?* ▶ **C:** *Bien, gracias, estoy bien.* ▶ **E:** *¿De dónde eres?* ▶ **C:** *Soy de Palermo.* ▶ **E:** *Bueno, Marco. Sabes que en esta prueba tienes tres tareas: dos con preparación y una sin preparación. Empezamos, ¿de acuerdo?* ▶ **C:** *Sí, vale.* 	

*Los diálogos están corregidos y no contienen los errores originales.

Tarea

▶ **Entrevistador:** *Ahora voy a hacerte unas preguntas, ¿vale? ¿Te gusta tu colegio?*

▶ **Candidato:** *Sí… me gusta mucho. Creo que es un colegio muy bueno. A mis padres también les gusta.*

▶ **E:** *¿Y cómo es tu colegio?*

▶ **C:** *Es un colegio bastante grande y… muy bonito. Es muy bonito. Tiene… muchas aulas, una biblioteca, una sala de ordenadores, un gimnasio y algunas zonas verdes.*

▶ **E:** *Dices que tu colegio es grande. ¿Cuántos estudiantes tiene?*

▶ **C:** *Tiene aproximadamente unos… 1000. Es uno de los colegios más grandes de la ciudad.*

▶ **E:** *¿Está bien situado?*

▶ **C:** *Está muy bien situado porque está en el centro de la ciudad. Yo también vivo en el centro y puedo ir a pie.*

▶ **E:** *¿Qué cosas hay cerca de tu colegio?*

▶ **C:** *Cerca del colegio hay muchas tiendas, cafeterías, restaurantes y un parque. En el parque podemos leer, charlar con los amigos o practicar deportes.*

▶ **E:** *Dices que tus profesores son muy buenos y que tu profesor favorito es el profesor de Español. ¿Hay profesores que no te gustan?*

▶ **C:** *Me gustan todos, pero… el profesor de Matemáticas es un poco serio. A veces también es un poco aburrido. Le gustan mucho los deberes y siempre tenemos que trabajar mucho en casa. En casa me gusta descansar, no me gusta trabajar. Ya estudiamos mucho en el colegio.*

▶ **E:** *¿Te gusta estudiar lenguas en el colegio?*

▶ **C:** *Sí. Me encanta. Ahora estudio francés y español. Este es mi primer año de español y es un poco difícil pero… quiero estudiarlo también el próximo curso. Hay muchas personas que hablan español. Es una lengua muy útil.*

▶ **E:** *¿Qué quieres estudiar en el futuro?*

▶ **C:** *En el futuro quiero estudiar Pe… Periodismo porque me gusta mucho escribir. Escribo en el periódico del colegio. También me gustan la radio y la televisión.*

▶ **E:** *Ahora tienes que hacerme dos preguntas a mí sobre este tema.*

▶ **C:** *¿Cuál es tu asignatura favorita?*

▶ **E:** *Me gusta mucho el inglés. Estudio inglés también ahora. Siempre tengo muy buenas notas. Mis profesores también son buenos. Practico mucho todos los días, por ejemplo, veo películas, escucho la radio en inglés y leo periódicos. ¿Cuál es tu segunda pregunta?*

▶ **C:** *Mi segunda pregunta… Vale. ¿Tu profesor favorito… quién es?*

▶ **E:** *Mi profesor favorito se llama James. Es un profesor muy trabajador y siempre habla en inglés con nosotros. Me gusta mucho porque las clases son interesantes. Pues… esto es todo. La prueba termina. Muchas gracias y mucha suerte. Adiós.*

Tarea

▶ **Entrevistador:** *Vale, de acuerdo. Vamos a empezar con la tarea 1. Tienes que hacer una presentación personal de 1 o 2 minutos. Hablas tú solo. Puedes empezar.*

▶ **Candidato:** *Sí, me llamo Marco Frattaroli y soy italiano, de Palermo. Tengo 13 años. Hablo italiano, inglés y… un poco de español. Me gusta mucho estudiar lenguas… Soy buen estudiante y me gustan mucho todos los deportes, especialmente el fútbol y el… baloncesto. Soy bastante tranquilo y simpático. Tengo muchos amigos… Estudio Secundaria en un colegio grande y muy bueno. Estudio más de… 8 asignaturas diferentes: Español, Inglés, Historia, Matemáticas, Educación Física y… otras… Ya está.*

▶ **Entrevistador:** *Gracias. Vamos a pasar a la siguiente tarea.*

Tarea

▶ **Entrevistador:** *Ahora tienes que hablar sobre un tema. Tu tema es TU COLEGIO, ¿no? ¿Sobre qué tres opciones vas a hablar?*

▶ **Candidato:** *Voy a hablar sobre mis compañeros, mis profesores y mis asignaturas favoritas.*

▶ **E:** *Vale. Puedes empezar ya. Tienes que hablar durante unos 2 minutos.*

▶ **C:** *Vale… Empiezo… Mi clase tiene 25 estudiantes y todos mis compañeros son muy simpáticos. Mi mejor amigo de clase se llama Paolo y tiene 13 años… como yo. A Paolo y mí nos gusta mucho hacer los deberes en la biblioteca del colegio. A mí no me gusta hacer los deberes en casa. Después, siempre vamos a jugar a la videoconsola a mi casa o a la… su… suya… Ahora voy a hablar de mis profesores. Mis profesores son muy buenos. Mi profesor favorito es el profesor de Español. Se llama Jaime y es de Granada. La clase es divertida y aprendemos mucho. Jaime es muy buen profesor y siempre nos ayuda cuando tenemos… dudas… problemas… Mis asignaturas favoritas son las lenguas. Me gusta mucho conocer otras culturas. El inglés y el español son lenguas importantes y… muchas personas hablan estas lenguas.*

DESPEDIDA

▶ **Entrevistador:** *Bien, Marco, pues eso es todo. Gracias por participar en el DELE y buen día.*

▶ **Candidato:** *Gracias, adiós.*

▶ **E:** *Adiós, adiós.*

¡En resumen!

1.º La prueba tiene **3 tareas**.

2.º Tienes 10 minutos para preparar las **tareas 1** y **2**.

3.º Puedes tomar notas, hacer esquemas y mirarlos durante la entrevista. Puedes mirarlos pero no leerlos directamente.

4.º La **tarea 3** no la preparas y vas a responder a unas preguntas que no conoces.

❗ **¡Atención!** En la tarea 2 de la prueba te van a ofrecer 2 opciones para elegir una, pero en los modelos de **El Cronómetro.** *Examen A1 para escolares* solo hay una opción por modelo.

🎤 Graba tus tareas para 🔊 escucharlas y descubrir qué cosas están bien y qué cosas puedes mejorar. ¡Ah! Es muy importante controlar el ⏱ tiempo. Usa un reloj, o mejor: **¡un cronómetro!**

¡Ya puedes empezar esta prueba!

Prueba 4: Expresión e Interacción orales

LA PREPARACIÓN

Observa las siguientes viñetas para entender bien cómo funciona la preparación de la prueba:

Para este modelo de examen, **El Cronómetro.** *Examen A1 para escolares* utiliza parte del material que ofrece el **Instituto Cervantes** en su página web. Ya conoces su dirección. Puedes ver ahí el ejemplo completo.

● ● ● ● ● Tienes **10 minutos** para preparar las tareas 1 y 2. Sigue todas las **instrucciones**.

Tarea 1

INSTRUCCIONES

Consejo. En esta tarea tienes que hablar sobre ti. Piensa en cómo te presentas en tu propia lengua y después puedes hacer lo mismo en español. **Graba** una presentación personal en tu propia lengua y **escúchala**. Ahora ya tienes más ideas para hacer la tarea 1.

● ● ● ● ● Vas a hablar de 1 a 2 minutos. El entrevistador no habla en esta parte de la prueba.

Vas a preparar una presentación personal de 2 minutos aproximadamente. Puedes hablar sobre los siguientes aspectos:

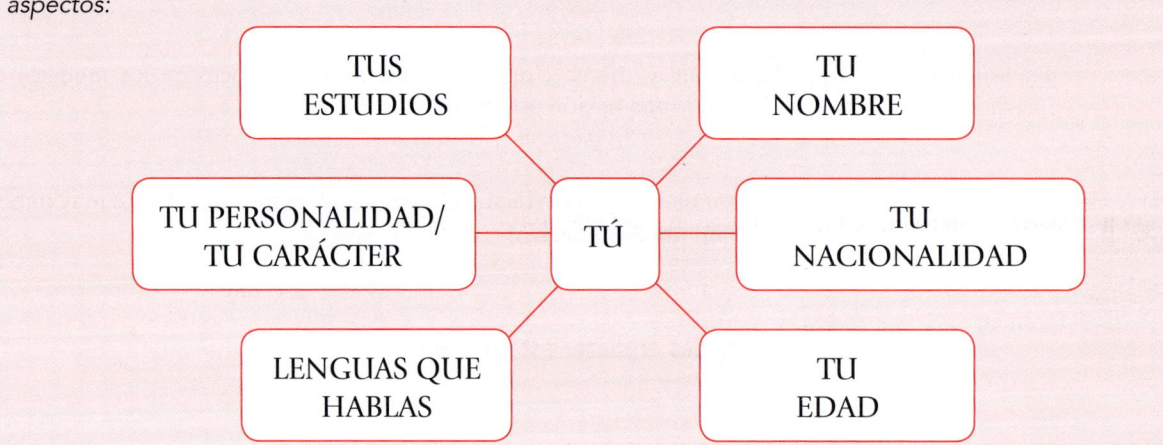

Fuente: *Instituto Cervantes.*

Expresión e Interacción orales

Tarea 2

⚠ **Consejo.** En esta tarea tienes que presentar **un tema** (tu familia, tus amigos, tu centro escolar, etc.). El tema tiene 5 opciones. En tu presentación tienes que hablar **solo sobre 3 opciones**. Durante la preparación, piensa en experiencias personales relacionadas con ese tema. Recuerda que no puedes leer párrafos completos, solo ayudarte con tus notas.

● ● ● ● ● 🕒 Vas a hablar de 2 a 3 minutos. El entrevistador no habla en esta parte de la prueba.

Vas a seleccionar tres de las cinco opciones para hablar aproximadamente durante dos minutos:

- ASIGNATURA/S FAVORITA/S
- TU AULA: cómo es; qué hay…
- TU COLEGIO
- TUS COMPAÑEROS: cómo son…
- EDIFICIO: cómo es; qué hay…
- TUS PROFESORES: cómo son; cuál es tu preferido…

Recuerda que durante el examen no puedes usar diccionarios ni ningún dispositivo electrónico.

Fuente: *Instituto Cervantes.*

LA ENTREVISTA

⚠ **Consejo.** Para hacer esta tarea es bueno tener la ayuda de tu profesor, un hispanohablante o simplemente un compañero de clase. Recuerda que al final de la tarea 3 tienes que hacerle dos preguntas al entrevistador.

Observa estas viñetas para visualizar cómo empieza la prueba:

⚠ **¡Atención!** En el examen vas a **escuchar las preguntas** del entrevistador, **no las vas a leer**. En los primeros modelos de examen de El Cronómetro. *Examen A1 para escolares*, puedes escuchar y leer las preguntas al mismo tiempo. Después, solo las vas a escuchar. El objetivo es aprender a entender preguntas que no conoces.

Tarea 1

●●●●● Recuerda que la tarea dura de **1 a 2 minutos**.

 Pon la pista n.º 13. Escucha y lee las instrucciones, y comienza tu presentación.

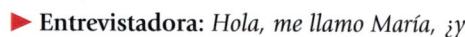 **Graba** tus respuestas.

▶ **Entrevistadora:** *Hola, me llamo María, ¿y tú?*
▶ **Candidato:** ...
▶ E: *¿De dónde eres?*
▶ C: ...

▶ E: *Vale, de acuerdo. Vamos a empezar con la tarea 1. Tienes que hacer una presentación personal de 1 a 2 minutos. Hablas solo tú.*
▶ C: ...

Tarea 2

●●●●● Recuerda que la tarea dura de **2 a 3 minutos**.

 Pon la pista n.º 14. Escucha y lee las instrucciones, y comienza tu presentación.

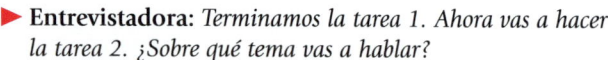 **Graba** tus respuestas.

▶ **Entrevistadora:** *Terminamos la tarea 1. Ahora vas a hacer la tarea 2. ¿Sobre qué tema vas a hablar?*
▶ **Candidato:** ...
▶ E: *De acuerdo. ¿Sobre qué tres opciones vas a hablar?*

▶ C: ...
▶ E: *Vale. Puedes empezar ya. Tienes que hablar durante unos 2 minutos.*
▶ C: ...

Tarea 3

●●●●● Recuerda que la tarea dura de **3 a 4 minutos**.

 Pon la pista n.º 15. Escucha y lee las instrucciones, y responde a todas las preguntas.

 Graba tus respuestas.

▶ **Entrevistadora:** *¿Te gusta tu colegio? ¿Por qué?*
▶ **Candidato:** ...
▶ E: *¿Cómo es tu colegio?*
▶ C: ...
▶ E: *¿Y cuántos estudiantes tiene?*
▶ C: ...
▶ E: *¿Dónde está?*
▶ C: ...
▶ E: *¿Qué cosas hay cerca de tu colegio?*
▶ C: ...
▶ E: *¿Cuál es tu profesor favorito? ¿Por qué?*
▶ C: ...
▶ E: *¿Hay algún profesor que no te gusta? ¿Por qué?*

▶ C: ...
▶ E: *¿Te gusta estudiar lenguas en el colegio?*
▶ C: ...
▶ E: *¿Qué quieres estudiar en el futuro?*
▶ C: ...
▶ E: *Ahora tienes que hacerme dos preguntas a mí sobre este tema.*
▶ C: (Pregunta 1)...
▶ E: (Respuesta 1). *¿Cuál es tu segunda pregunta?*
▶ C: (Pregunta 2)...
▶ E: (Respuesta 2). *Pues... esto es todo. La prueba termina. Muchas gracias y mucha suerte.*

Expresión e Interacción orales

CLAVES

● ● ● ● ● 🕐 **Antes de empezar la prueba de Expresión e Interacción orales.**

1. La prueba tiene 3 tareas; **2.** La prueba dura 10 minutos. Si en alguna tarea no hablas todo el tiempo, el examinador puede hacerte otras preguntas; **3.** Las tareas son diferentes. En las tareas 1 y 2 hay que hacer presentaciones. En la tarea 3 tienes que conversar con el entrevistador. Primero, tienes que contestar a las preguntas del entrevistador y, después, tú le haces 2 preguntas; **4.** Sí. Las notas pueden ayudarte mucho a mejorar tus presentaciones. Durante la entrevista las puedes mirar; **5.** La prueba es individual. No tienes que hablar con otros candidatos. Solo hablas con el entrevistador; **6.** La pronunciación tiene que ser clara y comprensible, pero puedes tener errores; **7.** Como es un examen escolar, el entrevistador normalmente habla de tú; **8.** No. Hay diferentes temas de conversación, por ejemplo: la familia, los amigos, el centro de estudios, etc. Los temas de las tareas 2 y 3 son iguales; **9.** No. Los examinadores no pueden decirte nada sobre la nota.

Control de progreso

🔊 Escucha tus respuestas en cada prueba. Marca con un ✔.

¿Qué tal la prueba 4 de este examen?

	Tarea 1	Tarea 2	Tarea 3
Las notas y esquemas me ayudan.	☐	☐	☐
Entiendo sin problemas la tarea.	☐	☐	☐
Hablo sobre el tema y no sobre otras cosas.	☐	☐	☐
Hablo durante el tiempo que tiene la tarea.	☐	☐	☐
Entiendo bien las preguntas del entrevistador.	☐	☐	☐
Tengo una pronunciación clara.	☐	☐	☐
No tengo errores graves de gramática.	☐	☐	☐
No tengo errores graves de vocabulario.	☐	☐	☐

¿Cómo te sientes después de esta prueba? Marca con una ✗.

ESTOY MUY CONTENTO/A 😊😊 ☐
ESTOY CONTENTO/A 😊 ☐
NO ESTOY CONTENTO/A ☹ ☐

 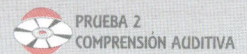 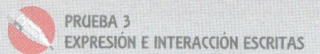 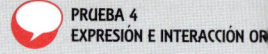

Actividades sobre el Modelo n.º 1

¡Atención! Como sabes, en los modelos de *El Cronómetro, Examen A1 para escolares* tienes actividades para preparar las tareas. El objetivo es mejorar el resultado del modelo de examen.

Tarea 1.

a. Antes de empezar la tarea, el entrevistador hace algunas preguntas personales. ¿Puedes ordenar este diálogo entre el entrevistador y el candidato en la tarea 1? Sigue el ejemplo.

- ☐ ▶ *Candidato:* Me llamo Mark y soy inglés, de Leeds. Tengo 14 años y hablo inglés, mi lengua materna, y un poco de español…
- ☐ ▶ *Candidato:* Hola, María. Yo me llamo Mark.
- ☐ ▶ *Candidato:* Soy de Leeds.
- **1** ▶ *Entrevistadora:* Hola, me llamo María, ¿y tú?
- ☐ ▶ *Entrevistadora:* ¿De dónde eres?
- ☐ ▶ *Entrevistadora:* Vale, de acuerdo. Vamos a empezar con la tarea 1. Tienes que hacer una presentación personal de 1 a 2 minutos. Hablas solo tú.

b. Completa los huecos de este texto con tu información personal y vas a tener un modelo que puedes usar en la tarea 1.

Me llamo .... y soy .... Tengo .... años. Hablo .... y .... Soy una persona .... y .... Me gusta mucho ....

Estudio en una escuela que se llama .... Las asignaturas que estudio son, por ejemplo, ..., ..., ... y .... Me gusta mucho el/la .... pero no me gusta nada el/la ....

En el futuro, quiero ser ....

c. Aquí tienes informaciones de la tarea 1 y dos opciones para cada una. Solo una es correcta. ¿Sabes cuál es? Elige **a** o **b**. Recuerda que en esta tarea no hay preguntas y que tienes que hablar solo.

1. Tu nombre:
- a. ☐ Me llamo Thierry.
- b. ☐ Soy francés, de Lyon.

2. Tu nacionalidad:
- a. ☐ Soy alemana.
- b. ☐ Hablo alemán y un poco de español.

3. Tu edad:
- a. ☐ Estudio en una Escuela Secundaria en Leeds.
- b. ☐ Tengo 13 años.

4. Lenguas que hablas:
- a. ☐ No me gusta estudiar inglés.
- b. ☐ Hablo francés y un poco de español.

5. Tu personalidad/tu carácter:
- a. ☐ Soy una persona simpática y muy activa. Me gusta mucho viajar con mi familia y conocer otros países.
- b. ☐ Soy alto y moreno y tengo los ojos azules.

6. Tus estudios:
- a. ☐ Estudio muchas asignaturas diferentes, pero mis favoritas son las lenguas.
- b. ☐ Mi madre es francesa y mi padre, inglés.

▶ Actividades sobre el **Modelo n.º 1**

Tarea 2.

a. Este es el principio de la tarea 2. ¿Puedes ordenar este diálogo entre el entrevistador y el candidato?

☐ ▶ *Entrevistadora:* Un momento. De acuerdo, aquí está. ¿Sobre qué 3 opciones vas a hablar?

☐ ▶ *Entrevistadora:* Vale. Puedes empezar ya. Tienes que hablar durante unos 2 minutos.

☐ ▶ *Candidato:* Voy a hablar sobre mis compañeros, mis profesores y mis asignaturas favoritas.

☐ ▶ *Candidato:* Mi tema es TU COLEGIO.

☐ ▶ *Candidato:* Bien, pues… Mis compañeros son muy simpáticos. En clase somos 24 alumnos y todos estudiamos español. Hemos estudiado juntos mucho tiempo y nos conocemos muy bien…

1 ▶ *Entrevistadora:* Mark, terminamos la tarea 1. Ahora vas a hacer la tarea 2. ¿Cuál es tu tema?

b. En este primer modelo, el tema es TU COLEGIO. Las opciones que tienes son: "tu aula", "tus compañeros", "tus profesores", "el edificio del colegio" y "tus asignaturas". Relaciona las palabras que puedes usar para hablar sobre las diferentes opciones de esta tarea:

mesas	pizarra	libros	gimnasio
muy simpáticos	muy estrictos	ordenadores	comedor
grande	Inglés	amables	Español
Matemáticas	inteligentes	deberes	sillas

OPCIONES	PALABRAS
Tu aula	
Tus compañeros	
Tus profesores	
El edificio del colegio	
Tus asignaturas	

c. Ahora escribe más palabras sobre las opciones de la actividad **b.**.

⚠ **Consejo.** Si haces el ejercicio con otro compañero, sin usar el diccionario, puedes comparar quién tiene más palabras.

OPCIONES	PALABRAS
Tu aula	
Tus compañeros	
Tus profesores	
El edificio del colegio	
Tus asignaturas	

Tarea 3.

a. ¿Puedes ordenar este diálogo, principio de la tarea 3, entre el entrevistador y el candidato?

☐ ▶ *Candidato:* No me gusta la Historia. Creo que es una asignatura muy aburrida.

☐ ▶ *Candidato:* Me encantan las matemáticas. Tengo clases de Matemáticas todos los días.

[1] ▶ *Entrevistadora:* Mark, terminamos la tarea 2. Ahora vamos a hacer la tarea 3. Voy a hacerte unas preguntas. ¿Cuál es tu asignatura favorita?

☐ ▶ *Entrevistadora:* ¿Y cuál es la que menos te gusta?

b. En esta lista de 10 preguntas hay 7 que pueden estar en la tarea 3 de este modelo. ¿Cuáles son? Recuerda que el tema es "TU COLEGIO". Marca con una ✗.

PREGUNTAS POSIBLES DEL ENTREVISTADOR	Sí ☺	No ☹
1. ¿Cuál es tu profesor favorito? ¿Por qué?		
2. ¿Cómo se llama tu compañero de clase favorito? ¿Cómo es?		
3. ¿Te gusta estudiar español? ¿Estudias otros idiomas?		
4. ¿Cuál es la asignatura que más te gusta?		
5. ¿Te gusta montar en bicicleta?		
6. ¿Normalmente tienes muchos deberes?		
7. ¿Haces muchas actividades con tus compañeros fuera de la clase?		
8. ¿Cuál es tu comida favorita?		
9. ¿Qué asignatura es la más difícil para ti? ¿Por qué?		
10. ¿Te gusta ir al cine? ¿Vas con tus padres o con amigos?		

c. Copia las 7 preguntas del ejercicio anterior y respóndelas. Si tienes un compañero, hazle las 7 preguntas y escucha sus respuestas. ¿Tenéis las mismas respuestas? ¿Son muy diferentes?

▶ Pregunta: ....
▶ Respuesta: ....

▶ Pregunta: ....
▶ Respuesta: ....

▶ Pregunta: ....
▶ Respuesta: ....

▶ Pregunta: ....
▶ Respuesta: ....

▶ Pregunta: ....
▶ Respuesta: ....

▶ Pregunta: ....
▶ Respuesta: ....

▶ Pregunta: ....
▶ Respuesta: ....

▶ Actividades sobre el **Modelo n.º 1**

CLAVES

Tarea 1.

a. ⬛ 6 ▶ *Candidato:* Me llamo Mark y soy inglés, de Leeds. Tengo 14 años y hablo inglés, mi lengua materna, y un poco de español…

⬛ 2 ▶ *Candidato:* Hola, María. Yo me llamo Mark.

⬛ 4 ▶ *Candidato:* Soy de Leeds.

⬛ 1 ▶ *Entrevistadora:* Hola, me llamo María, ¿y tú?

⬛ 3 ▶ *Entrevistadora:* ¿De dónde eres?

⬛ 5 ▶ *Entrevistadora:* Vale, de acuerdo. Vamos a empezar con la tarea 1. Tienes que hacer una presentación personal de 1 a 2 minutos. Hablas solo tú.

b. **Propuesta de presentación:** Me llamo Anna Kózov y soy rusa. Tengo 14 años. Hablo ruso y un poco de español. Soy una persona simpática y cariñosa. Me gusta mucho conocer nuevos amigos.
Estudio en una escuela que se llama Escuela número 8. Las asignaturas que estudio son, por ejemplo, Matemáticas, Lengua rusa, Física y Química y Español. Me gusta mucho la música pero no me gusta nada el deporte.
En el futuro, quiero ser ingeniera.

c. 1. a; 2. a; 3. b; 4. b; 5. a; 6. a.

Tarea 2.

a. ⬛ 3 ▶ *Entrevistadora:* Un momento. De acuerdo, aquí está. ¿Sobre qué 3 opciones vas a hablar?

⬛ 5 ▶ *Entrevistadora:* Vale. Puedes empezar ya. Tienes que hablar durante unos 2 minutos.

⬛ 4 ▶ *Candidato:* Voy a hablar sobre mis compañeros, mis profesores y mis asignaturas favoritas.

⬛ 2 ▶ *Candidato:* Mi tema es TU COLEGIO.

⬛ 6 ▶ *Candidato:* Bien, pues… Mis compañeros son muy simpáticos. En clase somos 24 alumnos y todos estudiamos español. Hemos estudiado juntos mucho tiempo y nos conocemos muy bien…

⬛ 1 ▶ *Entrevistadora:* Mark, terminamos la tarea 1. Ahora vas a hacer la tarea 2. ¿Cuál es tu tema?

b. **Tu aula:** mesas, pizarra, grande, libros, ordenadores, sillas. **Tus compañeros:** muy simpáticos, inteligentes, amables. **Tus profesores:** muy estrictos, amables, deberes, inteligentes. **El edificio del colegio:** grande, gimnasio, comedor. **Tus asignaturas:** Español, Inglés, Matemáticas.

c. Ejemplo de respuesta. Aquí tienes diferentes posibilidades: **Tu aula:** clase, estantería, papelera, etc. **Tus compañeros:** amigos, buenos estudiantes/malos estudiantes, trabajadores, etc. **Tus profesores:** profesionales, serios, pacientes, etc. **El edificio del colegio:** sala de ordenadores, sala de profesores, laboratorio, patio, etc. **Tus asignaturas:** Biología, Física, Química, Francés, etc.

Tarea 3.

a. ⬛ 4 ▶ *Candidato:* No me gusta la Historia. Creo que es una asignatura muy aburrida.

⬛ 2 ▶ *Candidato:* Me encantan las Matemáticas. Tengo clases de Matemáticas todos los días.

⬛ 1 ▶ *Entrevistadora:* Mark, terminamos la tarea 2. Ahora vamos a hacer la tarea 3. Voy a hacerte unas preguntas. ¿Cuál es tu asignatura favorita?

⬛ 3 ▶ *Entrevistadora:* ¿Y cuál es la que menos te gusta?

 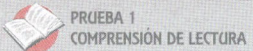 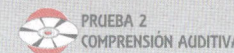 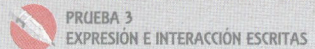 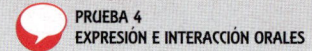

b. 1, 2, 3, 4, 6, 7 y 9.

c. Ejemplo de respuesta.

▶ Respuesta: *Mi profesor favorito es el profesor de Matemáticas, porque es muy paciente y siempre nos ayuda mucho.*

▶ Respuesta: *Mi compañero de clase favorito se llama Lukas. Me gusta mucho Lukas porque siempre hacemos muchas cosas juntos y a los dos nos gustan los deportes.*

▶ Respuesta: *Sí. Me gusta mucho estudiar español. También estudio francés.*

▶ Respuesta: *Mi asignatura favorita es Biología. Me gusta mucho estudiar cosas sobre los animales.*

▶ Respuesta: *Sí, siempre tengo muchos deberes.*

▶ Respuesta: *Sí, los fines de semana siempre hacemos muchas cosas. Normalmente vamos al cine y después vamos a comer una hamburguesa a nuestro sitio favorito.*

▶ Respuesta: *Las matemáticas son muy difíciles para mí. Siempre necesito mucho tiempo para poder entenderlas.*

¡Ánimo, adelante!

DELE A1
para escolares

Modelo de examen n.º 2

 **PRUEBA 1. COMPRENSIÓN DE LECTURA**   45 min.

 **PRUEBA 2. COMPRENSIÓN AUDITIVA**   20 min.

 PRUEBA 3. EXPRESIÓN E INTERACCIÓN ESCRITAS   25 min.

 PRUEBA 4. EXPRESIÓN E INTERACCIÓN ORALES   10 min.

 **Claves, comentarios, consejos y actividades sobre este modelo de examen.**

En este modelo n.º 2 trabajamos en especial con los **textos de las tareas**. Las tareas que hay al principio de cada prueba se centran en fragmentos de esa parte del examen. Es importante saber qué tipos de textos aparecen en el examen.

 El Cronómetro, manual de preparación del DELE. Examen A1 para escolares

Prueba 1: Comprensión de lectura

Consejo: Mira el Modelo n.º 1.

● ● ● ● ● **Antes de empezar la prueba de Comprensión de lectura.**

¿De qué tareas son estos fragmentos de textos? Marca con un ✔.

	FRAGMENTOS DE TEXTO	TAREA 1	TAREA 2	TAREA 3	TAREA 4
1.	¡Hola! ¿Qué tal? El curso acaba la próxima semana y tengo muchos planes para este verano…				
2.	(…) Es muy tranquilo pero es como un policía. Le gusta cuidar la casa y no tiene nunca miedo.				
3.	**Clases de refuerzo escolar**. Para alumnos de Primaria y Secundaria.				
4.	8 de octubre. Visita al Departamento de Tecnología. 3.º de Secundaria.				
5.	Cuéntame. Un beso, Macarena.				
6.	30 de octubre Fiesta de Halloween. (Fecha límite de inscripción al concurso: 25 de octubre)				
7.	(…) Es el mejor amigo posible, es muy bueno para pasear por el monte, pero también para saltar.				
8.	**Aviso de la biblioteca** A causa de las obras, durante el mes de septiembre…				
9.	Espero tu respuesta. ¡Hasta pronto!				
10.	**MARATÓN** ¿Quieres correr 15 kilómetros? Ya te puedes inscribir…				
11.	Cursos de teatro e improvisación para niños y…				
12.	21 de junio Domingo Fiesta de despedida desde las 18:00. Todos.				

Fuente: Instituto Cervantes.

❗ **¡Atención!** Antes de seguir, mira la respuesta de la pág. 69.

¡Ya puedes empezar esta prueba!

Prueba 1: Comprensión de lectura

La prueba de **Comprensión de lectura** tiene cuatro tareas. Debes responder a **25 preguntas**.

● ● ● ● ● 🕐 La prueba dura **45 minutos**. ¡Pon el reloj al principio de cada tarea!

Escribe o marca tus opciones únicamente en la **Hoja de respuestas**.

Tarea 1

INSTRUCCIONES

Vas a leer el correo electrónico que Hanna envía a su madre. A continuación, debes leer las preguntas (de la 1 a la 5) y seleccionar la opción correcta (A, B o C).

Tienes que marcar la opción elegida en la **Hoja de respuestas**.

0. A ☐ B ☐ C ☐

PARA: soledadji@correos.com
CC:
CCO:
ASUNTO: Mi vida en Sevilla

Hola, mamá:

Te escribo desde Sevilla. La ciudad es muy bonita, aunque hace mucho calor, al mediodía es demasiado, casi 40 grados.

La familia con la que vivo me gusta mucho, el padre se llama Joaquín y la madre Amanda; además, tienen una hija de mi edad, Alejandra, con ella puedo hablar español. También tienen un hijo mayor, pero no hablamos mucho.

En Sevilla quedo a menudo con las amigas de Alejandra, que me invitan siempre que hacen algo. Normalmente vamos a la piscina los fines de semana, de lunes a viernes no las veo porque tengo que ir a la escuela de español.

En la escuela, la gente también es muy simpática, mis compañeros son de edades diferentes y de muchas nacionalidades. Tengo dos profesores para las clases normales y una profesora para las clases de cultura. Las clases de cultura son las que más me gustan. Lo malo es que tenemos que hacer muchos deberes.

Hoy estoy muy contenta porque el próximo fin de semana todos los alumnos de la escuela vamos a hacer una excursión a la costa.

Un beso,
Hanna

PREGUNTAS

1. De Sevilla, a Hanna no le gusta…
   a) la gente.
   b) la temperatura.
   c) la comida.

2. Hanna vive con un hombre y una mujer que…
   a) no tienen hijos.
   b) solo tienen una hija.
   c) tienen un hijo y una hija.

3. Hanna dice que con las amigas de Alejandra…
   a) nunca hace nada.
   b) hace algo con frecuencia.
   c) solo sale los sábados y los domingos.

4. En el curso de español, los compañeros de Hanna…
   a) son todos de su misma nacionalidad.
   b) son de distintos países del mundo.
   c) tienen más años que ella.

Continúa →

5. El próximo fin de semana, Hanna viaja con la escuela a...

a)

b)

c)

●●●●● 🕐 Mi tiempo para esta tarea: _____ min.

Tarea 2

●●●●● 🕐 Pon el reloj.

INSTRUCCIONES

Vas a leer unos anuncios de una librería-papelería. Debes relacionar los anuncios (A-J) con las frases (de la 6 a la 11). Hay diez anuncios, incluido el ejemplo. Debes seleccionar seis.

Tienes que marcar la opción elegida en la **Hoja de respuestas**.

Ejemplo: Frase 0. Cómics viejos a mitad de precio.

⚠ **¡Atención!** La opción correcta es la letra A: CÓMICS. Todos los cómics publicados antes del 2005 al 50%...

```
     A  B  C  D  E  F  G  H  I  J
0.   ■  □  □  □  □  □  □  □  □  □
```

LIBRERÍA-PAPELERÍA "LA NOVELA"

CÓMICS

Todos los cómics publicados antes del 2005, al 50%, en color o en blanco y negro. Solo hasta el mes de septiembre.

A

CUADERNOS DE ORTOGRAFÍA

Si tienes problemas con la ortografía, vendemos los mejores cuadernos con ejercicios prácticos y soluciones.

Solo por 3€ cada uno.

B

MAPAS DEL MUNDO

Oferta en mapas mundiales de diferentes tamaños y con ilustraciones.

Si compras tres, solo pagas dos.

C

COMPRAMOS TUS VIEJOS LIBROS

Libros que ya no utilizas: nosotros te los compramos.

De lunes a viernes, de 10:00 a 12:00.

D

GUÍAS DE VIAJE

Las mejores guías de viaje con mapas y fotografías, consejos, direcciones y teléfonos de los mejores hoteles y actividades para niños y jóvenes. Todas al 20%.

E

Comprensión de lectura

GRAMÁTICAS PARA APRENDER IDIOMAS

Gramáticas de inglés, alemán y francés con ejercicios y textos reales. Una cuesta 18€, pero si te llevas dos, solo pagas 25€.

F

DICCIONARIOS BILINGÜES

De diferentes idiomas: inglés, francés…
En papel y en formato electrónico, con imágenes y ejemplos. Para usar las palabras sin errores.

G

NOVELAS DE PELÍCULAS

Si te gusta ver películas, ahora también puedes leer el libro.
Tenemos libros de películas famosas.

H

AUDIOLIBROS

Libros en inglés, francés, italiano y alemán con CD para acompañar la lectura.
Incluyen también ejercicios de vocabulario.

I

POESÍA INFANTIL

Libros de poesía infantil con imágenes y canciones. Incluye un DVD con las canciones de los poemas más famosos cantadas por niños.

J

	FRASES	ANUNCIOS
0.	Cómics viejos a mitad de precio.	A
6.	Puedes escuchar y leerlo al mismo tiempo.	
7.	El tercero es gratis.	
8.	Cada uno cuesta 3€.	
9.	Existe como libro o para el ordenador.	
10.	Puedes ganar dinero con los libros de otros años.	
11.	Para saber qué hacer cuando viajas.	

● ● ● ● ● Mi tiempo para esta tarea: _____ min.

Tarea 3

● ● ● ● ● Pon el reloj.

INSTRUCCIONES

Vas a leer la cartelera de un festival de cine y teatro que se celebra en la escuela y las frases que dicen unos estudiantes sobre lo que quieren ver. Debes relacionar los textos (A-J) con las frases (de la 12 a la 17).

Hay diez textos, incluido el ejemplo. Debes seleccionar seis.

Tienes que marcar la opción elegida en la **Hoja de respuestas**.

Ejemplo: Frase 0. Tengo 11 años y me encantan los animales, pero no me gustan los documentales.

⚠ **¡Atención!** La opción correcta es la letra **A**, porque la película habla de la relación entre un niño y un perro y es para mayores de 9 años.

La opción correcta es la letra **A**:

0. A ■ B ☐ C ☐ D ☐ E ☐ F ☐ G ☐ H ☐ I ☐ J ☐   Continúa →

A
EL PERRO LUCAS

La relación entre Tomás y su perro Lucas es muy especial: habla más con él que con su familia. ¡Vaya problema!
Mayores de 9 años.
6€.
120 minutos.

B
ALICIA NO VUELVE

Una niña llega a un mundo de fantasía donde tiene que pasar pruebas para poder volver con su familia. Mayores de 7 años.
6,50€.
90 minutos.

C
IMPROVISACIONES

La escuela de teatro "Alcoi" hace una pequeña obra con los temas que el público escribe durante la representación. Mayores de 9 años.
5€.
90 minutos.

D
LA FAUNA SALVAJE

El documental presenta cómo viven los animales en libertad en la selva en África.
A partir de 6 años.
3,50€.
45 minutos.

E
HISTORIA DE LA HISTORIA

Documental sobre la situación de Europa en el último siglo.
A partir de 12 años.
Gratis con carné de estudiante.
45 minutos.

F
MI GUITARRA Y YO

Teatro musical. Juanjo Rodríguez canta canciones con su guitarra. Son historias con mucho humor.
A partir de 7 años.
4€.
90 minutos.

G
LOS LOCOS DEL INSTITUTO

Un grupo de jóvenes estudian en un instituto del centro de Buenos Aires. Historias locas y muy divertidas.
A partir de 7 años.
6€.
120 minutos.

H
LOS CABEZUDOS

Teatro de marionetas. Cuentos e historias tradicionales muy divertidas. Para todas las edades y especialmente para niños pequeños.
Entrada libre.
75 minutos.

I
IMITACIONES

El grupo "Todos hacemos teatro" presenta imitaciones de famosos: cantantes, futbolistas, actores…
A partir de 12 años.
3€.
75 minutos.

J
NO ENCUENTRO A MI MADRE

Película dramática. Marcel busca a su madre y en el viaje vive muchas aventuras bastante tristes. A partir de 14 años.
6€.
120 minutos.

Comprensión de lectura

	FRASES		ANUNCIOS
0.	Tengo 11 años y me encantan los animales, pero no me gustan los documentales.		A
12.	Me gustan las películas de humor, pero odio los musicales.		
13.	Me gustan mucho las películas tristes, no me gustan nada las películas de humor.		
14.	Me gustan las películas cortas, que no duran más de una hora, sobre temas de la naturaleza. No me gustan las películas sobre historia.		
15.	Quiero ir al teatro con mi hermano pequeño de 4 años.		
16.	Soy estudiante y me encantan los documentales, pero no tengo mucho dinero para ir al cine.		
17.	Me gustan las películas con personajes fantásticos.		

• • • • • 🕐 Mi tiempo para esta tarea: _____ min.

Tarea 4

• • • • • 🕐 Pon el reloj.

INSTRUCCIONES

Vas a leer la información de un centro cultural. A continuación, debes leer las preguntas (de la 18 a la 25) y seleccionar la opción correcta (A, B o C).

Tienes que marcar la opción elegida en la **Hoja de respuestas**.

         A B C
0. ☐ ☐ ☐

Continúa ➔

CENTRO CULTURAL "EL JARAMILLO" – SECCIÓN JUVENIL
AGENDA DE ESTE MES, ACTIVIDADES REGULARES

	LUNES	MARTES	MIÉRCOLES
Por la mañana		**Museo de Arte Antiguo** Visita guiada. De 10 a 16 años. 10:00-12:00. Gratis.	**Secretariado para madres** De 9:00 a 12:00. Solo mujeres y chicas de más de 18 años. 120€.
Por la tarde	**Cine bajo las estrellas** Película en el cine del aparcamiento. De 12 a 16 años. 18:30-21:00. 6€.	**Curso de guitarra (inicial)** En nuestros locales. 12€ por sesión. 17:00-18:00. De 6 años en adelante.	**Curso de guitarra (avanzado)** En nuestros locales. 12€ por sesión. 17:00-18:00. De 12 años en adelante.

	JUEVES	VIERNES	SÁBADOS
Por la mañana	**Curso de tenis (avanzado)** Jóvenes de 12 a 16 años. De 9:00 a 11:00. 15€ chicos y 12€ chicas.	**Cine solo para los pequeños** Películas infantiles. De 6 a 10 años. 11:30-13:00. 4€.	**La fiesta del patio** Actividad para toda la familia. Desde el desayuno hasta las 12:00. Traer comida y bebidas.
Por la tarde	**El psicólogo aconseja** Para chicos y chicas que tienen novio. De 18:00 a 19:00. Gratuito.	**Grupo de teatro "La tramoya"** Ensayos regulares con público. De 17:00 a 20:00. Entrada libre.	**Baile y agua** Música y baile en la piscina. Desde las 18:00 hasta las 24:00. A partir de 14 años. 15€ con consumición.

	2.º DOMINGO	4.º DOMINGO
Por la mañana	**Explorar la naturaleza** Excursión al río para ver pájaros (si hace buen tiempo). Para todos. 5€.	**Paseos por el casco antiguo** Un guía turístico nos muestra nuestra ciudad. De 11:00 a 13:00. 12€ por familia.

18. Los niños pueden ver películas ....
   a) los lunes.
   b) una vez al mes.
   c) los viernes.

19. La actividad .... es la más cara.
   a) para mayores.
   b) en la piscina.
   c) de chicos y chicas.

20. Hay clases de guitarra los miércoles ....
   a) para los que ya saben.
   b) para los que empiezan.
   c) solo para chicas.

21. Hay dos actividades al aire libre ....
   a) los lunes.
   b) los sábados.
   c) los domingos.

22. Las excursiones al río son ....
   a) una vez al mes.
   b) dos veces al mes.
   c) todos los fines de semana.

23. El viernes a las 12:00 .... pueden ver una película.
   a) solo las chicas.
   b) todo el mundo.
   c) los niños.

24. Los chicos con pareja tienen algo especial para ellos ....
   a) los martes por la mañana.
   b) los jueves después de comer.
   c) el último domingo del mes.

25. No hay ninguna actividad ....
   a) los viernes antes de comer.
   b) los domingos por la mañana.
   c) dos días al mes.

Mi tiempo para esta tarea: _____ min.

Comprensión de lectura

CLAVES

● ● ● ● ● **Antes de empezar la prueba de Comprensión de lectura.**

Comentario. 1. Tarea 1: saludo al comienzo de un correo electrónico. El tipo de texto de esta tarea puede ser un correo electrónico, también una postal o una carta; **2.** Tarea 3: es un anuncio con una imagen. En esta tarea, hay textos cortos como anuncios o instrucciones, con imágenes; **3.** Tarea 2: es un anuncio muy corto de una escuela. En esta tarea, los textos son anuncios muy cortos para reconocer palabras o frases concretas; **4.** Tarea 4: es el tipo de texto de esta tarea (un calendario que informa de actividades extraescolares). Tienes que buscar información concreta; **5.** Tarea 1: es la despedida de un correo electrónico; **6.** Tarea 4: es un calendario donde se informa de actividades extraescolares; **7.** Tarea 3: es un anuncio con una imagen; **8.** Tarea 2: es un anuncio muy corto de una escuela; **9.** Tarea 1: es la despedida de un mensaje electrónico o de una carta; **10.** Tarea 2: es un anuncio; **11.** Tarea 3: es una actividad deportiva, cultural, etc.; **12.** Tarea 4: son unos datos concretos de un calendario.

Tarea 1				
1	2	3	4	5
B	C	C	B	A

Tarea 2					
6	7	8	9	10	11
I	C	B	G	D	E

Tarea 3					
12	13	14	15	16	17
G	J	D	H	E	B

Tarea 4							
18	19	20	21	22	23	24	25
C	A	A	B	A	C	B	C

Control de progreso

Marca con un ✔.

¿Qué tal la prueba 1 de este examen?	Tarea 1	Tarea 2	Tarea 3	Tarea 4
🕐 Tiempo de cada tarea.				
Respuestas correctas.				
Conozco ya el tipo de texto de la tarea.				
Entiendo bien las preguntas.				
Tengo problemas con el vocabulario.				
Tengo problemas con la gramática.				
Las imágenes me ayudan.				
Hay mucha información.				

¿Cómo te sientes después de esta prueba? Marca con una ✗.

ESTOY MUY CONTENTO/A 😊😊 ☐
ESTOY CONTENTO/A 😊 ☐
NO ESTOY CONTENTO/A ☹ ☐

Puntos: _____

|  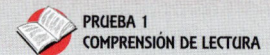 PRUEBA 1 COMPRENSIÓN DE LECTURA | 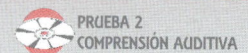 PRUEBA 2 COMPRENSIÓN AUDITIVA | 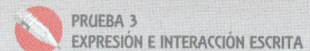 PRUEBA 3 EXPRESIÓN E INTERACCIÓN ESCRITA | 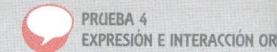 PRUEBA 4 EXPRESIÓN E INTERACCIÓN OR |

Actividades sobre el Modelo n.º 2

¡Atención! Como sabes, estas actividades son muy útiles para mejorar tu preparación.

Tarea 1.

a. Observa la frase del texto que corresponde a la pregunta 4.

● RESPUESTA CORRECTA	● FRAGMENTO DEL CORREO ELECTRÓNICO
4b En el curso de español, los compañeros de Hanna… son de distintos países del mundo	*En la escuela (…) mis compañeros son (…) de muchas nacionalidades.*

Ahora, copia los fragmentos del correo donde está la respuesta correcta.

● RESPUESTAS CORRECTAS	● FRAGMENTO DEL CORREO ELECTRÓNICO
1b De Sevilla, a Hanna no le gusta… la temperatura.	
2c Hanna vive con un hombre y una mujer que… tienen un hijo y una hija.	
3c Hanna dice que con las amigas de Alejandra… hace algo con frecuencia.	

b. En la pregunta 1, la opción correcta es: "b) la temperatura". Subraya en el texto las palabras que te ayudan a decir por qué a Hanna no le gusta la temperatura de Sevilla.

c. Aquí tienes las imágenes de la pregunta 5. Relaciona las imágenes con las palabras.

A. 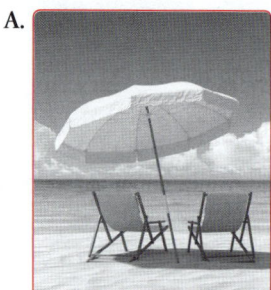   B.    C.

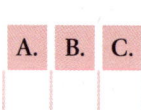

1. playa
2. catedral
3. calle
4. mar
5. árbol
6. montaña
7. monumento
8. costa
9. barrio antiguo

▶ Actividades sobre el **Modelo n.º 2**

Tarea 2.

a. Escribe el título de los anuncios de esta tarea debajo de las ilustraciones.

1. Cuadernos de ortografía
2. Compramos tus viejos libros
3. Poesía infantil
4. Guías de viaje
5. Diccionarios bilingües
6. Cómics
7. Gramáticas para aprender idiomas
8. Mapas del mundo
9. Novelas de película

A. .... B. .... C. ....

D. .... E. .... F. ....

G. .... H. .... I. ....

b. Relaciona fragmentos de anuncios y fragmentos de frases.

⚠ **¡Atención!** Algunas palabras tienen varias opciones.

◉ FRAGMENTOS DE ANUNCIOS

A. Escuchar
B. Gratis
C. Cuesta
D. Compro libro, también para el ordenador
E. Ganar dinero
F. Saber qué hacer cuando viajas

◉ FRAGMENTOS DE FRASES

1. consejos
2. papel
3. compramos
4. solo pagas dos
5. audiolibros
6. CD
7. 25€
8. direcciones
9. formato electrónico
10. actividades
11. DVD
12. canciones

A	B	C	D	E	F

c. En la tarea 2 (pág. 55) ¿por qué el anuncio J no es la respuesta correcta para la pregunta 6? Anota aquí tu comentario, en español o en tu idioma.

....
....

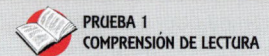 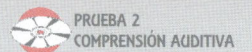 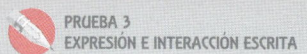 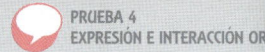

Tarea 3.

a. Busca en cada anuncio de la pág. 66 las frases relacionadas con las fotos.

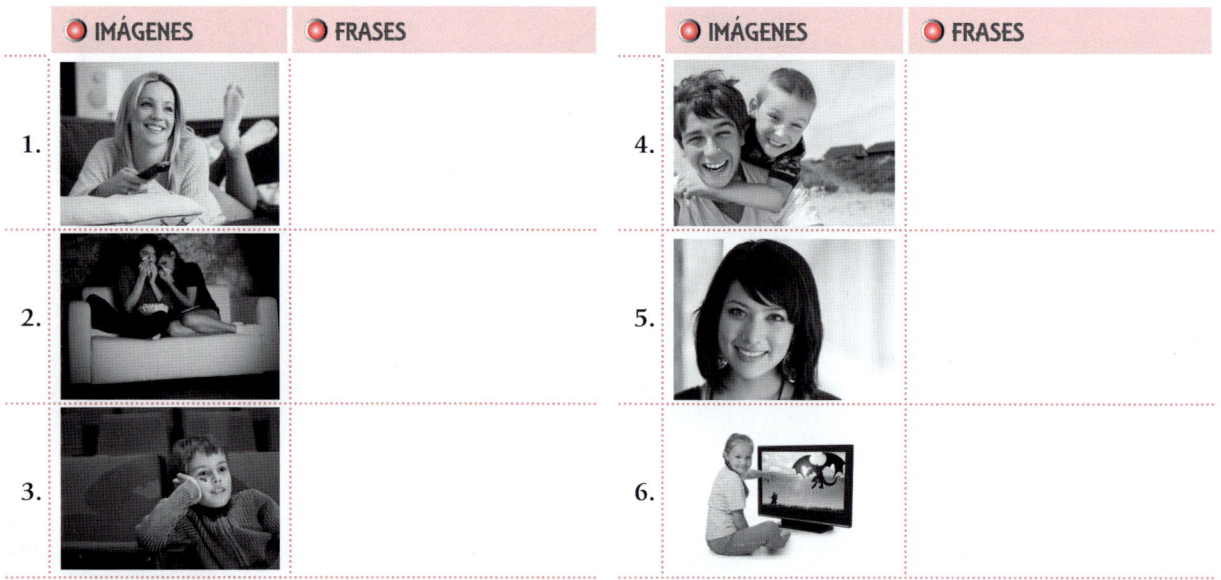

b. Relaciona el vocabulario de las dos columnas.

1. Películas de humor
2. Películas tristes
3. Temas de la naturaleza
4. Películas irreales

a. dramática
b. selva
c. divertida
d. fantasía

¡Escribe las mayúsculas!

Tarea 4.

a. Ordena las palabras y escribe las frases de forma correcta.

FRASES DEL TEXTO	FORMAS CORRECTAS
1. para clases 5 a 8 años niños de	
2. los bailes pequeños más para	
3. las todas edades	
4. euros 20 cada clase	
5. 18:30 17:00 a de	
6. 7 (de niños a años) 12	
7. taller fotografía de	
8. infantil cine	
9. hacer a marionetas aprende	
10. libre entrada	

b. Aquí tienes algunos datos posibles de una agenda de actividades culturales. Hay errores. Marca con un ✔ si la frase está bien o no. Luego, intenta corregir las frases que están mal.

	Sí	No			Sí	No
1. Visita al Departamento de Tecnología.			5. Actividades del Día de inscripción de la Constitución.			
2. Fiesta de Málaga (Inscripción límite de fecha: 25 de octubre).			6. Baile latino de pasteles (Inscripción hasta el 2 de octubre).			
3. Excursión a Halloween (Precio: 10 euros. Plazo límite de concurso: 20 de octubre).			7. Comienzo de clases de Concurso (Precio: 20 euros. Plazo límite: 15 de noviembre).			
4. Visita al gimnasio "Jerez Sur" (Plazas limitadas, inscripción hasta el 10).			8. Feria del Libro. Lugar: aula 14, junto al gimnasio.			

Adaptado de:  *Instituto Cervantes.*

CLAVES

Tarea 1.

a. **1b:** *aunque hace mucho calor, al mediodía es demasiado, casi 40 grados;* **2c:** *el padre se llama Joaquín y la madre Amanda (…) tienen una hija de mi edad (…) También tienen un hijo mayor;* **3c:** *quedo a menudo con las amigas de Alejandra, que me invitan siempre que hacen algo.*

b. Te escribo desde Sevilla. La ciudad es muy bonita, *aunque hace mucho calor*, al mediodía *es demasiado*, casi 40 grados.

c. **A:** 1, 4, 8; **B:** 5, 6; **C:** 2, 3, 7, 9.

Tarea 2.

a. **A.** 6; **B.** 4; **C.** 3; **D.** 7; **E.** 9; **F.** 8; **G.** 5; **H.** 1; **I.** 2.

b. **A:** 5, 6, 11, 12; **B:** 4; **C:** 7; **D:** 2, 9; **E:** 3; **F:** 1, 8, 10.

c. En el ejercicio hay 4 palabras relacionadas con "Escuchar", dos de ellas no están en el texto correcto. La respuesta J no es correcta porque en un audiolibro no escuchas canciones, solo el texto que lees.

Tarea 3.

a. **1.** *Historias locas y muy divertidas;* **2.** *Película dramática (…) aventuras bastante tristes;* **3.** *cómo viven los animales en libertad en la selva en África;* **4.** *Para todas las edades y especialmente para niños pequeños;* **5.** *Gratis con carné de estudiante;* **6.** *mundo de fantasía.*

b. 1. c; 2. a; 3. b; 4. d.

Tarea 4.

a. **1.** Clases para niños de 5 a 8 años; **2.** Bailes para los más pequeños; **3.** Todas las edades; **4.** 20 euros cada clase; **5.** De 17:00 a 18:30; **6.** Niños (de 7 a 12 años); **7.** Taller de fotografía; **8.** Cine infantil; **9.** Aprende a hacer marionetas; **10.** Entrada libre.

b. **Sí:** 1, 4, 8; **No:** 2, 3, 5, 6, 7.

Corrección de frases: 2. Fiesta de Halloween (Fecha límite de inscripción al concurso: 25 de octubre); **3.** Excursión a Málaga (Precio: 10 euros. Plazo límite de inscripción: 20 de octubre); **5.** Actividades del Día de la Constitución; **6.** Concurso de pasteles (Inscripción hasta el 2 de octubre); **7.** Comienzo de clases de baile latino (Precio: 20 euros. Plazo límite de inscripción: 15 de noviembre).

Prueba 2: Comprensión auditiva

• • • • • **Antes de empezar la prueba de Comprensión auditiva.**

Cada tarea es diferente. Eso ya lo sabes. Pero es diferente también porque a veces escuchas a una persona y a veces a dos personas. Relaciona cada fragmento de audición con su tarea. Marca con un ✔.

	FRAGMENTOS DE AUDICIÓN	TAREA 1	TAREA 2	TAREA 3	TAREA 4
1.	▶ CHICO: *Voy a la biblioteca y, después, al cine con Ana. ¿Y tú?* ▶ CHICA: *Voy a jugar al tenis con Valeria.*				
2.	*Ya puedes disfrutar de nuestras fantásticas rebajas de verano.*				
3.	*Estela es mi mejor amiga. Va andando al colegio porque está muy cerca de su casa.*				
4.	*Yolanda, todas las tardes, está en la biblioteca. Tiene muchos libros.*				
5.	▶ CHICO: *Este verano voy de vacaciones con mis amigos.* ▶ CHICA: *¿Al final vais al campamento en la montaña?*				
6.	*Maribel va a nadar todos los días. Y los fines de semana juega al baloncesto.*				
7.	▶ CHICO: *¡Oye, Alicia! ¿Y qué haces normalmente en vacaciones?* ▶ CHICA: *Pues me levanto a las 9 de la mañana.*				
8.	*Aviso a los señores viajeros del vuelo 714 con destino Málaga.*				
9.	▶ CHICO: *¿Tan pronto?* ▶ CHICA: *Sí, no me gusta nada desayunar tarde en verano porque quiero hacer muchas cosas. Después de desayunar, estudio inglés porque me encanta estudiar idiomas.*				
10.	▶ CHICO: *¿Qué pena! ¿Y el sábado por la tarde?* *Voy a casa de mi abuela.*				
11.	▶ CHICO: *¿Y después?*				
12.	▶ CHICA: *Me voy a la piscina.*				
13.	*Isabel quiere ser actriz. Los fines de semana ve muchas películas y después nos habla de ellas.*				
14.	*Hola, María. Esta tarde no puedo ir contigo a comprar el regalo de Rosa. Tengo que ir al supermercado con mi madre. Llámame luego.*				
15.	▶ CHICO: *¿Qué tiempo hace?* ▶ CHICA: *Llueve y hace mucho frío, pero mañana va a hacer sol.*				

Fuente: *Instituto Cervantes.*

❗ **¡Atención!** Antes de seguir, mira la respuesta en la pág. 80.

¡Ya puedes empezar esta prueba!

Prueba 2: Comprensión auditiva

> **¡Atención!** En este modelo de examen también tienes los <u>diálogos y mensajes</u> de las tareas (la transcripción), pero <u>están incompletos</u>.

La prueba de **Comprensión auditiva** tiene cuatro tareas. Debes responder a **25 preguntas**.

 La prueba dura **20 minutos**.

Debes marcar o escribir únicamente en la **Hoja de respuestas**.

 Pon la pista n.º 16. No uses el botón de ⏸ PAUSA en ningún momento. Sigue todas las instrucciones que escuches.

Tarea 1

INSTRUCCIONES

Vas a escuchar cinco conversaciones. Hablan dos personas. Las conversaciones se repiten dos veces. Hay una pregunta y tres imágenes (A, B, y C) para cada conversación. Tienes que seleccionar la imagen que corresponde a cada conversación.

Debes marcar la opción elegida en la **Hoja de respuestas**.

Ahora vas a escuchar un ejemplo.

| PREGUNTA | Conversación 0  |

0. ¿Qué le falta al hombre?

A   B   C

▶ Vaya día. ¡Cómo llueve!
▶ ¿Qué te pasa? ¿Tienes problemas con el coche? ¿No encuentras las llaves?
▶ No. Es que (…).

La opción correcta es la letra *B*.

| PREGUNTA | Conversación 1 |

1. ¿Qué deporte practica el chico?

A   B   C

▶ Hola, ¿a dónde vas?
▶ A jugar al tenis con Ana. Normalmente juego con mis amigos al baloncesto, pero todavía están todos de vacaciones.
▶ Pues yo prefiero (…) con mis amigos.

| PREGUNTA | Conversación 2 |

2. ¿A dónde tiene que ir la chica a las 5?

A   B   C

▶ María, ¿te apetece venir a comer a un restaurante?
▶ Vale, pero quiero volver a casa pronto (…).
▶ Tranquila, buscamos uno por aquí cerca.

| PREGUNTA | Conversación 3 |

3. ¿Qué compra la chica?

A   B   C

▶ Buenos días. Me gustaría probarme esta falda, pero veo que no tienen mi talla.
▶ No, ya no tenemos más faldas como esa, pero en mi opinión (…).
▶ Sí, me gusta. Me lo llevo.

| PREGUNTA | Conversación 4 |

4. ¿Con quién va la chica a casa de su amiga?

A   B   C

▶ Mamá, ¿quién me acompaña hoy a casa de Clara?
▶ Tu padre no puede, tu hermano tiene que estudiar y yo estoy muy ocupada. ¿Por qué no vas en autobús?
▶ Vale, entonces (…).

| PREGUNTA | Conversación 5 |

5. ¿Dónde va de vacaciones el chico este verano?

A   B   C

▶ ¿Qué vais a hacer este verano?
▶ Siempre vamos a un hotel cerca de la playa, pero este verano vamos a casa de mis primos.
▶ Yo voy (…).

Comprensión auditiva

Tarea 2

INSTRUCCIONES

Vas a escuchar cinco mensajes. Cada mensaje se repite dos veces. Debes relacionar las imágenes (de la A a la I) con los mensajes (del 6 al 10). Hay nueve imágenes, incluido el ejemplo. Tienes que seleccionar cinco.

Debes marcar la opción elegida en la **Hoja de respuestas**.

 ¡Atención! Ahora vas a escuchar un ejemplo. Fíjate en las imágenes.

Ejemplo: Mensaje 0. Carolina, te llamo para decirte que llego 10 minutos tarde. El avión llega a las 14:00.

La opción correcta es la letra **D**.

0. A B C D E F G H I
    ☐ ☐ ☐ ■ ☐ ☐ ☐ ☐ ☐

	MENSAJES	IMÁGENES
0.	Mensaje 0	D
6.	Mensaje 1	
7.	Mensaje 2	
8.	Mensaje 3	
9.	Mensaje 4	
10.	Mensaje 5	

A   B

C   D

E   F

G   H

I

MENSAJE 1

Se avisa a la gente mayor y a los niños que es importante (…) y no salir cuando hace mucho calor.

MENSAJE 2

Juan, ¿llevas tú (…) de Miguel? Nos vemos allí a las ocho.

MENSAJE 3

Ana (…) está abierta. ¿Qué hacemos? ¿Estudiamos Matemáticas allí o en tu casa? Llámame. Besos.

MENSAJE 4

Pedimos disculpas a (…), pero a partir del próximo mes (…) va a estar cerrado los domingos por la mañana.

MENSAJE 5

Se recomienda a los (…) prestar atención a sus propias (…).

Tarea 3

INSTRUCCIONES

Vas a escuchar a Mónica, una chica que habla de la familia con la que vive en París, donde estudia francés. La información se repite dos veces.

A la izquierda, están los nombres de los miembros de la familia. A la derecha, la información sobre ellos. Debes relacionar los números (del 11 al 18) con las letras (de la A a la L).

Hay 12 letras, incluido el ejemplo. Tienes que seleccionar 8.

Debes marcar la opción elegida en la **Hoja de respuestas**.

Ahora vas a escuchar un ejemplo:

Ejemplo: **Frase 0.** Voy a hablaros de la familia con la que vivo en París. ¡Son fantásticos! La madre es ama de casa, nos prepara todos los días una comida diferente y hace unos dulces muy buenos.

La opción correcta es la letra F.

A B C D E **F** G H I J K L
0. ☐ ☐ ☐ ☐ ☐ ■ ☐ ☐ ☐ ☐ ☐ ☐

0.	La madre	F
11.	El padre	
12.	El abuelo	
13.	El hijo mayor	
14.	A su amigo Martín	
15.	La hija	
16.	Al novio de la hija	
17.	La tía	
18.	El perro	

A	practica yoga.
B	habla muy bien español.
C	es taxista.
D	gasta mucho dinero en las tiendas.
E	siempre quiere jugar en el jardín.
F	**cocina muy bien.**
G	tiene mal carácter.
H	está muy enfermo.
I	cuenta muchas historias.
J	le gusta la música.
K	está en paro.
L	le encanta estudiar.

▶ **MÓNICA:** *El padre (...) todo el día por su profesión.*

El mejor es el abuelo, ja, ja, ja. Habla siempre de (...) y de sus novias.

El hijo mayor parece un poco triste. Creo que es porque (...) pero no estoy segura porque no habla con nadie.

Y luego está Martín, mi amigo, es un chico estupendo. Le gusta mucho (...), como a mí.

La hija no me gusta nada. Es (...). Por suerte, está poco en casa.

El novio de la hija es muy guapo y muy interesante. Es (...) y nos regala siempre (...).

La tía vive con ellos porque está soltera. En su tiempo libre le gusta mucho (...).

Y para terminar, el perro. Se llama Blacky. Siempre quiere (...) y estar conmigo. Salimos todos los días (...).

Comprensión auditiva

Tarea 4

INSTRUCCIONES

Vas a escuchar a un chico, Álex, que habla con su amiga Sofía. Vas a escuchar la conversación dos veces.

Tienes siete frases (de la 19 a la 25) que no están completas. Debes leer las frases y seleccionar una opción del cuadro (de la A a la I) para completar las frases, como en el ejemplo.

Debes marcar la opción elegida en la **Hoja de respuestas**.

Ejemplo: **Frase 0.** Álex se acuesta **más o menos** a las diez.
La opción correcta es la letra **G**.

Ahora tienes **30 segundos** para leer las frases.

0.	Álex se acuesta .... a las diez.	A	muy buen ambiente
19.	Álex se levanta	B	de clase
20.	A Álex .... sus compañeros.	C	mucho
21.	Piensa que hay .... entre los profesores.	D	no le interesan
22.	Sale .... a las dos.	E	los lunes y miércoles
23.	Álex .... va a jugar al fútbol.	F	llamada
24.	A Alex .... las discotecas.	G	más o menos
25.	Espera la .... de Sofía.	H	temprano
		I	le gustan

▶ Oye, Álex, ¿estás bien? Pareces un poco cansado.
▶ Es que voy siempre corriendo y, además, me acuesto más o menos (…) y me levanto (…).
▶ ¿Y qué tal en casa?
▶ Bien, en casa todo normal y en la escuela también. La verdad es que (…) mis compañeros y hay (…) entre los profesores y los alumnos.
▶ ¡Me alegro! Yo también estoy muy contenta con mi escuela. ¿Y cuándo podemos vernos? Yo salgo de clase a las tres.
▶ Yo no, yo (…) de clase a las dos. ¿Y si nos vemos por la tarde?
▶ Los martes y jueves tengo clase de piano, y los lunes de inglés.
▶ Pues es complicado, porque yo los (…) voy a jugar al fútbol y (…) voy al gimnasio.
▶ Podríamos organizar algo juntos el fin de semana. ¿Qué piensas?
▶ Estupendo. Yo, los sábados, de vez en cuando, voy al cine porque a mis amigos les gusta ir a bailar, pero a mí (…) las discotecas. ¿Quieres venir conmigo el sábado que viene?
▶ Por supuesto. Entonces te llamo esta semana.
▶ Muy bien. Espero (…).

CLAVES

● ● ● ● ● 🕐 **Antes de empezar la prueba de Comprensión auditiva.**

Tarea 1: 1, 5, 10, 15; **Tarea 2:** 2, 8, 14; **Tarea 3:** 3, 4, 6, 13; **Tarea 4:** 7, 9, 11, 12.

Tarea 1				
1	2	3	4	5
C	A	C	C	B

Tarea 2				
6	7	8	9	10
A	G	F	I	E

Tarea 3							
11	12	13	14	15	16	17	18
C	I	K	L	G	J	D	E

Tarea 4							
19	20	21	22	23	24	25	
H	I	A	B	E	D	F	

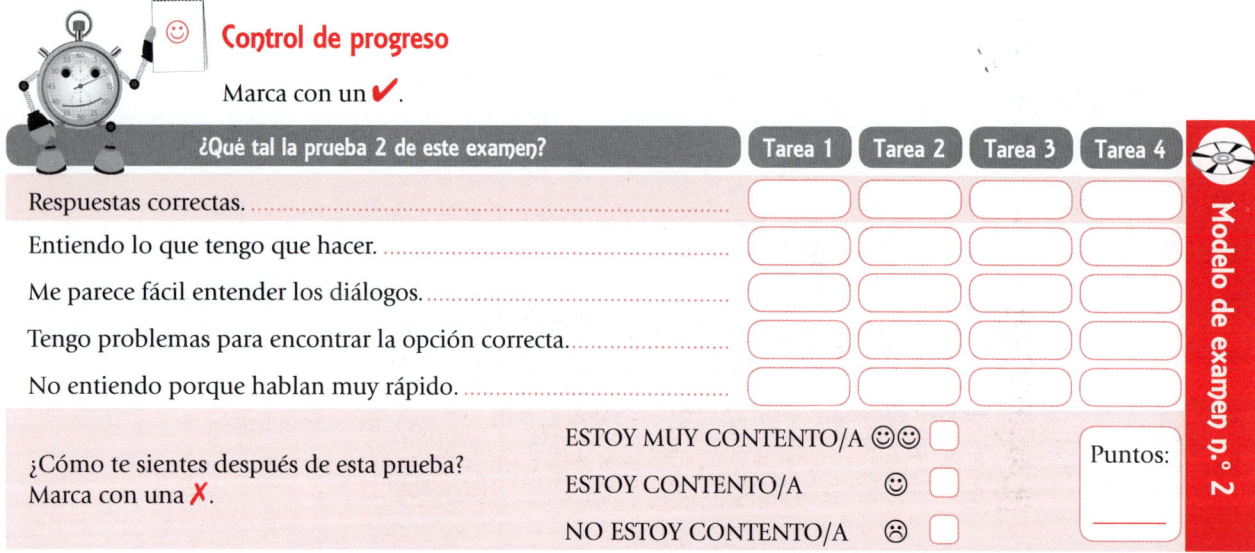

 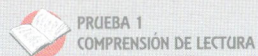 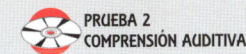  

Actividades sobre el Modelo n.º 2

¡Atención! Con estas actividades puedes mejorar tus resultados.

Tarea 1.

a. Escucha de nuevo la audición y escribe en los huecos las palabras que faltan. Observa el ejemplo.

Pon la pista n.º 17. Puedes usar el botón de PAUSA si lo necesitas.

PREGUNTA	Conversación 0

0. ¿Qué le falta al hombre?

A   B   C

▶ Vaya día. ¡Cómo llueve!
▶ ¿Qué te pasa? ¿Tienes problemas con el <u>coche</u>? ¿No encuentras las <u>llaves</u>?
▶ No. Es que no tengo <u>paraguas</u>.

PREGUNTA	Conversación 1

1. ¿Qué deporte practica la chica?

A   B   C

▶ Hola, ¿a dónde vas?
▶ A jugar al .... con Ana. Normalmente juego con mis amigos al ...., pero todavía están todos de vacaciones.
▶ Pues yo prefiero el ...., me gusta verlo en la tele y jugar con mis amigos.

PREGUNTA	Conversación 2

2. ¿A dónde tiene que ir la chica antes de las cinco?

A   B   C

▶ María, ¿te apetece venir a comer a un ....?
▶ Vale, pero quiero volver a .... pronto. Mi padre se va de viaje y a las cinco tengo que acompañarle al ....
▶ Tranquila, buscamos uno por aquí cerca.

 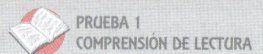 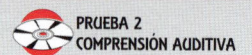 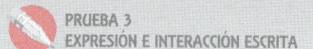 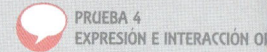

PREGUNTA	Conversación 3

3. ¿Qué busca la chica?

A   B   C

▶ Buenos días. Me gustaría probarme esta ...., pero veo que no tienen mi talla.
▶ No, ya no tenemos más faldas como esa, pero en mi opinión este .... es muy bonito y es azul como tu ....
▶ Sí, me gusta. Me la llevo.

PREGUNTA	Conversación 4

4. ¿Quién tiene que estudiar?

A   B   C

▶ Mamá, ¿quién me acompaña hoy a casa de Clara?
▶ Tu .... no puede, tu .... tiene que estudiar y yo estoy muy ocupada. ¿Por qué no vas en autobús?
▶ Vale, entonces voy ....

PREGUNTA	Conversación 5

5. ¿Dónde va de vacaciones la chica?

 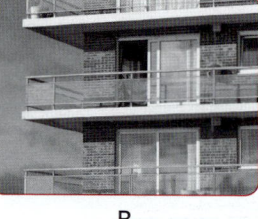 

A   B   C

▶ ¿Qué vais a hacer este verano?
▶ Siempre vamos a un .... cerca de la playa, pero este verano vamos a .... de mis primos.
▶ Yo voy a un .... en la montaña. Hay un lago muy grande.

b. En el ejercicio anterior, relaciona cada palabra con cada foto. Observa el ejemplo.

PREGUNTA	Conversación 0

0. ¿Qué le falta al hombre?

A   B   C

▶ Vaya día. ¡Cómo llueve!
▶ ¿Qué te pasa? ¿Tienes problemas con el **coche**? ¿No encuentras las **llaves**?
▶ No. Es que no tengo **paraguas**.

Selecciona ahora las opciones correctas. Ten cuidado porque las preguntas son diferentes a las del modelo de examen.

▶ Actividades sobre el **Modelo n.º 2**

Tarea 2.

a. Escucha de nuevo la audición y escribe las palabras que faltan en los espacios en blanco.

 Pon la pista n.º 18. Puedes usar el botón de ❚❚ PAUSA si lo necesitas. Observa el ejemplo.

MENSAJE 1
Se avisa a la gente mayor y a los niños que es importante beber mucha .... y no salir cuando hace mucho calor.

MENSAJE 2
Juan, ¿llevas tú el .... al cumpleaños de Miguel? Nos vemos allí a las ocho.

MENSAJE 3
Ana, la biblioteca está abierta. ¿Qué hacemos? ¿Estudiamos .... allí o en tu casa? Llámame. Besos.

MENSAJE 4
Pedimos disculpas a nuestros clientes, pero a partir del próximo mes nuestro establecimiento va a estar .... los domingos por la mañana.

MENSAJE 5
Se recomienda a los .... prestar atención a sus propias ....

b. Ahora, relaciona las palabras clave con las fotos.

A

B

C

D

E

F

G

H

I

c. Lee las palabras del cuadro y selecciona todas las palabras que escuchas en esta nueva audición.

Pon la pista n.° 19. Puedes usar el botón de PAUSA si lo necesitas.

1			2			3		
zapatos	bufanda	blusa	puente	semáforo	esquina	montaña	coche	playa
falda	vestido	pantalones	avenida	cruzar	barrio	ciudad	camping	avión
abrigo	guantes	sombrero	plaza	calle	cruce	autobús	apartamento	pueblo

Tarea 3.

a. Escucha la audición y escribe las palabras que faltan en los espacios en blanco. Observa el ejemplo.

Pon la pista n.° 20. Puedes usar el botón de PAUSA si lo necesitas.

▶ MÓNICA: Voy a hablaros de la familia con la que vivo en París. ¡Son fantásticos! La madre es ama de casa, nos prepara todos los días una <u>comida</u> diferente y hace unos <u>dulces</u> muy <u>buenos</u>.

El padre conduce ....1........ por su profesión.

El mejor es el abuelo, ja, ja, ja. ....2........ siempre de la ....3........, de sus ....4........ y de sus ....5.........

El hijo mayor parece un poco triste. Creo que es porque ....6........, pero no estoy segura porque ....7........

Y luego está Martín, mi amigo, es un chico estupendo. ....8........ estudiar, como a mí.

La hija no me gusta nada. Es ....9........ y egoísta. Por suerte, está poco en casa.

El novio de la hija es muy guapo y muy interesante. Es ....10........ y nos regala siempre entradas para ....11........

La tía vive con ellos porque está soltera. En su tiempo libre ....12........ en los centros comerciales.

Y para terminar, el perro. Se llama Blacky. Siempre quiere jugar y estar conmigo. ....13........ todos los días ....14........

b. Relaciona las **palabras clave** de la actividad anterior con las personas. Después, anota si las frases de la derecha dicen lo mismo o no, como en el ejemplo.

Pon la pista n.° 20. Puedes usar el botón de PAUSA si lo necesitas.

	PALABRA CLAVE		¿ES LO MISMO?	SÍ/NO
La madre		1.	hace muy buenos pasteles.	Sí
El padre		2.	no tiene coche.	
El abuelo		3.	habla demasiado.	
El hijo mayor		4.	no dice qué le pasa.	
A su amigo Martín		5.	le gusta lo mismo que a Sofía.	
La hija		6.	es poco sociable.	
Al novio de la hija		7.	no le gustan los conciertos.	
La tía		8.	prefiere la ropa vieja.	
El perro		9.	no puede salir al jardín.	

> Actividades sobre el **Modelo n.º 2**

c. Tanto en el **Modelo n.º 1** como en el **Modelo n.º 2**, hay informaciones que no están relacionadas con la audición. Piensa en cómo decir estas cuatro ideas de manera diferente.

A veces, como ves, no es importante solo una palabra, sino toda una idea.

	● IDEAS	● IDEAS PARECIDAS
Modelo 1:	Viene poco a la escuela.	
	Es muy antipático.	
Modelo 2:	Practica yoga.	
	Habla muy bien español.	

Tarea 4.

a. Lee primero el siguiente diálogo (Modelo n.º 1) y escribe el orden en el que aparece la información. Observa el ejemplo.

- a. Pues… vale, pero no puedo quedarme mucho tiempo porque tengo que estudiar.
- b. ¿Y cómo es?
- c. Hola, Ana, ¿qué tal?   1
- d. Bien. Voy a casa.
- e. Sí, vivo cerca de la escuela, más o menos a unos 15 minutos. Es muy cómodo por la mañana porque me levanto tarde y llego a tiempo.
- f. Venga, te tomas algo y te vas.
- g. Sí, bastante, pero mi habitación es un poco pequeña.
- h. Bueno, pero al menos está cerca de la escuela.
- i. ¡Qué suerte! Yo vivo en un piso en el centro, pero tengo que coger el metro todos los días.
- j. Yo también vivo en un piso. Vivo aquí desde hace trece años con mis padres.
- k. ¿Y vives cerca?
- l. ¡Qué grande! ¿No?
- m. Muy bonito. Tiene un salón, una cocina, tres habitaciones y dos baños.
- n. Sí, pero lejos del centro, aunque está bien comunicado. ¿Y tú? ¿A dónde vas? ¿Por qué no vienes a mi casa y así la ves?
- ñ. Muy bien, David, ¿y tú?

Escucha la audición y comprueba.

Pon la pista n.º 21. Puedes usar el botón de ⏸ PAUSA si lo necesitas.

b. Ordena el diálogo de este modelo.

a.	Yo no, yo salgo de clase a las dos. ¿Y si nos vemos por la tarde?	
b.	Oye, Álex, ¿estás bien? Pareces un poco cansado.	1
c.	Muy bien. Espero tu llamada.	
d.	Bien, en casa todo normal. Y en la escuela también. La verdad es que me gustan mis compañeros y hay muy buen ambiente entre los profesores y los alumnos.	
e.	Es que voy siempre corriendo y, además, me acuesto más o menos a las diez y me levanto temprano.	
f.	¡Me alegro! Yo también estoy muy contenta con mi escuela. ¿Y cuándo podemos vernos? Yo salgo de clase a las tres.	
g.	Los martes y jueves tengo clase de piano, y los lunes de inglés.	
h.	Podríamos organizar algo juntos el fin de semana. ¿Qué piensas?	
i.	Pues es complicado, porque yo los lunes y los miércoles voy a jugar al fútbol y los martes y los jueves voy al gimnasio.	
j.	Estupendo. Yo, los sábados, de vez en cuando, voy al cine porque a mis amigos les gusta ir a bailar, pero a mí no me gustan las discotecas. ¿Quieres venir conmigo el sábado que viene?	
k.	Por supuesto. Entonces te llamo esta semana.	
l.	¿Y qué tal en casa?	

Escucha la audición y comprueba.

Pon la pista n.° 22. Puedes usar el botón de ⏸ PAUSA si lo necesitas.

CLAVES

Tarea 1.

a. **Conversación 1:** tenis, baloncesto, fútbol; **Conversación 2:** restaurante, casa, aeropuerto; **Conversación 3:** falda, vestido, camiseta; **Conversación 4:** padre, hermano, sola; **Conversación 5:** hotel, casa, *camping*.

b. **Conversación 1:** tenis (C), baloncesto (A), fútbol (B); **Conversación 2:** restaurante (A), casa (B), aeropuerto (C); **Conversación 3:** falda (C), vestido (A), camiseta (B); **Conversación 4:** padre (B), hermano (C), sola (A); **Conversación 5:** hotel (A), casa (B), *camping* (C).

Tarea 2.

a. **Mensaje 1:** agua; **Mensaje 2:** regalo; **Mensaje 3:** Matemáticas; **Mensaje 4:** cerrado; **Mensaje 5:** pasajeros, maletas.

b. **Mensaje 1:** imagen F; **Mensaje 2:** imagen A; **Mensaje 3:** imagen H; **Mensaje 4:** imagen B; **Mensaje 5:** imagen I.

c. **Conversación 1:** zapatos, bufanda, falda, pantalones, guantes; **Conversación 2:** puente, plaza, semáforo, calle; **Conversación 3:** montaña, ciudad, coche, *camping*, playa, pueblo, avión.

❗ **Comentario.** Aprender a identificar las palabras que se mencionan te ayudará a realizar la tarea. Además, no solo debes entender las palabras, es importante saber quién las dice y cuándo las dice. Esto lo vamos a trabajar en el siguiente modelo.

▶ Actividades sobre el **Modelo n.º 2**

Tarea 3.

a. **Palabras clave:** 1. el coche todo el día; 2. Habla; 3. guerra; 4. viajes; 5. novias; 6. no tiene trabajo; 7. no habla con nadie; 8. Le gusta mucho; 9. antipática; 10. pianista; 11. conciertos; 12. le gusta mucho comprar ropa cara; 13. Salimos; 14. al jardín.

b. **Son lo mismo:** 1, 5, 6; **No son lo mismo:** 2, 3, 4, 7, 8, 9.

c. Esta opción no es la única posible.

Viene poco a la escuela. Está siempre enfermo.

Es muy antipático. No es simpático.

Practica yoga. Le gusta hacer deporte.

Habla muy bien español. No parece extranjero.

Tarea 4.

a. ▶ *Hola, Ana, ¿qué tal?*
▶ *Muy bien, David, ¿y tú?*
▶ *Bien. Voy a casa.*
▶ *¿Y vives cerca?*
▶ *Sí, vivo cerca de la escuela, más o menos a unos 15 minutos. Es muy cómodo por la mañana porque me levanto tarde y llego a tiempo.*
▶ *¡Qué suerte! Yo vivo en un piso en el centro, pero tengo que coger el metro todos los días.*
▶ *Yo también vivo en un piso. Vivo aquí desde hace trece años con mis padres.*
▶ *¿Y cómo es?*
▶ *Muy bonito. Tiene un salón, una cocina, tres habitaciones y dos baños.*
▶ *¡Qué grande! ¿No?*
▶ *Sí, bastante, pero mi habitación es un poco pequeña.*
▶ *Bueno, pero al menos está cerca de la escuela.*
▶ *Sí, pero lejos del centro, aunque está bien comunicado. ¿Y tú? ¿A dónde vas? ¿Por qué no vienes a mi casa y así la ves?*
▶ *Pues... vale, pero no puedo quedarme mucho tiempo porque tengo que estudiar.*
▶ *Venga, te tomas algo y te vas.*

b. ▶ *Oye, Álex, ¿estás bien? Pareces un poco cansado.*
▶ *Es que voy siempre corriendo y, además, me acuesto más o menos a las diez y me levanto temprano.*
▶ *¿Y qué tal en casa?*
▶ *Bien, en casa todo normal y en la escuela también. La verdad es que me gustan mis compañeros y hay muy buen ambiente entre los profesores y los alumnos.*
▶ *¡Me alegro! Yo también estoy muy contenta con mi escuela. ¿Y cuándo podemos vernos? Yo salgo de clase a las tres.*
▶ *Yo no, yo salgo de clase a las dos. ¿Y si nos vemos por la tarde?*
▶ *Los martes y jueves tengo clase de piano, y los lunes de inglés.*
▶ *Pues es complicado, porque yo los lunes y los miércoles voy a jugar al fútbol y los martes y los jueves voy al gimnasio.*
▶ *Podríamos organizar algo juntos el fin de semana. ¿Qué piensas?*
▶ *Estupendo. Yo, los sábados, de vez en cuando voy al cine porque a mis amigos les gusta ir a bailar, pero a mí no me gustan las discotecas. ¿Quieres venir conmigo el sábado que viene?*
▶ *Por supuesto. Entonces te llamo esta semana.*
▶ *Muy bien. Espero tu llamada.*

Modelo de examen n.º 2

Prueba 3: Expresión e Interacción escritas

● ● ● ● ● **Antes de empezar la prueba de Expresión e Interacción escritas.**

Croni tiene algunas preguntas sobre esta prueba del examen. Responde con tu información.

1. ¿Los textos que tienes que escribir son iguales?
....

2. ¿Qué es un cuestionario?
....

3. ¿Responder a preguntas de un cuestionario es escribir un texto?
....

4. ¿Es lo mismo escribir una carta y escribir un mensaje electrónico?
....

5. ¿En el examen todos los elementos son importantes?
....

6. ¿Qué elementos tienen una carta y un mensaje electrónico?
....

Aquí tienes las respuestas, pero atención, están desordenadas. Tienes que buscar la respuesta a cada pregunta.

A. Es un tipo de texto que tiene preguntas de distinto tipo.

B. Más o menos sí, los dos textos tienen una estructura similar.

C. No, son dos textos diferentes, y no puedes elegir, los dos son obligatorios.

D. Sí, todos son importantes, también los elementos pequeños como el saludo o la fecha.

E. Sí, porque tienes que entender las preguntas y escribir frases o palabras.

F. Tienen más o menos los mismos elementos, puedes verlos en la siguiente actividad.

Vamos a ver ahora los elementos de los dos tipos de texto.

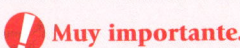 **Muy importante.**

CUESTIONARIO SOBRE CONVIVENCIA ESCOLAR PARA ALUMNOS Y ALUMNAS DE SECUNDARIA	→ Título
Queremos saber qué problemas tienen los alumnos de esta escuela. Por eso, necesitamos información sobre qué pasa entre los estudiantes. Lee las siguientes preguntas y responde con sinceridad. No es necesario escribir tu nombre.	→ Explicación del objetivo y la causa del cuestionario. Instrucciones.
Nombre de tu instituto: [____] Fecha: [____] Sexo: [____] Edad: [____] Año: [____]	→ Datos personales para completar por escrito.
¿Cuántos hermanos/as tienes? Mayores que tú [ ] Menores que tú [ ] ¿Con quién vives? Puedes elegir más de una opción. ○ Padre y madre ○ Madre ○ Hermanos ○ Otros familiares	→ Datos personales con opciones para seleccionar.
Contesta a los siguientes enunciados.	→ Preguntas del cuestionario con opciones para seleccionar.

	Verdadero	Más o menos	Falso
1. Cuando tengo un problema pido ayuda a los maestros/as.			
2. Entre mis compañeros/as, nos ayudamos los unos a los otros.			
3. Pienso ingresar en…			
4. …			

→ Espacio para marcar.

Escribe un comentario:
....
....

→ Preguntas del cuestionario para completar por escrito.

Adaptado de https://convivencia.files.wordpress.com

¿Qué partes tiene un correo electrónico? Completa el siguiente esquema con las palabras: *saludo*, *despedida*, *texto*, *firma*.

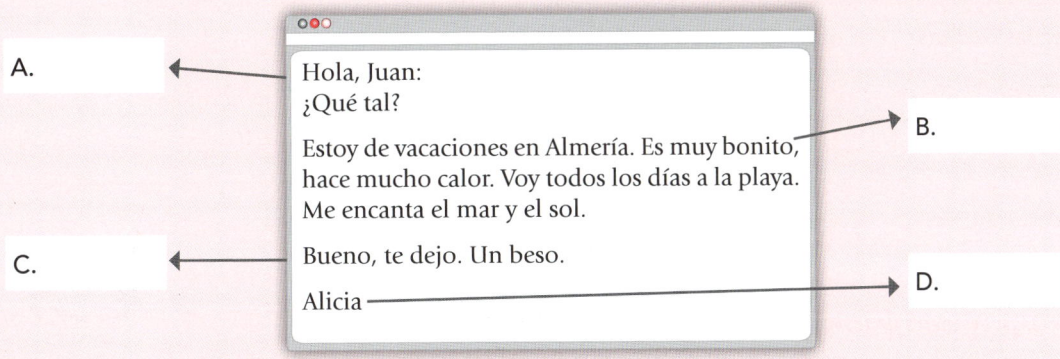

A. ← Hola, Juan: ¿Qué tal?

B. → Estoy de vacaciones en Almería. Es muy bonito, hace mucho calor. Voy todos los días a la playa. Me encanta el mar y el sol.

C. ← Bueno, te dejo. Un beso.

D. → Alicia

¡Atención! Antes de seguir, mira la respuesta en la página 92.

¡Ya puedes empezar esta prueba!

Prueba 3: Expresión e Interacción escritas

La prueba de **Expresión e Interacción escritas** tiene 2 tareas.

• • • • • 🕐 La prueba dura **25 minutos**.

Pon el reloj al principio de cada tarea.

Tarea 1

INSTRUCCIONES

Tu instituto quiere conocer las costumbres deportivas de los estudiantes. Debes completar este formulario para ayudar al instituto.

Escribe la respuesta únicamente dentro del cuadro.

---

http://www.colegio.es

ACTIVIDAD FÍSICA EN EL INSTITUTO

Nombre: _____ Apellidos: _____

Dirección: _____ Número de teléfono fijo: _____

Curso: _____

¿Qué actividades deportivas haces normalmente? Marca con una X dos actividades:

- ☐ Ir en bicicleta
- ☐ Fútbol
- ☐ Baloncesto
- ☐ Natación
- ☐ Canoa, remo, vela
- ☐ Voleibol
- ☐ Tenis
- ☐ Otro: _____

¿Dónde realizas esas actividades? (De 8 a 10 palabras)

_____

¿Con quién las realizas? ¿Por qué? (De 10 a 15 palabras)

- ☐ Con mis amigos
- ☐ Con mis padres
- ☐ Con mis hermanos
- ☐ Solo
- ☐ Con mi novio/a
- ☐ Otro: _____

_____

Firma: _____

ENVIAR

N.º de palabras: _____.

• • • • • 🕐 Mi tiempo para esta tarea: _____ min.

Expresión e Interacción escritas

Tarea 2

●●●●● 🕒 Pon otra vez el reloj.

INSTRUCCIONES

En tus vacaciones conoces a una persona interesante. Escribe un correo a un amigo. En él debes:
- saludar;
- explicar que tienes un nuevo amigo;
- describir a esa persona;
- decir por qué te interesa;
- despedirte.

Número de palabras: entre 30 y 40.

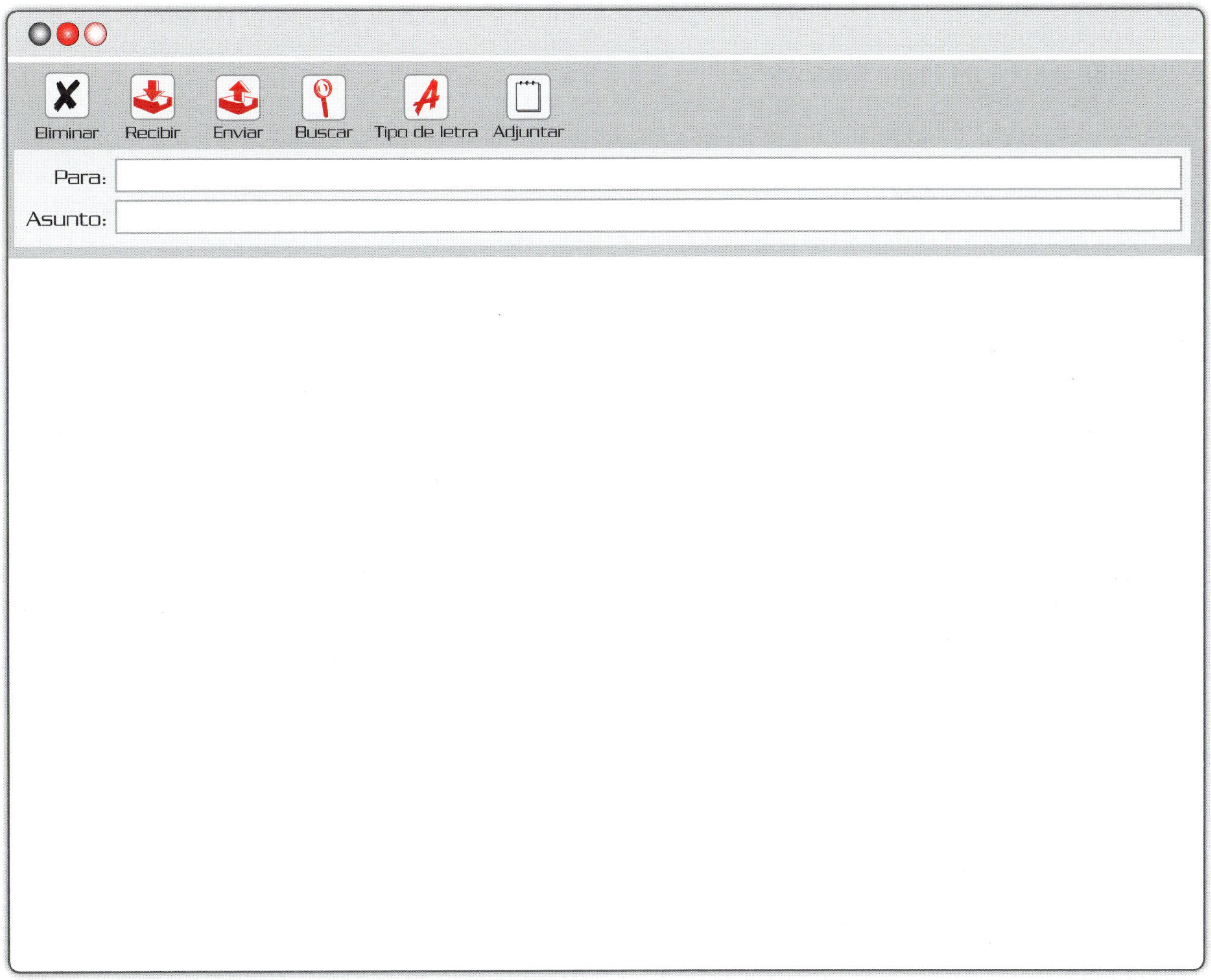

Para:
Asunto:

●●●●● 🕒 Mi tiempo para esta tarea: _____ min.

CLAVES

● ● ● ● ● 🕐 **Antes de empezar la prueba de Expresión e Interacción escritas.**

1. C; **2.** A; **3.** E; **4.** B; **5.** D; **6.** F.

A. saludo; **B.** texto; **C.** despedida; **D.** firma.

❗ **¡Atención!** Hay muchas maneras de hacer bien esta prueba. Aquí tienes solo dos formas posibles.

Tarea 1.

ACTIVIDAD FÍSICA EN TU INSTITUTO

Nombre: Lourdes   Apellidos: Valls Rius
Dirección: C/ Vallespir 11, Barcelona
Número de teléfono fijo: No tengo
Curso: 4.º de ESO
¿Qué actividades deportivas haces normalmente? Marca con una X dos actividades:

[X] Ir en bicicleta   [X] Canoa, remo, vela

¿Dónde realizas esas actividades? (De 8 a 10 palabras)
La bicicleta por el parque junto a casa, y la canoa, en la playa.

¿Con quién las realizas? ¿Por qué? (De 10 a 15 palabras)
[X] Con mi novio/a
Porque a mi novio le gusta mucho el mar y hacer vela, como a mí.

Firma: Lourdes Valls Rius

Tarea 2.

Para: roberto.123@yahoo.arg
Asunto: Mi nueva amiga

Hola, Roberto:
Estoy de vacaciones en Punta del Este. Tengo una nueva amiga. Se llama Ana y es española. Es mayor que yo, y muy divertida. Hacemos juntas un curso de submarinismo.
Nos vemos pronto. Un beso.
Cristina

N.º de palabras: 38.

Control de progreso

Lee otra vez despacio tus textos. Marca con un ✔.

¿Qué tal la prueba 3 de este examen?	Tarea 1	Tarea 2
🕐 ¿Cuánto tiempo necesitas en cada tarea?		
Entiendo bien las instrucciones.		
Entiendo todas las preguntas.		
Conozco los dos tipos de texto.		
No escribo demasiadas palabras.		
Tengo pocos errores de gramática o de vocabulario.		

¿Cómo te sientes después de esta prueba? Marca con una ✗.	ESTOY MUY CONTENTO/A 😊😊 ☐
	ESTOY CONTENTO/A 😊 ☐
	NO ESTOY CONTENTO/A ☹ ☐

Modelo de examen n.º 2

Actividades sobre el Modelo n.º 2

Tarea 1.

a. Aquí tienes algunos temas posibles de cuestionarios. Tienes que relacionar cada tema con una imagen.

1. Intercambio escolar
2. Fiesta de fin de curso
3. Actividades físicas
4. Uso del móvil
5. Costumbres ecológicas
6. Técnicas de estudio
7. Actividades de tiempo libre
8. Ambiente en el instituto

A. _____

B. _____

C. _____

D. _____

E. _____

F. _____

G. _____

H. _____

b. Aquí tienes una lista de palabras que puedes encontrar en esos cuestionarios. Relaciona cada palabra con una de las imágenes de la actividad anterior. Usa el **diccionario** si lo necesitas.

¡Atención! Algunas palabras pueden estar en más de un tema.

Consejo: ¡Este vocabulario es útil también para la prueba 4!

nadar	cine	deberes
bebidas	compañeros	música
comida	carácter	reciclar
bailar	mesa de trabajo	contaminación
profesores	usar Internet	agua
tiempo libre	teatro	montar en bici
exámenes	enviar mensajes	problemas
correr	basura	viaje
discoteca	deporte	calendario
sacar fotos	aula	
jugar	extranjero	

| PRUEBA 1 COMPRENSIÓN DE LECTURA | PRUEBA 2 COMPRENSIÓN AUDITIVA | PRUEBA 3 EXPRESIÓN E INTERACCIÓN ESCRITAS | PRUEBA 4 EXPRESIÓN E INTERACCIÓN ORAL |

c. Aquí tienes otro cuestionario para completar.

● ● ● ● ● 🕐 Pon el reloj.

Actividades de tiempo libre

Nombre: _____   Apellidos: _____

Nacionalidad: _____   Teléfono: _____

Fecha de nacimiento (Día/Mes/Año): _____   Sexo: _____

INFORMACIÓN SOBRE TI

¿Qué actividades de tiempo libre prefieres?   ¿Por qué? (De 8 a 10 palabras)
☐ Ir al cine   ☐ Pasear por la calle
☐ Ir al teatro   ☐ Otro: _____
☐ Ir al gimnasio

¿Con quién no realizas esas actividades?   ¿Por qué? (De 10 a 15 palabras)
☐ Con mis amigos   ☐ Con mis padres
☐ Con mis hermanos   ☐ Con mi novio/a

● ● ● ● ● 🕐 ¿Cuánto tiempo necesitas para hacer este cuestionario? _____ min.

Tarea 2.

a. Aquí tienes dos mensajes distintos. Les faltan algunas palabras. Completa los mensajes.

Mensaje 1

Para: eduardo.lopez@gmail.es
Asunto: ....(1)

Querido Eduardo:

Te cuento que tenemos un nuevo profesor. Se llama como tú. Nos da Matemáticas. Es un poco duro, hacemos más exámenes que antes, por eso no tengo tiempo. Eso no me gusta mucho, la verdad, pero es buen profesor.

....(2)

Cristina

N.º de palabras: 41

Mensaje 2

Para: ....(3)
Asunto: Tengo un gato

....(4)

Rupert ya está en casa. Desde hoy. Estoy muy contenta. Es pequeño, suave y un poco tímido. Me gusta mucho y estoy muy contenta. Tienes que verlo.

Ven pronto a verlo. Besos.

....(5)

N.º de palabras: 32

▶ Actividades sobre el **Modelo n.º 2**

b. Aquí tienes otros mensajes. También les faltan palabras. Tienes que completar los mensajes con palabras de la lista que hay debajo de cada mensaje.

❗ **¡Atención!** En la lista hay más palabras de las necesarias.

Mensaje 1

Para:	eli.eli@hotmail.com
Asunto:	Mi nuevo................................(1)

Hola, Eli:
Ya estoy en mi nuevo barrio. ....(2)
Atocha, no ....(3) lejos del centro.
pero ....(4) muchos coches. Está muy
cerca del Instituto. Aún no lo ....(5)
muy bien. ¿Nos vemos mañana y ....(6)
un paseo?
Escribe pronto. Un abrazo.
Marta

N.º de palabras: 43

Mensaje 2

Para:	biblio.instituto@insti.edu.com
Asunto:	Necesito un ....(7)

Querida profesora:
Para el examen del Historia ....(8)
un libro. El tema ....(9) la Guerra
Mundial. No ....(10) el título, pero
usted sí. ¿........................(11) reservarlo? Mañana
........................(12) a la biblioteca y lo recojo.
Gracias y hasta mañana.
Pedro

N.º de palabras: 37

barrio	se llama	necesitar	Puedes
hay	instituto	hay	recuerdo
casa	es	Puedo	está
damos	se llama	es	recordar
conoces	dais	necesito	libro
conozco	voy	cuaderno	

Puedes comparar tu mensaje con estos cuatro.
¿Hay muchas diferencias?

CLAVES

Tarea 1.

a. 1. E; 2. D; 3. A; 4. C; 5. B; 6. G; 7. H; 8. F.

b. Palabras relacionadas con los temas. **Intercambio escolar:** *viaje, extranjero, carácter, tiempo libre*; **Fiesta de fin de curso:** *música, bebidas, comida, bailar*; **Actividades físicas:** *correr, montar en bici, nadar, jugar*; **Uso del móvil:** *usar Internet, enviar mensajes, sacar fotos*; **Ecología:** *basura, reciclar, contaminación, agua*; **Técnicas de estudio:** *calendario, deberes, mesa de trabajo, exámenes*; **Tiempo libre:** *teatro, cine, deporte, discoteca*; **Ambiente en el instituto:** *profesores, compañeros, aula, problemas*.

Tarea 2.

a. Propuesta de soluciones. **1.** *Mi nuevo profesor*; **2.** *Muchos saludos/Un beso fuerte*; **3.** *antonio.luz@gmail.com*; **4.** *Hola, Antonio/Querido Antonio/Hola, ¿qué tal?*; **5.** *Ana*.

b. **1.** *barrio*; **2.** *Se llama*; **3.** *está*; **4.** *hay*; **5.** *conozco*; **6.** *damos*; **7.** *libro*; **8.** *necesito*; **9.** *es*; **10.** *recuerdo*; **11.** *Puedo*; **12.** *voy*.

Prueba 4: Expresión e Interacción orales

● ● ● ● ● **Antes de empezar la prueba de Expresión e Interacción orales.**

En esta tabla hay 6 fragmentos de esta prueba. Tienes que escribir de qué tarea es cada fragmento.

	RESPUESTAS	TAREA 1	TAREA 2	TAREA 3
1.	Vas a preparar una presentación personal de **dos minutos** aproximadamente. Puedes hablar sobre los siguientes aspectos.			
2.	Después, tú vas a hacer dos preguntas al entrevistador sobre el tema de la tarea 2.			
3.	Tú aula: ¿Cómo es?; ¿Qué hay?...			
4.	Vas a seleccionar **tres** de las cinco opciones para hablar durante aproximadamente **dos minutos**.			
5.	Tu personalidad/tu carácter.			
6.	El entrevistador te va hacer unas preguntas sobre el tema de la tarea 2.			

Fuente: *Instituto Cervantes.*

Aquí tienes de nuevo la dirección: http://diplomas.cervantes.es/sites/default/files/examen_0_a1esc_0.pdf.

¡Atención! Antes de seguir, mira la respuesta en la pág. 99.

¡Atención! Observa las siguientes viñetas para entender bien cómo funciona la **tarea 1**.

Antes de empezar la tarea, el entrevistador/a te pregunta tu nombre y alguna cosa más.

¡Ya puedes empezar esta prueba!

Prueba 4: Expresión e Interacción orales

LA PREPARACIÓN

●●●●● Tienes **10 minutos** para preparar las tareas 1 y 2. Sigue todas las **instrucciones**.

Tarea 1

Consejo. Vuelve a escuchar tu tarea 1 del Modelo n.º 1 y preséntate usando estructuras diferentes. Si quieres, para estar más seguro en esta tarea, puedes añadir más informaciones. Recuerda que es importante hablar tú solo durante 1 o 2 minutos. El entrevistador no habla en esta parte de la prueba. Mira el siguiente ejemplo:

En el Modelo n.º 1 dices…	En el Modelo n.º 2 puedes decir…
▶ **Me llamo** Jessy y **soy** inglesa.	▶ **Mi nombre es** Jessy, **mi apellido es** Davies y **soy de** Wolverhampton, **una ciudad en el** centro de Inglaterra.

INSTRUCCIONES

Vas a preparar una presentación personal de dos minutos aproximadamente. Puedes hablar sobre los siguientes aspectos:

- TUS ESTUDIOS
- TU NOMBRE
- TU PERSONALIDAD/TU CARÁCTER
- TÚ
- TU NACIONALIDAD
- LENGUAS QUE HABLAS
- TU EDAD

Tarea 2

Consejo. Puedes tomar notas para no olvidar nada. Es importante organizar bien la información. Si tus notas son claras, puedes encontrar las palabras que necesitas más fácilmente.

INSTRUCCIONES

Tienes que hacer una presentación sobre un tema. El entrevistador no habla en esta parte de la prueba.

Vas a seleccionar tres de las cinco opciones para hablar aproximadamente durante dos minutos:

- NOMBRE: ¿Quiénes son?
- GUSTOS: ¿Qué les gusta?
- DESCRIPCIÓN: ¿Cómo son físicamente?
- TUS AMIGOS
- ESCUELA: ¿Qué estudian? ¿Dónde?
- TIEMPO LIBRE: ¿Qué cosas hacéis juntos?

Modelo de examen n.º 2

El Cronómetro ■ Manual de preparación del DELE. Examen A1 para escolares

LA ENTREVISTA

Comentario. ¿Preparado para la prueba? Ahora tienes que hablar con el entrevistador. Recuerda que la **tarea 3** no la preparas. Tienes que escuchar bien las preguntas, entenderlas y responder.

 Atención. Recuerda que en el examen vas a **escuchar las preguntas** del entrevistador, no las vas a leer.

Tarea 1

● ● ● ● ● *Recuerda que la tarea dura de **1 a 2 minutos**.*

Pon la pista n.º 23. *Escucha las instrucciones, y comienza tu presentación.*

Graba tus respuestas.

▶ **Entrevistador:** *Hola, me llamo Juan, ¿y tú?*
▶ **Candidato:** ...
▶ **E:** *¿De dónde eres?*
▶ **C:** ...

▶ **E:** *Vale, de acuerdo. Vamos a empezar con la tarea 1. Tienes que hacer una presentación personal de 1 o 2 minutos. Hablas solo tú.*
▶ **C:** ...

Tarea 2

● ● ● ● ● *Recuerda que la tarea dura de **2 a 3 minutos**.*

Pon la pista n.º 24. *Escucha las instrucciones, y comienza tu presentación.*

Graba tus respuestas.

▶ **Entrevistador:** *Ahora vas a hacer la tarea 2. ¿Sobre qué tema vas a hablar?*
▶ **Candidato:** ...
▶ **E:** *De acuerdo. ¿Qué tres opciones vas a elegir?*

▶ **C:** ...
▶ **E:** *Vale. Puedes comenzar ya. Habla durante unos 2 minutos.*
▶ **C:** ...

 Atención. No olvides que al final de la **tarea 3** tienes que hacerle dos preguntas al entrevistador.

Tarea 3

● ● ● ● ● *Recuerda que la tarea dura de **3 a 4 minutos**.*

Pon la pista n.º 25. *Escucha las instrucciones, y comienza tu presentación.*

Graba tus respuestas.

▶ **Entrevistador:** *Terminamos la tarea 2 y ahora vamos a hacer la tarea 3. Ya sabes que voy a hacerte preguntas sobre TUS AMIGOS. ¿Tu mejor amigo y tú sois muy diferentes? ¿Por qué?*
▶ **Candidato:** ...

▶ **E:** *¿Hacéis muchas cosas juntos? Pon algunos ejemplos.*
▶ **C:** ...
▶ **E:** *¿Conoces a sus padres? ¿Cómo son?*
▶ **C:** ...
▶ **E:** *¿Vivís cerca? ¿Vais juntos a la escuela?*

Expresión e Interacción orales

- C: ...
- E: ¿Tu mejor amigo es buen estudiante? ¿Y tú?
- C: ...
- E: ¿Tienes algún otro mejor amigo? ¿Cómo se llama?
- C: ...
- E: ¿Tienes algún amigo de otro país? ¿Cómo es?
- C: ...
- E: ¿Te gusta conocer nuevos amigos? ¿Por qué?
- C: ...
- E: ¿Cómo conoces a nuevos amigos?
- C: ...
- E: Ahora tienes que hacerme dos preguntas a mí sobre este tema.
- C: (Pregunta 1)...
- E: (Respuesta 1). ¿Cuál es tu segunda pregunta?
- C: (Pregunta 2)...
- E: (Respuesta 2). Pues… esto es todo. La prueba termina. Muchas gracias y mucha suerte.

CLAVES

●●●●● Antes de empezar la prueba de **Expresión e Interacción orales**.

Comentario. 1. Tarea 1: En ella tienes que hacer una presentación personal; **2.** Tarea 3: Al final de esta tarea tienes que hacer dos preguntas al entrevistador; **3.** Tarea 2: En esta tarea tienes que presentar un tema; **4.** Tarea 2: Recuerda que solo tienes que hablar sobre tres opciones; **5.** Tarea 1: En tu presentación puedes decir tu nombre y apellidos, tu nacionalidad, cuántos años tienes, qué lenguas hablas, etc.; **6.** Tarea 3: En esta tarea tienes que hablar con el entrevistador. Si no entiendes algo, el entrevistador puede repetir las preguntas.

Control de progreso

Escucha tus respuestas en cada prueba. Marca con un ✔.

¿Qué tal la prueba 4 de este examen?	Tarea 1	Tarea 2	Tarea 3
Entiendo sin problemas la tarea.	☐	☐	☐
Tengo notas que me ayudan.	☐	☐	☐
Hablo sobre el tema y no sobre otras cosas.	☐	☐	☐
Hablo durante el tiempo que propone la tarea.	☐	☐	☐
Aunque a veces tengo problema, puedo contar mis ideas.	☐	☐	☐
Entiendo bien las preguntas del entrevistador.	☐	☐	☐
Tengo una pronunciación clara.	☐	☐	☐
No tengo errores graves de gramática.	☐	☐	☐
No cometo errores graves de vocabulario.	☐	☐	☐
No uso palabras de otras lenguas.	☐	☐	☐

¿Cómo te sientes después de esta prueba? Marca con una ✗.

- ESTOY MUY CONTENTO/A 😊😊 ☐
- ESTOY CONTENTO/A 😊 ☐
- NO ESTOY CONTENTO/A ☹ ☐

 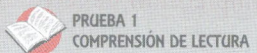 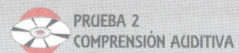 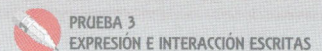 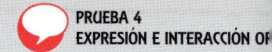

Actividades sobre el Modelo n.º 2

¡Atención! Ya sabes que estas actividades no son las del examen pero son útiles para prepararte.

Tarea 1.

a. Completa el siguiente texto sobre el inicio de la tarea 1.

▶ **Entrevistador:** *Hola, me llamo ....(1).........., ¿y tú?*

▶ **Candidata:** *Hola. Yo soy Ting.*

▶ **E:** *¿Eres ....(2)..........?*

▶ **C:** *Sí, soy de ....(3)...........*

▶ **E:** *Vale, Ting. Vamos a comenzar con la ....(4).......... Tienes que hacer una ....(5).......... personal de 1 a 2 minutos. Hablas tú y yo te ....(6)...........*

▶ **C:** *Me llamo Ting. Soy china, de Shanghái. Tengo ....(7).......... y hablo chino, español y ....(8).........., porque mi padre es de ....(9)...........*

| escucho |
| presentación |
| japonés |
| Shanghái |
| china |
| Juan |
| tarea 1 |
| 13 años |
| Japón |

b. Relaciona las siguientes palabras que puedes usar para hacer bien la tarea 1.

1. Tu nombre
2. Tu nacionalidad
3. Tu edad
4. Lenguas que hablas
5. Tu personalidad / Tu carácter
6. Tus estudios

a. **Soy** inglés. **Vengo de** Leeds.
b. **Mi lengua materna es el** inglés. También **hablo** un poco de español.
c. **Soy estudiante de** Secundaria. **Estudio en** la Escuela de Lenguas Extranjeras de Leeds.
d. **Soy** un chico tranquilo y un poco tímido.
e. **Tengo** 13 **años**.
f. **Me llamo** Martin.

Esta parte es como la primera parte de la tarea 1 de la prueba 3:
Expresión e Interacción escritas.

c. ¿Recuerdas la preparación de la tarea 1 de este modelo? Escucha tus dos presentaciones personales de los Modelos n.º 1 y 2 y **escríbelas** en la siguiente tabla.

Ejemplo:

	TAREA 1. MODELO 1	TAREA 1. MODELO 2
Nombre	▶ Me llamo Jessy y soy inglesa.	▶ Mi nombre es Jessy, mi apellido es Davies y soy de Wolverhampton, una ciudad en el centro de Inglaterra.

> Actividades sobre el **Modelo n.º 2**

	● MODELO 1	● MODELO 2
Tu nombre		
Tu nacionalidad		
Tu edad		
Lenguas que hablas		
Tu personalidad		
Tus estudios		

Tarea 2.

a. Completa el siguiente texto sobre el inicio de la tarea 2.

- **Entrevistador:** *Ting, ...(1).......... vas a hacer la tarea 2. ¿Tu tema es...?*
- **Candidata:** *Mi ....(2).......... es "TUS AMIGOS".*
- **E:** *¿Sobre qué ....(3).......... vas a hablar?*
- **C:** *Voy a ....(4).......... sobre mi mejor amiga, sus gustos y nuestro tiempo libre.*
- **E:** *Puedes ....(5).......... Tienes que hablar durante unos 2 ....(6)..........*

| ahora |
| minutos |
| tema |
| comenzar |
| opciones |
| hablar |

b. En este segundo modelo el tema es "TUS AMIGOS". Aquí tienes algunas informaciones sobre las 5 opciones que hay en el modelo. ¿Sobre qué opciones son?

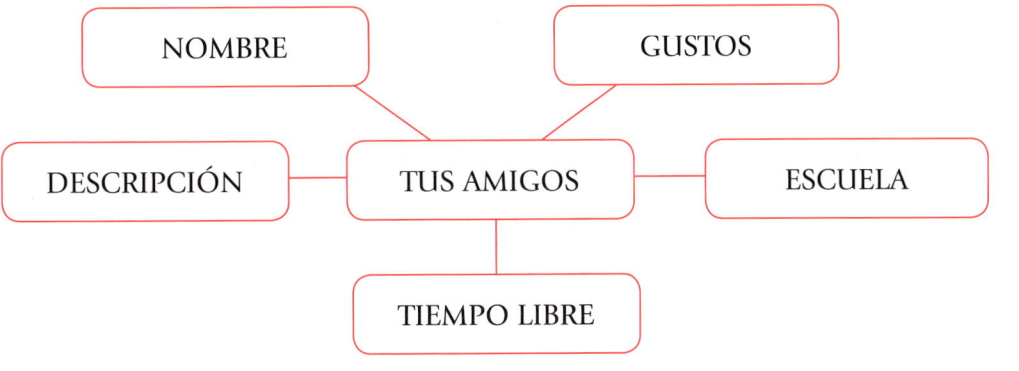

Continúa ➔

 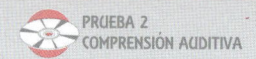 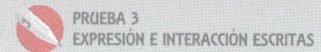 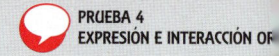

INFORMACIONES	OPCIONES
1. Mi mejor amiga se llama Xiaomei. Tiene 13 años y estudia en mi clase.	
2. A Xiaomei le gusta mucho cantar. También le gusta escuchar música pop.	GUSTOS
3. Mi mejor amiga estudia en mi clase. Ella no estudia español porque prefiere el francés.	
4. Todos los domingos vamos juntas al karaoke. Una vez al mes vamos al cine.	
5. Ella es alta y delgada y tiene el pelo negro. Sus ojos también son negros.	

C. Ahora tienes que escribir dos informaciones sobre cada opción de esta tarea: la información 1 sobre ti y la información 2 sobre un compañero. Sigue el ejemplo.

OPCIONES	INFORMACIONES
Datos personales	1.
	2.
Descripción	1. Soy alto, un poco gordito y tengo el pelo castaño.
	2.
Gustos	1.
	2.
Estudiar	1.
	2.
Tiempo libre	1.
	2.

▶ Actividades sobre el **Modelo n.º 2**

Tarea 3.

a. Completa el siguiente texto sobre el inicio de la tarea 3.

▶ **Entrevistador:** *Ahora vamos a ....(1).......... la tarea 3. Voy a hacerte unas ....(2)........... ¿Cómo es tu mejor amiga? ¿Sois muy ....(3)..........?*

▶ **Candidata:** *Xiaomei es muy ....(4).......... y siempre hacemos todo juntas. A las dos nos gustan las mismas cosas. Nos gusta ir al cine e ir de ....(5)...........*

▶ **E:** *¿Tienes otros amigos?*

▶ **C:** *Sí. Tengo otro mejor amigo. Se llama Tao, pero él no ....(6).......... en mi clase.*

| preguntas |
| simpática |
| hacer |
| diferentes |
| compras |
| estudia |

b. Estas preguntas te las puede hacer el entrevistador en la tarea 3. ¿Sabes qué significan? ¿Cómo se dicen **en tu idioma**?

A. ¿Cómo se llama tu mejor amigo?

B. ¿Cómo son los padres de tu mejor amigo?

C. ¿Tu amigo es buen estudiante?

D. ¿Tu mejor amigo y tú hacéis muchas cosas juntos?

E. ¿Te gusta hacer nuevos amigos?

F. ¿Normalmente vais juntos a la escuela?

c. Aquí tienes unas respuestas de un candidato a las preguntas anteriores. Relaciona las preguntas de la actividad anterior con las respuestas.

▶ Pregunta:
▶ Respuesta: *Mi mejor amigo y yo hacemos muchas cosas juntos. Por ejemplo, jugamos al fútbol dos veces a la semana. También jugamos a la videoconsola. Nos gustan mucho los videojuegos.*

▶ Pregunta:
▶ Respuesta: *Se llama Carlos. Tiene 13 años y estudia en mi clase.*

▶ Pregunta:
▶ Respuesta: *No vamos juntos a la escuela porque vivimos en partes diferentes de la ciudad.*

▶ Pregunta:
▶ Respuesta: *Me gusta mucho conocer a nuevos amigos. Cuando juego al fútbol conozco a otros jugadores.*

▶ Pregunta:
▶ Respuesta: *Los padres de mi amigo Carlos son muy simpáticos. A veces ceno con ellos en casa. Su madre cocina muy, muy bien. Hace unas pizzas muy, muy ricas.*

▶ Pregunta:
▶ Respuesta: *Sí. Carlos es muy buen estudiante y siempre tiene buenas notas.*

 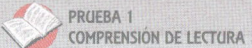 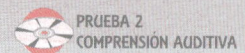 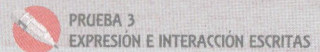 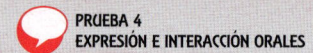

 **CLAVES**

Tarea 1.

a. 1. *Juan*; 2. *china*; 3. *Shanghái*; 4. *tarea 1*; 5. *presentación*; 6. *escucho*; 7. *13 años*; 8. *japonés*; 9. *Japón*.

b. 1. f; 2. a; 3. e; 4. b; 5. d; 6. c.

Tarea 2.

a. 1. *ahora*; 2. *tema*; 3. *opciones*; 4. *hablar*; 5. *comenzar*; 6. *minutos*.

b. 1. Mejor amigo/a: ¿Quién es?; 2. Gustos: ¿Qué les gusta?; 3. Escuela: ¿Qué estudian? ¿Dónde?; 4. Tiempo libre: ¿Qué cosas hacéis juntos?; 5. Descripción: ¿Cómo son físicamente?

Tarea 3.

a. 1. *hacer*; 2. *preguntas*; 3. *diferentes*; 4. *simpática*; 5. *compras*; 6. *estudia*.

c. 1. D; 2. A; 3. F; 4. E; 5. B; 6. C.

¡Ánimo, adelante!

DELE A1
para escolares

Modelo de examen n.º 3

 PRUEBA 1. COMPRENSIÓN DE LECTURA — 45 min.

 PRUEBA 2. COMPRENSIÓN AUDITIVA — 20 min.

 PRUEBA 3. EXPRESIÓN E INTERACCIÓN ESCRITAS — 25 min.

 PRUEBA 4. EXPRESIÓN E INTERACCIÓN ORALES — 10 min.

 **Claves, comentarios, consejos y actividades sobre este modelo de examen.**
En este modelo n.º 3 el centro está en **las tareas** de las pruebas de examen: las instrucciones, las dificultades, etc.
Es muy importante en este modelo medir bien el 🕒 tiempo.

 El Cronómetro, manual de preparación del DELE. Examen A1 para escolares

Prueba 1: Comprensión de lectura

● ● ● ● ● **Antes de empezar la prueba de Comprensión de lectura.**

¿De qué tareas son las siguientes instrucciones? Marca con un ✓.

	FRAGMENTOS DE TEXTOS	TAREA 1	TAREA 2	TAREA 3	TAREA 4
1.	Vas a leer unos mensajes que están en varios lugares en un colegio. Debes relacionar los mensajes (A-J) con las frases (6 -11)				
2.	Vas a leer un correo electrónico de Macarena a una amiga.				
3.	Debes leer las preguntas (18 a 25) y seleccionar la opción correcta (A, B o C).				
4.	Vas a leer en Internet unos anuncios de una asociación de animales y los mensajes de unas personas que buscan mascota.				
5.	Hay diez mensajes, incluido el ejemplo. Debes seleccionar seis.				
6.	Debes relacionar los anuncios (A-J) con las personas (12-17). Hay diez anuncios, incluido el ejemplo. Tienes que seleccionar seis.				
7.	Vas a leer la información del calendario de actividades extraescolares de un instituto de Secundaria.				
8.	A continuación, debes leer las preguntas (1 a 5) y seleccionar la opción correcta (A, B o C).				
9.	Tienes que marcar la opción elegida en la **Hoja de respuestas**.				

Fuente: *Instituto Cervantes*.

¡Ya puedes empezar esta prueba!

¡Es muy importante entender bien las **instrucciones**!

Prueba 1: Comprensión de lectura

La prueba de **Comprensión de lectura** tiene cuatro tareas. Debes responder a **25 preguntas**.

• • • • • 🕐 La prueba dura **45 minutos**. ¡Pon el reloj al principio de cada tarea!

Escribe o marca tus opciones únicamente en la **Hoja de respuestas**.

Tarea 1

INSTRUCCIONES

Vas a leer un correo electrónico de Lucas a Pedro, dos compañeros de clase. A continuación, debes leer las preguntas (de la 1 a la 5) y seleccionar la opción correcta (A, B o C).

Tienes que marcar la opción elegida en la **Hoja de respuestas**.

0. A ☐ B ☐ C ☐

PARA: pedro.sant@alum.com
CC:
CCO:
ASUNTO: Preguntas sobre clase

Hola, Pedro:

Te escribo porque tengo preguntas sobre los exámenes de la próxima semana.

Con el examen de Matemáticas no tengo problemas, las matemáticas me encantan y entiendo todo muy rápido. Mi problema es el examen de Literatura, el de Física y Química y el de Inglés.

Inglés me gusta, hago bien los ejercicios de gramática y cuando escucho el CD del libro lo entiendo todo, pero los ejercicios de lectura los hago fatal. Mi problema en Física y Química es que la profesora habla muy rápido, a veces es difícil entender lo que dice; además, odio esta asignatura, es demasiado aburrida para mí. La profesora de Literatura es muy simpática, pero no me gusta leer y por eso, a veces, no hago todos los deberes.

¿Puedes ayudarme a estudiar? Si no apruebo, tengo que ir de vacaciones con mis padres; pero yo quiero ir de campamento con unos amigos al sur. Además, tengo una cámara de fotos nueva y quiero hacer fotos de la naturaleza, las montañas, las playas…

Espero tu respuesta.

Un saludo,

Lucas

PREGUNTAS

1. La asignatura favorita de Lucas es…
   a) Física y Química.
   b) Matemáticas.
   c) Inglés.

2. A Lucas en inglés le cuesta…
   a) escribir.
   b) hablar.
   c) leer.

3. No entiende cuando habla la profesora de…
   a) Física y Química.
   b) Inglés.
   c) Literatura.

4. Si Lucas no aprueba…
   a) no va de vacaciones con sus padres.
   b) no va de campamento con sus amigos.
   c) no le regalan una cámara de fotos.

Continúa →

5. Lucas quiere hacer fotos a…

a)

b)

c)

• • • • • 🕐 Mi tiempo para esta tarea: _____ min.

Tarea 2

• • • • • 🕐 Pon otra vez el reloj.

INSTRUCCIONES

Vas a leer unos anuncios de gente que vende cosas por Internet. Debes relacionar los anuncios (A-J) con las frases (de la 6 a la 11). Hay diez anuncios, incluido el ejemplo. Debes seleccionar seis.

Tienes que marcar la opción elegida en la **Hoja de respuestas**.

Ejemplo: Frase 0. Puedes usarla si no eres muy alto.

❗ **¡Atención!** El anuncio relacionado con la frase es el **A** porque la bicicleta es pequeña, para niños con una altura entre 110 y 125 cm.

```
   A  B  C  D  E  F  G  H  I  J
0. ■  □  □  □  □  □  □  □  □  □
```

2.ª MANO EN INTERNET

BICICLETA
Bicicleta de carreras. Pequeña.
Tiene solo 2 años.
Ideal para niños de
entre 110 y 125 cm.
Precio 150€.
Para más información:
helen@mimail.com

A

CÁMARA DE FOTOS DIGITAL
Vendo cámara de fotos digital de 2008. Funciona muy bien.
Precio 100€ incluida la bolsa, un objetivo y el trípode.
j.lopez@yotuy.com

B

CALCULADORA MULTIFUNCIONES
Tiene muchas funciones.
Para cursos de Matemáticas iniciales y también superiores. Precio 56€.
Escribe a:
sergiojp@spt.com

C

VIDEOCONSOLA
Consola de 2012. Tiene un mando para un jugador y tres juegos: *Las galaxias, Puzzle, Velocidad*. La consola cuesta 90€; el mando, 15€ y cada juego, 5€.
Info: anayluis@tmail.com

D

REPRODUCTOR MP3
Vendo reproductor MP3 con una memoria de 8GB. 25€. Si no quieres venir a casa a recogerlo, te lo puedo enviar por correo.
Preguntas a: sally@terracota.com

E

Comprensión de lectura

TELÉFONO MÓVIL
Se vende teléfono con todas las aplicaciones actuales. Tiene una buena cámara de fotos, muchos juegos incluidos y música. 95€. Información en: jorge234@tarilo.com

F

MONOPATÍN

Vendo uno casi nuevo. Tiene 8 años pero las ruedas están nuevas. Precio: 55€, se puede negociar. Si estás interesado, puedes escribir un correo a: juanluis@htomou.com

G

ESCRITORIO CON SILLA

Se vende escritorio y silla. El escritorio es de madera en color rojo y la silla negra. La mesa y la silla cuestan 56€. Información y fotos: www.comprotodo.com

H

ORDENADOR PORTÁTIL
Ordenador totalmente nuevo, todavía tengo el paquete original. Tiene 4 GB de memoria RAM y 500 GB de disco duro. Para saber el precio, llamar al número 634987523.

I

ALTAVOCES PARA EL ORDENADOR
Regalo altavoces para el ordenador. Yo tengo unos nuevos y estos no los necesito. Recoger en mi casa. Para recibir más información, escribe a: Fabiola@tertulion.com

J

	FRASES	ANUNCIOS
0.	Puedes usarla si no eres muy alto.	A
6.	Puedes recibirlo en casa por correo.	
7.	Puedes escuchar música, hacer fotos, jugar, etc.	
8.	Si compras este objeto, recibes también objetos extras.	
9.	No tienes que pagar nada porque es gratis.	
10.	Solo puedes conocer el precio por teléfono.	
11.	Cada objeto se vende de forma independiente.	

• • • • • 🕐 Mi tiempo para esta tarea: _____ min.

Tarea 3

• • • • • 🕐 Pon el reloj.

INSTRUCCIONES

Vas a leer la descripción de unos videojuegos y las frases que dicen unos estudiantes sobre los juegos que les gustan. Debes relacionar las descripciones (A-J) con las frases (de la 12 a la 17).

Hay diez descripciones, incluido el ejemplo. Debes seleccionar seis.

Tienes que marcar la selección en la **Hoja de respuestas***.*

Ejemplo: Frase 0. Me gustan los videojuegos que cuentan historias antiguas.

❗ **¡Atención!** La opción correcta es la letra A: La princesa está encerrada en un **castillo** y el **caballero** tiene que llegar hasta la habitación de la princesa. Hay que pasar pruebas en un **castillo** antiguo. 4 jugadores por equipo.

```
    A B C D E F G H I J
0.  ■ □ □ □ □ □ □ □ □ □
```

Continúa ➔

A
LA PRINCESA EN EL CASTILLO

La princesa está encerrada en un castillo y el caballero tiene que llegar hasta la habitación de la princesa. Hay que pasar pruebas en un castillo antiguo. 4 jugadores por equipo.

B
MUNDIAL DE FÚTBOL

Cada equipo elige un país y juega todos los partidos con el mismo equipo. A este juego solo pueden jugar 20 personas. Cada equipo tiene 2 jugadores.

C
CARRERAS DE MOTOS

No hay equipos, es un juego individual. Cada persona elige una moto y juega siempre con la misma moto.

D
LA VIDA EN FAMILIA

Tienes que organizar la vida de una familia con 3 hijos, un perro y dos gatos. Hay que comprar comida, limpiar la casa, etc. 4 jugadores por equipo.

E
ENTRENA TU CEREBRO

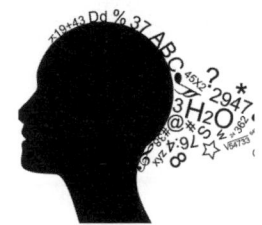

Hay 3 personas por equipo, cada jugador responde preguntas sobre los temas: matemáticas, lenguaje y ciencias. Gana el equipo que más respuestas correctas tiene.

F
GLOBOS

Para poder ganar en este juego hay que ser muy rápido. Tienes que unir globos del mismo color, cada nivel es un poco más rápido. 2 personas por equipo.

G
LAS NAVES DEL ESPACIO

En el juego hay que conducir naves espaciales y destruir los objetos que vuelan. Si te gustan las historias del futuro, ¡este juego es para ti! 4 jugadores por equipo.

H
OLIMPIADAS

Cada persona juega en uno de los siguientes deportes: atletismo, tenis, balonmano, baloncesto y ciclismo. Gana el equipo que más puntos tiene. Equipos de 5 personas.

I
DISEÑA TU ROPA

Si te gusta la ropa, este es tu juego. En parejas tenéis que diseñar ropa para un chico y una chica que quieren hacer diferentes actividades, por ejemplo ir a una fiesta.

J
LABERINTO

Tienes que encontrar la salida de este laberinto y comer toda la fruta que hay en el camino. Equipos de 2 personas. Gana el equipo más rápido.

	FRASES		ANUNCIOS
0.	Me gustan los videojuegos que cuentan historias antiguas.		A
12.	Mi compañero y yo tenemos que apuntarnos pronto.		
13.	A mi hermana y a mí nos gusta mucho vestir a nuestras muñecas y jugar con la ropa.		
14.	A mis amigos y a mí nos encantan los juegos de preguntas y respuestas.		
15.	Me gustan las tareas que hacemos en casa.		
16.	Me gusta jugar solo, no me gusta jugar en equipos.		
17.	A mi primo y a mí nos encantan los juegos de relacionar piezas de colores.		

• • • • • 🕐 Mi tiempo para esta tarea: _____ min.

Tarea 4

• • • • • 🕐 Pon el reloj.

INSTRUCCIONES

Vas a leer la información de los lugares de interés turístico de una ciudad. A continuación, debes leer las preguntas (de la 18 a la 25) y seleccionar la opción correcta (A, B o C).
Tienes que marcar la opción elegida en la **Hoja de respuestas**.

                     A B C
                0. ☐ ☐ ☐

Continúa ➜

MUSEOS		
Museo Nacional de Arte Moderno El arte de los siglos XX y XXI. De 10:00 a 18:00. 10 euros. Sábados y domingos entrada libre.	**Sala Goya** Los dibujos del artista sobre niños pequeños. Abierto todos los días de 10:00 a 14:00. Entrada libre para grupos de escuelas.	**Museo de Tradiciones** Costumbres, trajes, utensilios de fiestas y rituales tradicionales. Abierto por las mañanas para grupos. Entrada: 5 euros.
Sala Picasso Exposición de pintores jóvenes. Actividades con los artistas los sábados por la mañana: 12 euros. Entrada gratuita.	**Museo del Cómic** Recomendado para un público de 4 a 8 años. Abierto todos los días de 16:00 a 19:00. Entrada: 6 euros.	**Museo del Cine** Fotografías de actores, escenas de películas, todos los títulos. Los domingos por la mañana, película comentada.
LUGARES RELIGIOSOS		
Iglesia del Carmen Exposición de arte religioso del siglo XVI. Los domingos entrada libre. Precio: 12 euros.	**Catedral** Coral femenina canta canciones actuales. Para jóvenes a partir de 12 años. Entradas de 8 a 15 euros. Viernes a las 20:00.	**Monasterio de los Capuchinos** Música medieval con instrumentos originales para jóvenes. El público puede tocarlos también. Viernes, 8 de la tarde. Entrada: 15 euros. Descuentos para grupos de escuela.
PARQUES		
Parque Central de El Prado Pequeña maratón. Los primeros sábados del mes. Salida: 9 de la mañana. Premio: 100 euros.	**Parque Zoológico** Visita guiada: la fauna africana de la mano de un biólogo. Domingos, de 10:00 a 12:00. Para jóvenes de 8 a 15 años. Gratis con la entrada habitual del parque.	**Parque de Atracciones** Por el momento, cerrado por reformas.

18. En .... es posible ver arte de la época actual.
   a) el Museo Nacional de Arte.
   b) el Museo del Cine.
   c) la iglesia del Carmen.

19. No hay información del precio de ....
   a) la película con comentarios.
   b) la maratón.
   c) el paseo con el biólogo.

20. Los domingos por la mañana es posible ....
   a) ver cómics.
   b) saber algo más de cine.
   c) ganar un premio.

21. La actividad en .... es para niños pequeños.
   a) la sala Goya.
   b) la sala Picasso.
   c) el Museo del Cómic.

22. La actividad en .... es más barata si va toda la clase.
   a) el Museo de Tradiciones.
   b) el Monasterio de los Capuchinos.
   c) el parque de El Prado.

23. En .... es posible ganar dinero.
   a) el parque de El Prado.
   b) el Parque Zoológico.
   c) el Parque de Atracciones.

24. Para oír cómo cantan las chicas es necesario ir a ....
   a) la Sala Goya.
   b) la Catedral.
   c) el Parque Zoológico.

25. El lugar donde no puedo ir ningún día es ....
   a) el Parque Central.
   b) la Catedral.
   c) el Parque de Atracciones.

Mi tiempo para esta tarea: _____ min.

Comprensión de lectura

CLAVES

Antes de empezar la prueba de Comprensión de lectura.

Tarea 1: 2, 8; **Tarea 2:** 1, 5; **Tarea 3:** 4, 6; **Tarea 4:** 3, 7; **Todas las tareas:** 9.

Tarea 1

1	2	3	4	5
B	C	A	B	A

Tarea 2

6	7	8	9	10	11
E	F	B	J	I	D

Tarea 3

12	13	14	15	16	17
B	I	E	D	C	F

Tarea 4

18	19	20	21	22	23	24	25
A	A	B	C	B	A	B	C

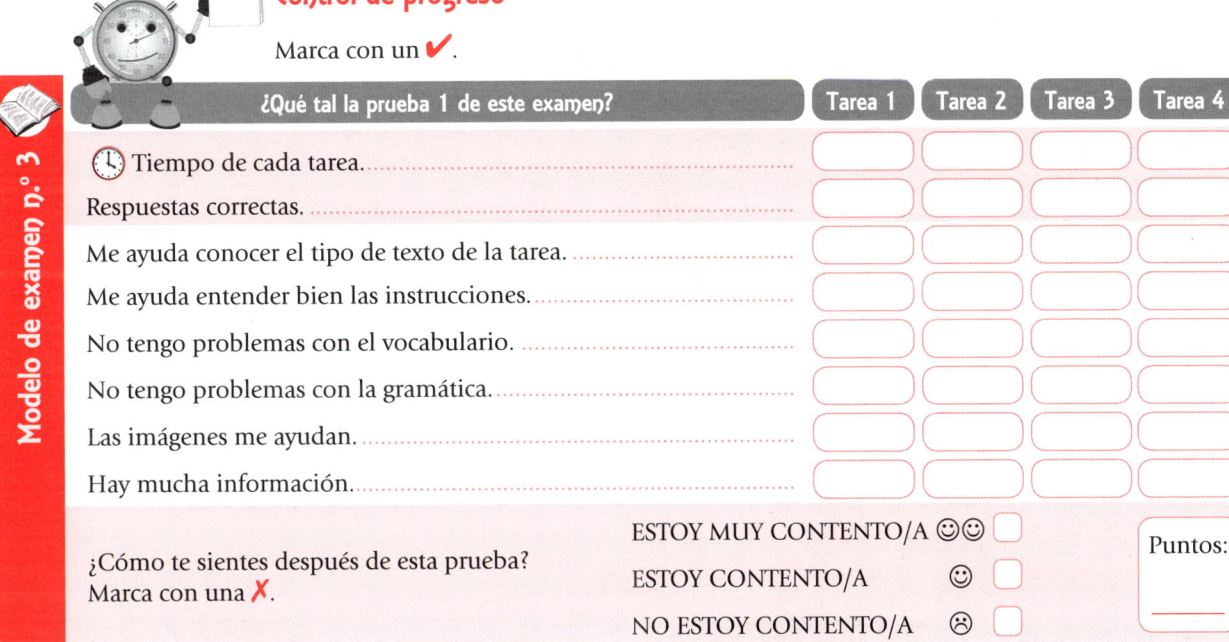

Control de progreso

Marca con un ✔.

¿Qué tal la prueba 1 de este examen?	Tarea 1	Tarea 2	Tarea 3	Tarea 4
Tiempo de cada tarea.				
Respuestas correctas.				
Me ayuda conocer el tipo de texto de la tarea.				
Me ayuda entender bien las instrucciones.				
No tengo problemas con el vocabulario.				
No tengo problemas con la gramática.				
Las imágenes me ayudan.				
Hay mucha información.				

¿Cómo te sientes después de esta prueba?
Marca con una ✗.

ESTOY MUY CONTENTO/A 😊😊 ☐
ESTOY CONTENTO/A 😊 ☐
NO ESTOY CONTENTO/A ☹ ☐

Puntos: ___

 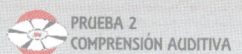  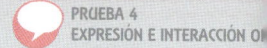

Actividades sobre el Modelo n.º 3

Tarea 1.

a. ¿Qué dice Lucas de cada asignatura? Busca en el texto estas expresiones y completa la tabla.

ASIGNATURAS	EXPRESIONES POSITIVAS	EXPRESIONES NEGATIVAS
Matemáticas	no tengo problemas	
Literatura		
Física y Química		la profesora habla muy rápido
Inglés		

b. Observa la relación entre el texto y las respuestas de la pregunta 5. La opción correcta es la **A**.

Además tengo una cámara de fotos nueva y quiero hacer fotos de la naturaleza, las montañas, las playas…

a)   b)   c)

De las siguientes palabras, marca con ✔ las que pueden estar en la naturaleza:

1. árbol ✔	7. montaña	13. televisor
2. lago	8. río	14. ordenador
3. playa	9. escultura	15. motocicleta
4. coche	10. edificio	16. teléfono móvil
5. tarta	11. mar	17. animales
6. carretera	12. pantalla	18. silla

c. Ahora tienes que relacionar las siguientes frases de correos electrónicos con las imágenes.

1. Estoy contento porque mañana compramos una pantalla nueva para mi ordenador.
2. Quiero viajar a la playa con mis amigos en verano.
3. El sábado juego un partido de fútbol con mis amigos, ¿quieres venir?
4. Mi fiesta de cumpleaños es el viernes a las 5 en el parque.

a)   b)   c)   d)

▶ Actividades sobre el **Modelo n.º 3**

Tarea 2.

a. Marca en el texto (págs. 108-109) las **palabras clave** para responder a las preguntas.

b. Relaciona las imágenes con el nombre de cada objeto.

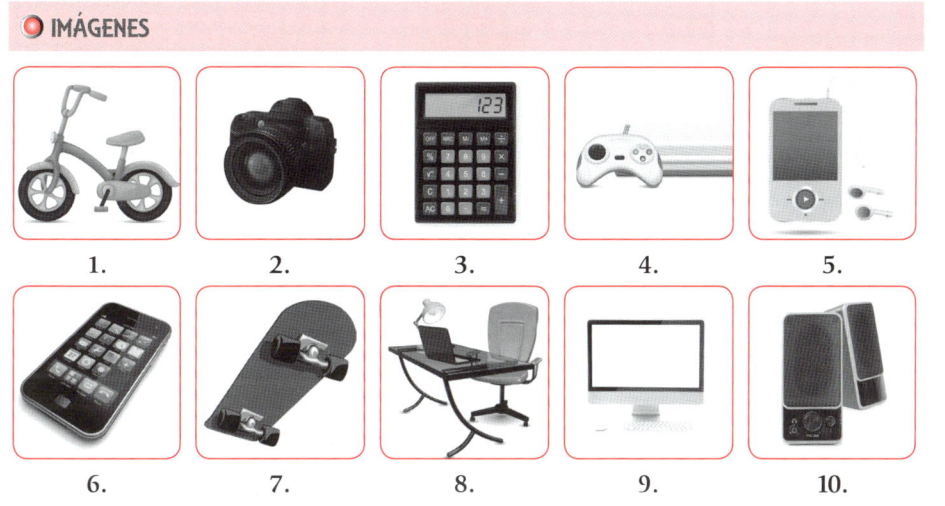

◯ **IMÁGENES**

◯ **OBJETOS**

a. Ordenador portátil
b. Teléfono móvil
c. Bicicleta
d. Escritorio y silla
e. Cámara de fotos digital
f. Altavoces
g. Calculadora
h. Videoconsola
i. Monopatín
j. Reproductor MP3

Tarea 3.

a. Aquí tienes algunas imágenes que pueden estar en los anuncios de la tarea 3. Relaciona cada fotografía con uno de esos anuncios (página 110).

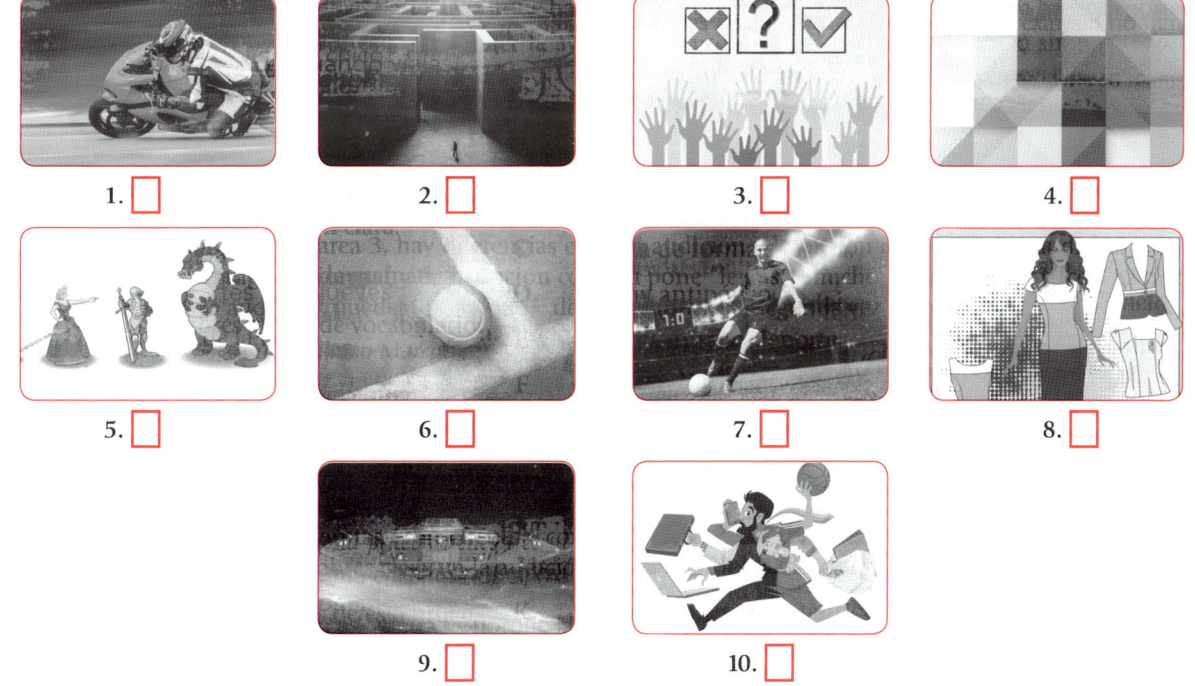

b. Relaciona las siguientes descripciones con sus frases.

DESCRIPCIÓN DE LOS JUEGOS

1. A este juego solo pueden jugar 20 personas.
2. Si te gusta la ropa, este es tu juego.
3. Cada jugador responde preguntas sobre unos temas.
4. Hay que comprar comida, limpiar la casa, etc.
5. No hay equipos, es un juego individual.
6. Tienes que unir globos del mismo color.

FRASES DE ESTUDIANTES

a. Nos gusta mucho vestir a nuestras muñecas.
b. Me gustan las tareas que hacemos en casa.
c. Me gusta jugar solo, no me gusta jugar en equipos.
d. A mi primo y a mí nos encantan los juegos de relacionar piezas de colores.
e. Solo pueden jugar algunos estudiantes.
f. Nos encantan los juegos de preguntas y respuestas.

Tarea 4.

a. En esta tarea es necesario localizar información en textos casi iguales. Aquí tienes algunos ejemplos. Tienes que marcar cuál es la diferencia entre los dos textos. Sigue el ejemplo. Las posibles diferencias son:

el precio   el horario   el lugar   el público   la actividad   día de la semana

	TEXTO 1	TEXTO 2	DIFERENCIA
1.	**Museo Nacional de Arte Moderno** El arte de los siglos XX y XXI. De 10:00 a 18:00. 10 euros. Sábados y domingos entrada libre.	**Museo Nacional de Arte Moderno** El arte de dos siglos: XX y XXI. 16€. Fines de semana entrada libre. Abierto de 10 de la mañana a 6 de la tarde.	El precio
2.	**Sala Picasso** Exposición de pintores jóvenes. Actividades con los artistas los sábados por la mañana: 12 euros. Entrada gratuita.	**Sala Goya** Exposición de pintores jóvenes. Entrada gratuita. La actividad con los artistas de los sábados cuesta 12€.	
3.	**Museo del Cómic** Recomendado para público de 4 a 8 años. Abierto todos los días de 16:00 a 19:00. Entrada: 6 euros.	**Museo del Cómic** Recomendado para público de 4 a 8 años. Entrada: 6 euros. Abierto todos los días de 12:00 a 15:00.	
4.	**Catedral** Coral femenina canta canciones actuales. Para jóvenes a partir de 12 años. Entradas de 8 a 15 euros. Viernes a las 20:00.	**Catedral** Coral de chicas explica cómo cantar bien. Para jóvenes a partir de 12 años. Viernes a las 20:00. Entradas de 8 a 15€.	

▶ Actividades sobre el **Modelo n.º 3**

● TEXTO 1	● TEXTO 2	● DIFERENCIA
5. **Parque Central de El Prado** Pequeña maratón. Los primeros sábados del mes. Salida: 9 de la mañana. Premio: 100 euros.	**Parque Central de El Prado** Pequeña maratón. Salida: 9 de la mañana. Los últimos sábados del mes. Premio: 100 €.	
6. **Iglesia del Carmen** Exposición de arte religioso del siglo XVI. Los domingos entrada libre. Precio: 12 euros.	**Iglesia del Corazón** Los domingos entrada libre. Exposición de arte religioso del siglo XVI. Precio: 12 euros.	
7. **Museo del Cine** Fotografías de actores, escenas de películas, todos los títulos. Los domingos por la mañana, película comentada.	**Museo del Cine** Fotografías de actores, escenas de películas, todos los títulos. 8 euros. Los domingos por la mañana, película para jóvenes.	
8. **Sala Goya** Los dibujos del artista sobre niños pequeños. Abierto todos los días de 10:00 a 14:00. Entrada libre para grupos de escuelas.	**Sala Gotas** Los dibujos de Goya sobre niños pequeños. 5 euros. 10% menos para grupos de escuelas. Abierto todos los días de 10:00 a 14:00.	

b. Aquí tienes 6 frases relacionadas con los textos de la columna "Texto 2" de la actividad anterior. Marca con ✔ si son verdaderas (V) o falsas (F).

● TEXTO 2	V	F
1. La entrada del Museo Nacional es más cara que la de la Sala Goya.	✔	
2. La exposición de pintores jóvenes es en la Sala Picasso.		
3. Se puede entrar en el Museo del Cómic por la mañana.		
4. En la Catedral puedo escuchar un concierto de chicas.		
5. La maratón es el mismo día de la semana que la actividad con los artistas jóvenes.		
6. La exposición de arte religioso y la coral de chicas no son en el mismo sitio.		
7. Se puede ver una película por menos de 10 euros.		
8. Puedo ver gratis dibujos de niños de un artista famoso.		

CLAVES

Tarea 1.

a. **Matemáticas:** *no tengo problemas, me encantan y entiendo todo muy rápido* (expresión positiva); **Literatura:** *no me gusta leer* (expresión negativa); **Física y Química:** *la profesora habla muy rápido, a veces es difícil entender lo que dice; además, odio esta asignatura, es demasiado aburrida para mí* (expresión negativa); **Inglés:** *me gusta, hago bien los ejercicios de gramática y cuando escucho el CD del libro lo entiendo todo* (expresión positiva); *los ejercicios de lectura los hago fatal* (expresión negativa).

b. **Palabras de la naturaleza:** árbol, lago, playa, montaña, río, mar, animales.

c. 1. c; 2. a; 3. b; 4. d.

Tarea 2.

a. **6.** E. *enviar por correo/en casa por correo*; **7.** F. *una buena cámara de fotos, muchos juegos incluidos/hacer fotos, jugar*; **8.** B. *incluida la bolsa, un objetivo y el trípode/objetos extras*; **9.** J. *Regalo/es gratis*; **10.** I. *Para saber el precio, llamar/Solo… por teléfono*; **11.** D. *La consola cuesta 90€; el mando, 15€ y cada juego, 5€/de forma independiente.*

b. 1. c; 2. e; 3. g; 4. h; 5. j; 6. b; 7. i; 8. d; 9. a; 10. f.

Tarea 3.

a. 1. C; 2. J; 3. E; 4. F; 5. A; 6. H; 7. B; 8. I; 9. G; 10. D.

b. 1. e; 2. a; 3. f; 4. b; 5. c; 6. d.

Tarea 4.

a. 1. El precio; 2. El lugar; 3. El horario; 4. La actividad; 5. El día de la semana; 6. El lugar; 7. El precio, la actividad y el público; 8. El lugar y el precio.

b. 1. V; 2. F; 3. V; 4. F; 5. V; 6. F; 7. V; 8. F.

Prueba 2: Comprensión auditiva

• • • • • **Antes de empezar la prueba de Comprensión auditiva.**

Aquí tienes fragmentos de las cuatro tareas del examen. ¿De qué tarea es cada fragmento? Puedes mirar el modelo completo del Instituto Cervantes para hacer esta actividad.

	FRAGMENTOS		TAREA
1.	¿Dónde va a ir de vacaciones el chico? A B		
2.	A	va al colegio en bicicleta.	
	B	quiere ser deportista.	
	C	le gusta ir de compras.	
3.	Vas a escuchar cinco conversaciones. Hablan dos personas. Las conversaciones se repiten dos veces. Hay una pregunta y tres imágenes (A, B y C) para cada conversación.		
4.	Vas a escuchar cinco mensajes. Cada mensaje se repite dos veces. Debes relacionar las imágenes (de la A a la I) con los mensajes (del 6 al 10).		
5.	A la izquierda, están los nombres de sus compañeros. A la derecha, la información sobre ellos. Debes relacionar los números (del 11 al 18) con las letras (de la A a la L).		
6.	Tienes siete frases (de la 19 a la 25) que no están completas. Debes leer las frases y seleccionar una opción del cuadro (de la A a la I) para completar las frases.		
7.	MENSAJES	IMÁGENES	
	0. Mensaje 0	D	
	6. Mensaje 1		
	7. Mensaje 2		
8.	4. ¿Qué gafas prefiere el chico? A B		
9.	A	nueve	
	B	dos	
	C	le gusta mucho	
	D	los martes y los jueves	
10.	0.	Ana	
	11.	Estela	
11.	24. Hace deporte		
	25. Juega al ordenador		
12.	F		

¡Ya puedes empezar esta prueba!

Fuente: Instituto Cervantes.

Prueba 2: Comprensión auditiva

> ¡**Atención!** Desde este modelo de examen ya **no tienes** las transcripciones de los diálogos y mensajes.

La prueba de **Comprensión auditiva** contiene cuatro tareas. Debes responder a **25 preguntas**.

La prueba dura **20 minutos**.

Debes marcar o escribir únicamente en la Hoja de respuestas.

Pon la pista n.º **26**. No uses el botón de ⏸ PAUSA en ningún momento. Sigue todas las instrucciones.

Tarea 1

INSTRUCCIONES

Vas a escuchar cinco conversaciones. Hablan dos personas. Las conversaciones se repiten dos veces. Hay una pregunta y tres imágenes (A, B y C) para cada conversación. Tienes que seleccionar la imagen que corresponde a cada pregunta.

Debes marcar la opción elegida en la Hoja de respuestas.

Ahora vas a escuchar un ejemplo.

0. ¿Qué medio de transporte debe utilizar el hombre?

A

B

C

La opción correcta es la letra **C**.

```
     A    B    C
0.  ☐    ☐    ■
```

1. ¿Cuál es la estación del año preferida del chico?

A

B

C

2. ¿Dónde trabaja el padre de la chica?

A

B

C

Modelo de examen n.º 3

Comprensión auditiva

3. ¿Qué curso va a hacer la chica en España?

A B C

4. ¿Dónde hace voluntariado la chica en su tiempo libre?

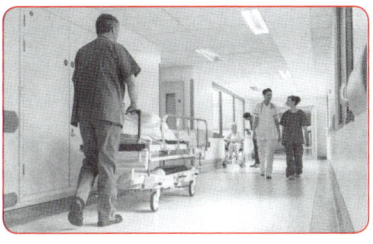  

A B C

5. ¿Dónde tiene que ir el chico esta tarde?

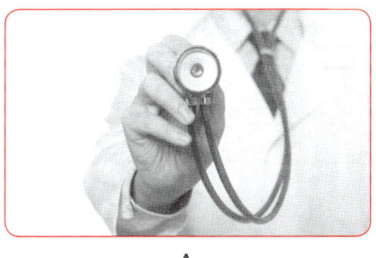 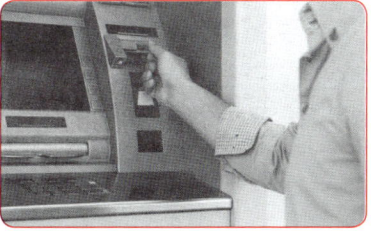 

A B C

Tarea 2

INSTRUCCIONES

Vas a escuchar cinco mensajes. Cada mensaje se repite dos veces. Debes relacionar las imágenes (de la A a la I) con los mensajes (del 6 al 10). Hay nueve imágenes, incluido el ejemplo. Tienes que seleccionar cinco.

Debes marcar la opción elegida en la **Hoja de respuestas**.

Ahora vas a escuchar un ejemplo. Atención a las imágenes.

Ejemplo: Mensaje 0. Ofertas: 3 por 2 en ropa juvenil.

La opción correcta es la letra **A**.

	MENSAJES	IMÁGENES
0.	Mensaje 0	A
6.	Mensaje 1	
7.	Mensaje 2	
8.	Mensaje 3	
9.	Mensaje 4	
10.	Mensaje 5	

Continúa ➜

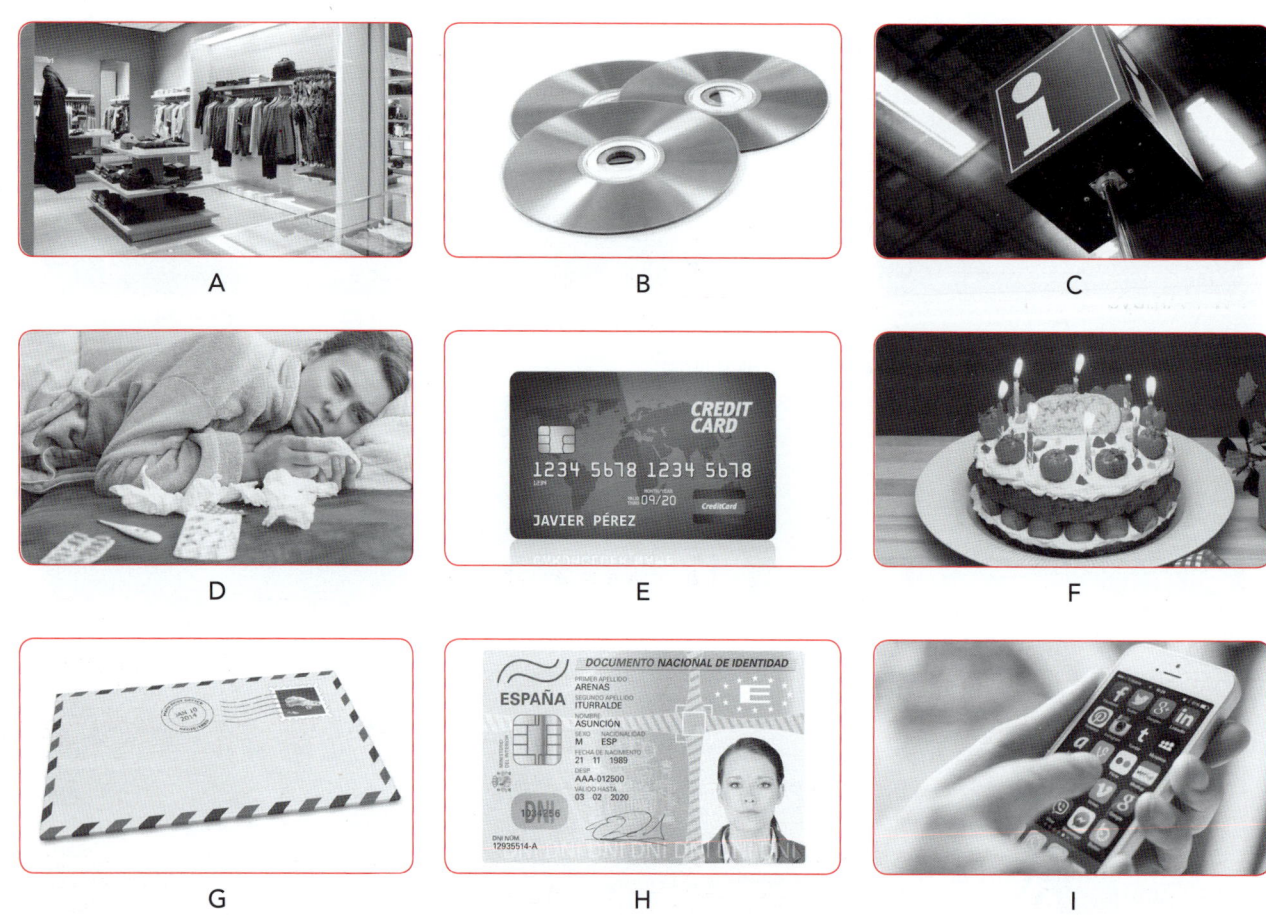

Tarea 3

INSTRUCCIONES

Vas a escuchar a un chico, Eduardo, que habla de sus amigos del gimnasio. La información se repite dos veces.

A la izquierda, están los nombres de sus amigos. A la derecha, la información sobre ellos. Debes relacionar los números (del 11 al 18) con las letras (de la A a la L).

Hay 12 letras, incluido el ejemplo. Tienes que seleccionar 8.

Debes marcar la opción elegida en la **Hoja de respuestas**.

Ahora vas a escuchar un ejemplo.

Ejemplo: Frase 0. Ya tengo muchos amigos en el gimnasio. Pedro es el propietario del gimnasio y también uno de los instructores.

La opción correcta es la letra D.

	A	B	C	D	E	F	G	H	I	J	K	L
0.	☐	☐	☐	■	☐	☐	☐	☐	☐	☐	☐	☐

Comprensión auditiva

0.	Pedro	D
11.	Ángel	
12.	Antonio	
13.	Luis	
14.	Amaya	
15.	Clara	
16.	Diego	
17.	Irene	
18.	A Pablo	

A	le gustan los deportes acuáticos.
B	practica el tenis.
C	come sano.
D	tiene un gimnasio.
E	no tiene amigos.
F	participa en los maratones.
G	va a cines y museos.
H	es actor.
I	viene poco.
J	es campeón de esquí.
K	está siempre allí.
L	juega al fútbol.

Tarea 4

INSTRUCCIONES

Vas a escuchar a una chica, Laura, que habla con un amigo de la fiesta de cumpleaños de Mario. Vas a escuchar la conversación dos veces.

Tienes siete frases (de la 19 a la 25) que no están completas. Debes leer las frases y seleccionar una opción del cuadro (de la A a la I) para completar las frases, como en el ejemplo.

Debes marcar la opción elegida en la **Hoja de respuestas**.

Ejemplo: La opción correcta para completar la frase 0 es la letra **F**.

```
    A  B  C  D  E  F  G  H  I
0.  □  □  □  □  □  ■  □  □  □
```

• • • • • 🕐 Ahora tienes **30 segundos** para leer las frases.

0.	El cumpleaños de Daniel es ....
19.	La fiesta .... en la casa de Lucas.
20.	Daniel no sabe ....
21.	Somos trece .... sin contar a Daniel.
22.	La fiesta es a las ocho porque .... hay escuela.
23.	Pensamos comprarle una ....
24.	Ana se ocupa de la música porque a ella ....
25.	.... la hace su madre.

A	nada
B	es
C	La tarta
D	más o menos
E	le encanta
F	mañana
G	terraza
H	cámara de fotos
I	al día siguiente

CLAVES

● ● ● ● ● **Antes de empezar la prueba de Comprensión de lectura.**

Tarea 1: 1, 3, 8; **Tarea 2:** 4, 7, 12; **Tarea 3:** 5, 2, 10; **Tarea 4:** 6, 9, 11.

Tarea 1				
1	2	3	4	5
B	A	A	C	A

Tarea 2				
6	7	8	9	10
I	D	C	F	B

Tarea 3							
11	12	13	14	15	16	17	18
K	G	F	E	I	H	C	A

Tarea 4							
19	20	21	22	23	24	25	
B	A	D	I	H	E	C	

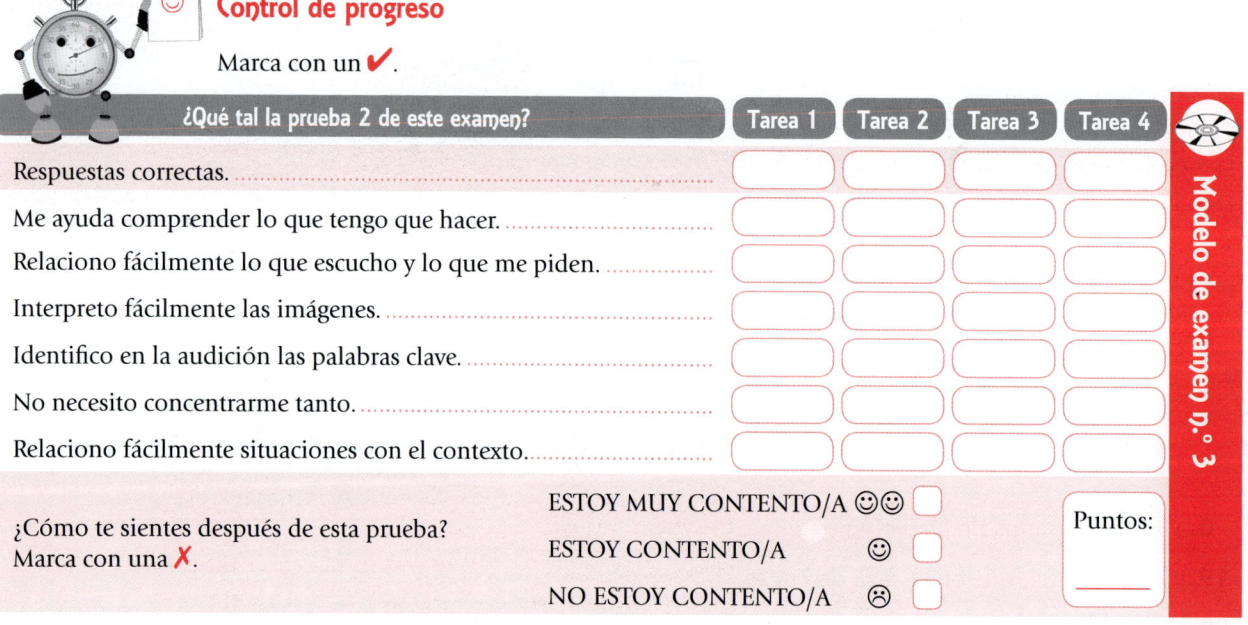

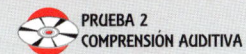
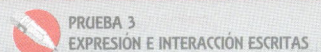
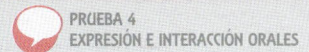

Actividades sobre el Modelo n.º 3

¿Recuerdas qué son **palabras clave**? Relee el comentario de la pág. 22.

¡Atención! En esta tarea todas las imágenes están relacionadas con la conversación. En las siguientes actividades vas trabajar este aspecto.

Tarea 1.

a. En esta actividad vamos a trabajar la relación entre las personas y las imágenes. Escucha de nuevo la audición de la tarea 1 de este modelo de examen. Marca quién menciona la *palabra clave* que hace referencia a la imagen. Observa el ejemplo.

 Pon la pista n.º 27. Puedes usar el botón de ⏸ PAUSA si lo necesitas.

PREGUNTAS	IMÁGENES			ÉL	ELLA
1. ¿Cuál es la estación del año preferida del chico?	A	B	C	✓	
2. ¿Dónde trabaja el padre de la chica?	A	**B**	C		
3. ¿Qué curso va a hacer la chica en España?	A	**B**	C		
4. ¿Dónde hace voluntariado la chica?	**A**	B	C		
5. ¿Dónde tiene que ir el chico esta tarde?	**A**	B	C		

Modelo de examen n.º 3

El Cronómetro ■ Manual de preparación del DELE. Examen A1 para escolares

 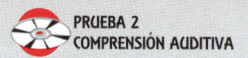 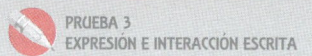 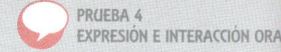

Consejo. Puedes hacer la misma actividad con la tarea 1 de los modelos 1 y 2: escribe en cada opción correcta quién menciona la palabra clave.

b. Aquí tienes una serie de preguntas nuevas de la misma audición. En la pregunta está subrayada la persona importante. Selecciona la opción correcta.

Pon la pista n.º 28. No uses el botón ⏸ PAUSA en ningún momento. Sigue todas las instrucciones que vas a escuchar.

PREGUNTAS

1. ¿Cuál es la estación del año preferida de la chica?

2. ¿Dónde trabaja el padre del chico?

3. ¿Qué opción propone el chico?

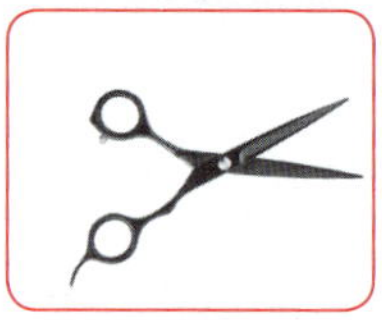

4. ¿Dónde hace voluntariado el chico en su tiempo libre?

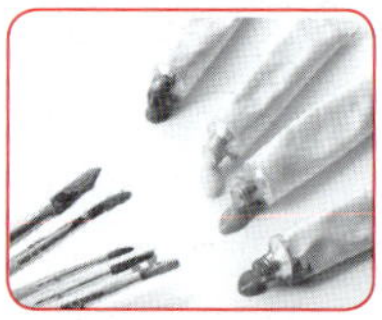

5. ¿Dónde tiene que ir la chica esta tarde?

IMÁGENES

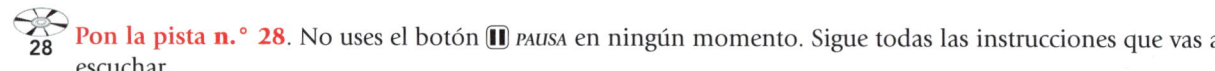

A    B    C

c. En la **tarea 1** y en la **tarea 2** tienes que seleccionar **imágenes**. ¿Interpretas fácilmente las imágenes? Escribe aquí tu comentario, en español o en tu idioma.

....
....
....

MUY IMPORTANTE

▶ Actividades sobre el Modelo n.º 3

Tarea 2.

❗ **Consejo.** En esta tarea hay mensajes en un contestador o avisos por megafonía. Los temas son muy diferentes. Si no entiendes todo el mensaje pero identificas la **palabra clave**, puedes seleccionar la opción correcta. Recuerda que en esta tarea hay más imágenes que mensajes.

 Escucha los mensajes que hay en el contestador de la familia Rodríguez. Subraya las **palabras clave** de los mensajes en relación con las imágenes.

🔘 **Pon la pista n.° 29.** Puedes usar el botón de ⏸ PAUSA si lo necesitas.
29

1. *Ana, no puedo acompañarte a la estación de tren.*
2. *Mamá, la televisión no funciona. ¿Qué hago?*
3. *Llego tarde porque voy al circo con mis amigos.*

4. *Mañana hacemos una barbacoa en mi casa. Os esperamos.*
5. *Hoy vamos con el perro al parque cerca de casa. ¿Queréis venir?*
6. *El coche está roto. Llego tarde, estoy en el mecánico.*

b. Puedes hacer esta actividad con la tarea 2 de la prueba de Comprensión auditiva de los modelos 1, 2 y 3: escribe la **palabra clave** junto a la foto.

c. Escucha los siguientes avisos y piensa dónde puedes escucharlos. Relaciona las dos columnas como en el ejemplo.

 Pon la pista n.° 30. Puedes usar el botón de ⏸ PAUSA si lo necesitas.
30

🔴 AVISOS		🔴 CONTEXTOS POSIBLES
0.	A	autobús, avión
1.	B	teatro, cine, concierto
2.	C	parque de atracciones
3.	D	supermercado
4.	E	parque
5.	F	centro comercial
6.	G	empresa
7.	H	ascensor
8.	I	entrevista de trabajo

¿Es importante reconocer los contextos? Escribe aquí tu comentario, en español o en tu idioma.

....

 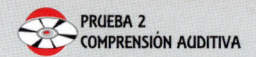 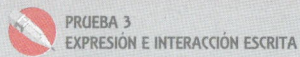

Tarea 3.

a. En esta tarea puedes escuchar nombres de chicos o de chicas. Marca en la tabla con un ✓ si el nombre que escuchas es masculino o femenino.

Pon la pista n.° 31. Puedes usar el botón de ⏸ PAUSA si lo necesitas.

MODELO DE EXAMEN N.º 1, TAREA 3		MODELO DE EXAMEN N.º 3, TAREA 3	
Nombres masculinos	Nombres femeninos	Nombres masculinos	Nombres femeninos
0.			
11.			
12.			
13.			
14.			
15.			
16.			
17.			
18.			

Escucha de nuevo las audiciones y copia los nombres.

Pon la pista n.° 31. Puedes usar el botón de ⏸ PAUSA si lo necesitas.

¿Para qué es útil esta actividad? Anota tu comentario, en español o en tu idioma.

....
....

b. Mira las informaciones que aparecen en el cuadro del examen. Intenta imaginar qué vas a escuchar en la audición. Escribe una frase, como en el ejemplo.

❗ **¡Atención!** No tienes que copiar lo que dicen, sino escribir **lo que crees que van a decir**. Tienes que escribir en 1.ª persona. La frase tiene que ser diferente. Las frases están en el mismo orden de la audición. Observa el ejemplo.

		MODELO DE EXAMEN N.º 1, TAREA 3	
0.	D.	le encantan sus profesores.	Me gustan mucho mis profesores, son geniales.
11.	L.	pone siempre un CD en clase.	
12.	B.	habla con todos.	
13.	I.	explica muy bien.	
14.	C.	vamos juntos a la escuela.	
15.	F.	es muy deportista.	
16.	E.	vive lejos de la escuela.	
17.	K.	hace exámenes muy difíciles.	
18.	G.	le gusta leer.	

Escucha ahora la audición del modelo de examen n.° 1, tarea 3. ¿Hay mucha diferencia?

Pon la pista n.° 31. Puedes usar el botón de ⏸ PAUSA si lo necesitas.

> Actividades sobre el **Modelo n.º 3**

Haz lo mismo en este modelo de examen n.º 2.

○ MODELO DE EXAMEN N.º 2, TAREA 3		
0.	F.	cocina muy bien.
11.	C.	es taxista.
12.	I.	cuenta muchas historias.
13.	K.	está en paro.
14.	L.	le encanta estudiar.
15.	G.	tiene mal carácter.
16.	J.	le gusta la música.
17.	D.	gasta mucho dinero en las tiendas.
18.	E.	siempre quiere jugar en el jardín.

Escucha ahora la audición y observa si hay mucha diferencia.

 Pon la pista n.º 32. Puedes usar el botón de ❚❚ PAUSA si lo necesitas.

¿Para qué es útil esta actividad? Anota tu comentario, en español o en tu idioma.

....
....

Tarea 4.

❗ **Consejo.** En esta tarea hay mucha información en poco tiempo. A veces tienes que reconocer palabras, a veces números y a veces distinguir si en la audición dicen **le gusta** o **no le gusta**. Otro elemento importante: en la conversación hablan de varios temas.

a. Escucha de nuevo la audición del **modelo 1**. Tienes que responder **con pocas palabras** a las siguientes preguntas.

 Pon la pista n.º 33. Puedes usar el botón de ❚❚ PAUSA si lo necesitas.

○ PREGUNTAS	○ RESPUESTAS
1. ¿Dónde está la casa de David?	
2. ¿Desde cuándo vive allí?	
3. ¿Es una casa o un piso?	
4. ¿Cuántas habitaciones tiene su casa?	
5. ¿Por qué le gusta su casa?	
6. ¿Cómo es su habitación?	
7. ¿Está en el centro de la ciudad?	
8. ¿Está bien comunicada?	

 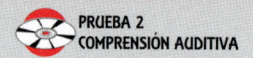 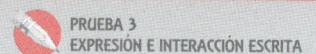 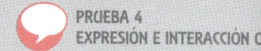

Observa ahora la tabla original del examen en la página 30.

Haz lo mismo con la audición del **modelo de examen n.° 2**.

Pon la pista n.° 34. Puedes usar el botón de ⏸ PAUSA si lo necesitas.

PREGUNTAS	RESPUESTAS
9. ¿A qué hora se acuesta Álex?	
10. ¿Cuándo se levanta Álex?	
11. ¿Qué le gusta a Álex de su escuela?	
12. ¿Cómo es el ambiente entre los profesores?	
13. ¿A qué hora sale de clase?	
14. ¿Cuándo o dónde va a jugar al fútbol?	
15. ¿Qué opina Álex de las discotecas?	
16. ¿Qué espera?	

b. Escribe ahora las preguntas de la tarea 4 de este **modelo de examen n.° 3**. Observa para eso las frases de la tarea (página 123).

PREGUNTAS	RESPUESTAS
17.	
18.	
19.	
20.	
21.	
22.	
23.	
24.	

Pon la pista n.° 35 y escribe las respuestas para estas preguntas. Puedes usar el botón de ⏸ PAUSA si lo necesitas.

c. Escucha a las siguientes personas y marca con un ✔ si las frases dan información afirmativa o negativa.

Pon la pista n.° 36. Puedes usar el botón de ⏸ PAUSA si lo necesitas.

INFORMACIÓN							
Positiva	Negativa	Positiva	Negativa	Positiva	Negativa	Positiva	Negativa
1.		4.		7.		9.	
2.		5.		8.		10.	
3.		6.					

Si quieres, vuelve a poner la audición y copia las frases como en un dictado. Puedes usar el botón de ⏸ PAUSA si lo necesitas.

▶ Actividades sobre el **Modelo n.º 3**

CLAVES

Tarea 1.

a. El chico: 1 y 5; **La chica:** 2, 3 y 4.

b. 1. B; 2. A; 3. C; 4. B; 5. A y B.

c. ❗ **Comentario.** A veces interpretar las imágenes no es fácil, pero es importante practicar este aspecto. Si comparas las imágenes del modelo 3 con las imágenes de la actividad a y b, puedes observar que a veces las personas o los objetos pueden representar lugares. Por ejemplo, si se habla de un hospital puede aparecer la imagen de un médico o de una camilla.

Tarea 2.

a. 1. estación de tren; 2. televisión; 3. circo; 4. barbacoa; 5. perro; 6. coche.

b. **Modelo 1.** A. farmacia; B. biblioteca; C. fiesta; D. maleta; E. zoológico; F. tienda de ropa; G. supermercado; H. habitación de hotel; I. parque. **Modelo 2.** A. botella de agua; B. estantería; C. iglesia; D. reloj; E. aeropuerto; F. biblioteca; G. regalo de cumpleaños; H. comida; I. tienda. **Modelo 3.** A. ropa, B. discos; C. punto de información; D. mujer resfriada; E. tarjeta de crédito; F. tarta de cumpleaños; G. sobre y sellos; H. carné de identidad; I. móvil.

c. 1. E; 2. A; 3. I; 4. H; 5. F; 6. D; 7. G; 8. B.

❗ **Comentario.** Los contextos están relacionados con lo que el Instituto Cervantes y el Marco de Referencia llaman **ámbitos**, y en la práctica son sobre todo temas de **vocabulario**. Estos ámbitos aparecen en **todo el examen**. Los tres ámbitos de este examen son:
- **privado:** la familia, los amigos, el tiempo libre, los gustos, las comidas...
- **académico:** la escuela, los profesores, las asignaturas, los exámenes, las actividades escolares...
- **público:** las compras, las actividades culturales, la calle...

En el examen no hay temas relacionados con el trabajo (mensaje 3 y 7).

Tarea 3.

a. **Modelo 1.** Masculinos: Felipe, Leo, Miguel, Jorge. Femeninos: Sonia, Olga, Soledad, Sandra, Asunción; **Modelo 3.** Masculinos: Pedro, Ángel, Antonio, Luis, Diego y Pablo. Femeninos: Amaya, Clara, Irene.

❗ **Comentario.** Los nombres casi siempre aparecen en primera posición. Si pierdes partes de la audición, puedes retomarla a partir del siguiente nombre. Además, los nombres te ayudan en la elección de la respuesta correcta. Por ejemplo, si se llama "Luisa", la opción correcta no puede ser "actor" porque actor es masculino y se debe referir a un nombre masculino (Santiago). La respuesta correcta sería "actriz".

b. Esta actividad no tiene una solución única, depende de cada candidato.

❗ **Comentario.** Lee las opciones del cuadro antes de empezar la audición. Imaginar lo que vas a escuchar te puede ayudar a realizar la tarea. En esta actividad lo importante no es acertar, sino imaginar qué van a decir. Eso te ayuda a **prever** lo que vas a escuchar.

Tarea 4.

a. 1. Cerca de su escuela; 2. Desde hace trece años; 3. Es un piso; 4. Tiene tres habitaciones; 5. Porque es grande; 6. Es pequeña; 7. No, está lejos del centro; 8. Sí; 9. Más o menos a las diez; 10. Temprano; 11. Le gustan sus compañeros; 12. Bueno; 13. A las dos; 14. Los lunes y los miércoles; 15. No le gustan las discotecas; 16. La llamada de Sofía.

b. **Preguntas.** 17. ¿Cuándo es el cumpleaños de Daniel?; 18. ¿Dónde se hace la fiesta?; 19. ¿Daniel sabe que le van a organizar una fiesta?; 20. ¿Cuántos van al cumpleaños?; 21. ¿A que hora empieza la fiesta?; 22. ¿Qué piensan comprarle?; 23. ¿Quién se ocupa de la música?; 24. ¿Quién hace la tarta? **Respuestas.** 17. Al día siguiente; 18. En casa de Lucas; 19. No; 20. Trece más Daniel; 21. A las ocho; 22. Una cámara de fotos; 23. Ana; 24. La madre de Daniel.

c. **Información positiva:** 2, 3, 5, 7, 8; **Información negativa:** 1, 4, 6, 10. La persona 9 no da información positiva o negativa porque es una pregunta. Las personas 8 y 10 corrigen una información anterior con información positiva (8) o negativa (10).

1. *No. A ella no le gusta el paisaje*; 2. *Sí. Tengo mucho tiempo libre, demasiado*; 3. *Sí. A él le gusta estudiar el último día para un examen*; 4. *No. No sé a dónde tengo que ir*; 5. *Sí. A él le gusta colaborar en las tareas de casa*; 6. *No. No quiere acompañarte*; 7. *Sí. Debemos estudiar más*; 8. *No, no es eso. A Jacobo sí le gustan las visitas guiadas*; 9. *¿Mañana no podéis venir a la cena?*; 10. *Sí, es verdad, a Silvia no le gustan los videojuegos.*

Comentario. La diferencia entre las frases afirmativas y negativas es muy pequeña, son palabras cortas que se escuchan con dificultad, pero la diferencia de significado es muy importante. Por eso es necesario reconocer si la frase es afirmativa (información positiva) o negativa (información negativa).

Prueba 3: Expresión e Interacción escritas

● ● ● ● ● **Antes de empezar la prueba de** Expresión e Interacción escritas.

Aquí tienes una lista de instrucciones o partes de instrucciones. Marca con un ✔ de qué tarea son.

	RESPUESTAS	TAREA 1	TAREA 2
*1.	Tu colegio está organizando un intercambio con un colegio en España.		
*2.	Un estudiante de intercambio de un colegio español va a venir a pasar una semana en tu casa.		
3.	Correo electrónico		
4.	-saludar;		
*5.	INFORMACIÓN SOBRE TI		
6.	☐ Ir en bicicleta ☐ Fútbol		
7.	¿Qué bebida y comida puedes llevar a la fiesta?		
8.	Escribe un correo a un amigo. En él debes:		
*9.	- describir cómo es tu casa.		
10.	¿Qué tipo de música te gusta?		
11.	-explicar por qué te gusta;		
12.	Firma:		
13.	-despedirte.		
14.	(De 10 a 15 palabras)		
15.	Número de palabras: entre 30 y 40.		

*Fuente: Instituto Cervantes

Observa la siguiente foto:

Ahora imagina que eres esta candidata y que haces el examen. ¿Cómo te sientes? Escribe un comentario, en español o en tu idioma.

....
....
....
....

¡Ya puedes empezar esta prueba!

Prueba 3: Expresión e Interacción escritas

La prueba de **Expresión e Interacción escritas** tiene 2 tareas.

● ● ● ● ● La prueba dura **25 minutos**.

Pon el reloj al principio de cada tarea.

Tarea 1

INSTRUCCIONES

En tu instituto hay algunos problemas con el uso del móvil en clase. Debes completar este formulario sobre cómo usas el móvil en clase.

Escribe la respuesta únicamente dentro del cuadro.

Consejo. Concéntrate en el título antes de empezar a escribir.

USO DEL MÓVIL

Centro educativo:

Curso: Grupo:

Sexo: Edad:
☐ Masculino   ☐ Femenino

¿Tienes teléfono móvil?
☐ Sí   ☐ No   ☐ Utilizo el teléfono móvil de un familiar/amigo

¿Con qué frecuencia utilizas los siguientes servicios de tu teléfono móvil?
☐ Más de 10 veces al día   ☐ 1 o 2 veces al día
☐ Entre 2 y 10 veces al día   ☐ Varias veces a la semana

¿Para qué usas el teléfono móvil? Marca las dos más frecuentes.
☐ Hablar por teléfono   ☐ Enviar mensajes
☐ Conectarte a Internet   ☐ Hacer fotos

¿Usas el teléfono móvil para realizar las tareas del instituto? ¿Por qué? (De 8 a 10 palabras).
☐ A menudo   ☐ Pocas veces   ....
☐ Algunas veces   ☐ Nunca   ....

¿En qué asignatura usas el teléfono móvil? ¿Para qué lo usas? (De 10 a 15 palabras)
☐ Matemáticas   ☐ Lengua   ....
☐ Ciencias   ☐ Idiomas   ....

Firma:

● ● ● ● ● Mi tiempo para esta tarea: _____ min.

Expresión e Interacción escritas

Tarea 2

● ● ● ● ● 🕐 Pon otra vez el reloj.

INSTRUCCIONES

Ahora vives en un barrio nuevo de la ciudad. Escribe un correo electrónico a un amigo de tu antiguo barrio. En él debes:

- saludar;
- describir tu nuevo barrio;
- comparar tu nuevo barrio con el antiguo;
- decir si te gusta;
- despedirte.

Número de palabras: entre 30 y 40.

✖	⬇	⬆	🔍	**A**	📋
Eliminar	Recibir	Enviar	Buscar	Tipo de letra	Adjuntar

Para: _____
Asunto: _____

N.º de palabras: _____.

● ● ● ● ● 🕐 Mi tiempo para esta tarea: _____ min.

CLAVES

● ● ● ● ● **Antes de empezar la prueba de** Expresión e Interacción escritas.

Solución. Tarea 1: 1, 3, 5, 6, 7, 10, 12, 14; Tarea 2: 2, 4, 8, 9, 11, 13, 15.

¡Atención! Recuerda que son posibles respuestas.

Tarea 1.

USO DEL MÓVIL

Centro educativo: Instituto de Secundaria "Antonio Machado".
Curso: 4.º de ESO.   Grupo: H.
Sexo: Femenino.   Edad: 16 años.
¿Tienes teléfono móvil? Sí.
¿Con qué frecuencia utilizas los siguientes servicios de tu teléfono móvil? Más de 10 veces al día.
¿Para qué usas el teléfono móvil? Hablar por teléfono y hacer fotos.

¿Usas el teléfono móvil para realizar las tareas del instituto? ¿Por qué? (De 8 a 10 palabras). Algunas veces. Cuando voy al instituto en autobús y tengo que preparar los deberes de ese día.
¿En qué asignatura usas el teléfono móvil? ¿Para qué lo usas? (De 10 a 15 palabras): Matemáticas e idiomas. Uso la calculadora para hacer cuentas y el diccionario, sobre todo el diccionario de inglés, para buscar palabras.
Firma: Inés.

Tarea 2.

| Para: | raquel.luna@yahoo.es |
| Asunto: | Vivo en un nuevo barrio |

Hola, Raquel.
Ya sabes: ahora vivo en un barrio nuevo. Lo bueno: es más bonito que el otro y hay una piscina cerca de casa. Lo malo: no conozco a nadie y no podemos vernos. Una pena, pero me gusta.
Escribe pronto, ¿vale? Un beso.
Encarna

N.º de palabras: 46.

Control de progreso

Escucha tus textos. Marca con un ✔.

¿Qué tal la prueba 3 de este examen?	Tarea 1	Tarea 2
🕐 ¿Cuánto tiempo necesitas en cada tarea?		
Entiendo bien las instrucciones.		
Entiendo todas las preguntas.		
Conozco los dos tipos de texto.		
No escribo demasiadas palabras.		
Tengo pocos errores de gramática o de vocabulario.		

¿Cómo te sientes después de esta prueba? Marca con una ✗.
- ESTOY MUY CONTENTO/A 😊😊
- ESTOY CONTENTO/A 😊
- NO ESTOY CONTENTO/A ☹

 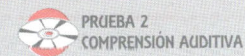 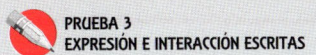 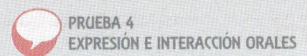

Actividades sobre el Modelo n.º 3

¡Atención! Recuerda que las siguientes actividades no son exactamente como las del examen, pero te pueden ayudar a tener mejores resultados.

Tarea 1.

a. El cuestionario tiene muchas preguntas. Aquí tienes una lista. Marca cuáles son preguntas típicas de cuestionario.

	¿PREGUNTAS TÍPICAS DEL CUESTIONARIO?	SÍ	NO
1.	¿Prefieres hacer la fiesta en el gimnasio, en el patio o en el salón de actos? ¿Por qué?		
2.	¿Qué actividades deportivas haces normalmente? Márca con un ✔ dos actividades.		
*3.	¿Cómo eres tú (características físicas y personalidad)?		
4.	¿Cómo se llama el instituto donde estudias?		
5.	¿Cuántos años tienes?		
*6.	¿Qué te gusta hacer en el tiempo libre?		
7.	¿Cómo te llamas?		
8.	¿Estudias siempre en el mismo lugar? ¿Por qué?		
9.	¿Cómo se llama la capital de tu país?		
10.	¿Con quién las realizas? ¿Por qué? (De 10 a 15 palabras)		
11.	¿Quieres ir al cine el fin de semana?		
12.	¿Para qué usas el teléfono móvil? Marca las dos más frecuentes.		
13.	¿Qué tipo de animal es el gato?		
14.	¿Cuando tienes un problema pides ayuda a los maestros/as?		

*Fuente: *Instituto Cervantes*

¡Atención! Antes de continuar, mira las claves de este ejercicio en la página 140.

En el examen el cuestionario puede tener un pequeño dibujo.

b. ¿De qué tema es cada pregunta de cuestionario de la actividad anterior? Escribe los números de las preguntas con su tema.

A	B	C	D	E	F
Intercambio escolar	Fiesta de fin de curso	Actividades físicas	Uso del móvil	Técnicas de estudio	Ambiente en el instituto
	1				

c. Aquí tienes algunas respuestas posibles a esas preguntas. Escribe el número de la pregunta.

A	Prefiero el patio porque el gimnasio es muy pequeño.	1
B	Normalmente con mis hermanos y a veces con mi padre.	
C	✔ natación ✔ atletismo	
D	No, a veces en casa y a veces en la biblioteca cuando tengo clase por la tarde.	
E	Más o menos alto, un poco gordo, moreno, ojos azules.	
F	El patio no me gusta, es muy sucio, y el gimnasio es demasiado grande.	
G	Voy muchas veces al cine con mi hermana y su novio.	
H	✔ sacar fotos ✔ colgar las fotos en mi cuenta de Twitter	
I	Sí, en casa, en mi habitación, en mi mesa, con mi ordenador. Me gusta más.	
J	Un poco bajita, delgada, soy rubia y tengo los ojos verdes.	
K	Casi siempre las realizo sola porque mis hermanos son mayores que yo.	
L	No, tengo muchos maestros y no los conozco bien, no tengo confianza.	
M	✔ hacer los deberes ✔ entrar en Internet	
N	✔ gimnasia ✔ tenis	
Ñ	Sí, todos los días, con mis dos hermanos, todos juntos en la cocina.	
O	Me gusta ir a la montaña y hacer senderismo. También me gusta el *rafting*.	
P	A veces sí, en especial a la maestra de Literatura, nos conocemos bien.	

▶ Actividades sobre el **Modelo n.º 3**

Tarea 2.

a. Aquí tienes tres instrucciones de examen. Los **verbos** están mal colocados. Tienes que ordenarlos.

Instrucción n.º 1	Instrucción n.º 2	Instrucción n.º 3
En tu grupo de amigos hay una chica nueva. Escribe un correo electrónico a un amigo o amiga. En él debes:	*Vas a una exposición y necesitas una cámara de fotos. Escribe un correo electrónico a un amigo. En él debes:*	*Es tu cumpleaños. Te regalan una mascota. Escribes un correo electrónico a un amigo. En él debes:*
- explicar cómo es de carácter;	- despedirte;	- saludar;
- despedirte;	- saludar;	- despedirte;
- decir cómo es físicamente;	- pedir la cámara;	- decir qué animal es y describirlo;
- dar la noticia;	- explicar por qué la necesitas.	- explicar que haces con él;
- saludar.		- dar la noticia.

b. Aquí tienes frases de mensajes que responden a esas instrucciones. Anota el verbo de la actividad anterior de cada frase. Sigue el ejemplo.

⚠ **¡Atención!** Hay más de una frase para algunos verbos.

	● FRASE	● VERBO		● FRASE	● VERBO
1.	Es muy simpática y muy lista, tiene mucho sentido del humor.	explicar cómo es de carácter.	7.	Es alta y delgada, y tiene el pelo larguísimo. Es muy guapa.	
2.	Es un conejo blanco, muy pequeño y muy tímido. Tiene los ojos rojos.		8.	¿Sabes? Tengo una mascota nueva.	
3.	¿Puedes dejarme tu cámara?		9.	Es un poco tímida pero muy inteligente.	
4.	Tengo que ir a una exposición y hacer fotos.		10.	Todos los días la saco de la jaula y jugamos un rato.	
5.	Le doy la comida por la mañana y por la noche.		11.	Es el perrito más bonito del mundo. Me gusta mucho.	
6.	¿Sabes que tengo una mascota?		12.	Mañana voy a una exposición del insti y tengo que hacer fotos.	

⚠ **Consejo.** Ahora puedes escribir tres mensajes con esas instrucciones.

 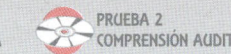 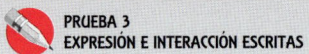

CLAVES

Tarea 1.

a. **Preguntas típicas de cuestionario:** 1, 2, 3, 6, 8, 10, 12, 14, 15.

> **Comentario.** Las preguntas 4, 5, 7 no son típicas de cuestionario porque son datos personales: centro educativo (pregunta 4), edad (pregunta 5), nombre (pregunta 7). Las preguntas 9 y 13 no son típicas de cuestionario porque son de información general y no sobre tu vida. La pregunta 11 no es una pregunta de información, es una invitación.

b. A. 3, 6, 14; B. 1; C. 2, 10; D. 12; E. 8, 14; F. 15.

c. A. 1; B. 10; C. 2; D. 8; E. 3; F. 1; G. 6; H. 12; I. 8; J. 3; K. 10; L. 14; M. 12; N. 2; Ñ. 8; O. 6; P. 14.

Tarea 2.

a.

Instrucción n.º 1	Instrucción n.º 2	Instrucción n.º 3
- saludar;	- saludar;	- saludar;
- dar la noticia;	- pedir la cámara;	- dar la noticia;
- explicar cómo es de carácter;	- explicar por qué la necesitas;	- decir qué animal es y describirlo;
- decir cómo es físicamente;	- despedirte.	- explicar que haces con él;
- despedirte.		- despedirte.

b. **1.** explicar cómo es de carácter; **2.** decir qué animal es y describirlo; **3.** pedir la cámara; **4.** explicar por qué la necesitas; **5.** explicar qué haces con él; **6.** dar la noticia; **7.** decir cómo es físicamente; **8.** dar la noticia; **9.** explicar cómo es de carácter; **10.** explicar qué haces con él; **11.** decir qué animal es y describirlo; **12.** explicar por qué la necesitas.

Prueba 4: Expresión e Interacción orales

● ● ● ● ● **Antes de empezar la prueba de** Expresión e Interacción orales.

Aquí tienes algunas de las preguntas e instrucciones del entrevistador durante la prueba. ¿De qué tarea son? Escribe el número de la tarea en la columna derecha.

Usa diferentes colores para escribir los nombres de las tareas: la tarea 1 va en azul, la tarea 2 en verde y la tarea 3 en rojo.

	PREGUNTAS E INSTRUCCIONES	TAREA
1.	*Ahora vas a presentar tu tema. ¿Qué tema es?*	
2.	*Vas a presentarte y contarme cómo te llamas, cuántos años tienes, qué estudias, etc.*	
3.	*En esta tarea vamos a hablar sobre el tema de la tarea 2.*	
4.	*Tienes que hablar tú solo. Yo te escucho.*	
5.	*Ahora tú tienes que hacerme dos preguntas.*	
6.	*Tienes que hablar de 1 a 2 minutos.*	
7.	*Vas a hablar sobre el tema aproximadamente 2 minutos.*	

Fuente: *Instituto Cervantes*.

¡Atención! Mira las respuestas en las claves de este modelo (pág. 145).

¡Ya puedes empezar esta prueba!

Prueba 4: Expresión e Interacción orales

LA PREPARACIÓN

●●●●● 🕐 Tienes **10 minutos** para preparar las tareas 1 y 2. Sigue todas las **instrucciones**.

❗ **¡Atención!** Mira las siguientes viñetas para entender bien cómo funciona la tarea 2.

En la tarea 2 hablas tú solo.   El entrevistador pregunta cuál es tu tema para darte el material de la tarea.

Tarea 1

INSTRUCCIONES

❗ **Consejo.** Antes de hacer la tarea 1 de este modelo, vuelve a escuchar tu grabación del modelo anterior. ¿Tienes errores? Toma nota de esos errores y corrígelos. Es importante saber qué problemas tienes y solucionarlos antes del día del examen.

Tienes que hacer una presentación personal. Tienes que hablar de **1 a 2 minutos**. El entrevistador no habla en esta parte de la prueba.

Vas a preparar una presentación personal de dos minutos aproximadamente. Puedes hablar sobre los siguientes aspectos:

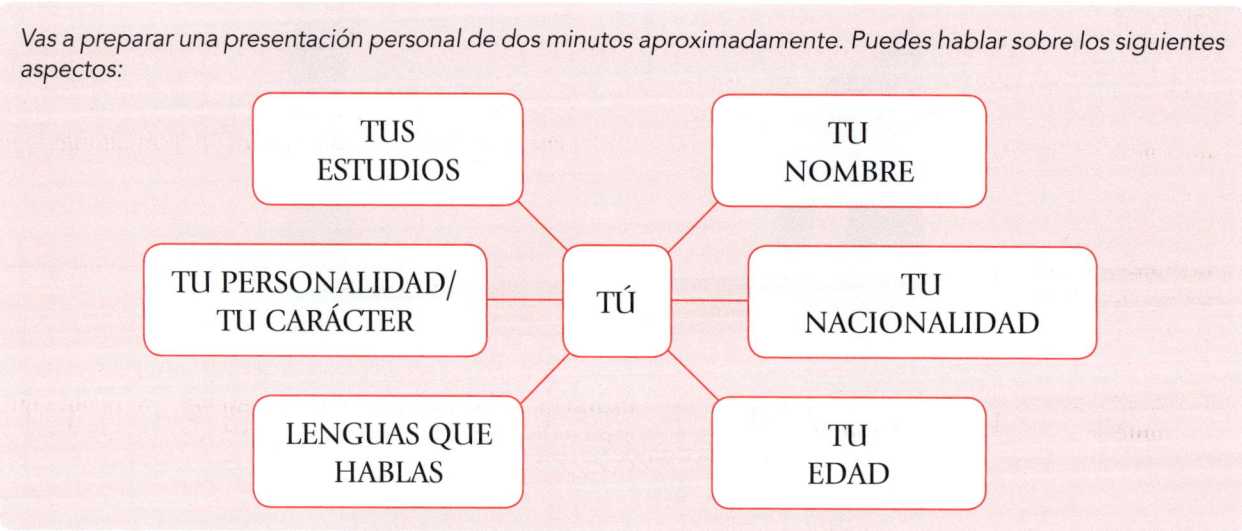

Expresión e Interacción orales

▶ **Consejo.** Ya sabes que en esta prueba la tarea 1 comienza así:

▶ **Entrevistadora:** *Hola, me llamo Pilar, ¿y tú?*
▶ **Candidato:** *Hola. Yo soy Thierry.*
▶ **E:** *¿Cuál es tu nacionalidad?*
▶ **C:** *Soy francés.*

▶ **E:** *Vale, Thierry. Empezamos con la tarea 1. Tienes que hacer una presentación personal de 1 a 2 minutos. ¿Estás preparado?*
▶ **C:** *Sí. Me llamo Thierry. Soy francés, de Lyon. Tengo 14 años y hablo francés, inglés y español…*

Tarea 2

▶ **Comentario.** Tienes que hacer una presentación sobre un tema. Tienes que hablar de **2 a 3 minutos**. El entrevistador no habla en esta parte de la prueba.

Vas a seleccionar tres de las cinco opciones para hablar aproximadamente durante dos minutos:

TU CASA

- **DESCRIPCIÓN:** ¿Cómo es?
- **HABITACIONES:** ¿Cuántas hay?
- **SITUACIÓN:** ¿Dónde está? ¿Qué hay cerca?
- **TU HABITACIÓN:** ¿Qué cosas tiene?
- **TU LUGAR FAVORITO:** ¿Cuál es? ¿Por qué?

▶ **¡Atención!** La tarea 2 comienza así:

▶ **Entrevistadora:** *Thierry, ahora vas a hacer la tarea 2. ¿Tu tema es…?*
▶ **Candidato:** *Mi tema es TU CASA.*
▶ **E:** *¿Sobre qué tres aspectos vas a hablar?*
▶ **C:** *Voy a hablar sobre la descripción, las habitaciones de mi casa y mi lugar favorito.*

▶ **E:** *Empieza, por favor. Tienes que hablar durante unos 2 minutos.*
▶ **C:** *Pues… mi casa es grande y tiene mucha luz. Es una casa muy nueva y bonita. La casa tiene tres habitaciones, un salón, una cocina, un baño y una terraza pequeña. La casa tiene dos plantas. Me gusta mucho. Mi lugar favorito de la casa es…*

¿Preparado para la prueba? El día del examen, si no entiendes alguna pregunta, el entrevistador puede repetirla.

LA ENTREVISTA

▶ **¡Atención!** Puedes leer las preguntas de esta tarea en el documento de transcripciones de la *ELEteca*. No olvides que al final de la tarea 3 tienes que hacerle dos preguntas al entrevistador.

¡Atención! La tarea 3 comienza así:

▶ **Entrevistadora:** *Ahora vamos a hacer la tarea 3. Voy a hacerte unas preguntas. ¿Hay cosas en tu casa que no te gustan? ¿Por qué?*

▶ **Candidato:** *Mi habitación es la más pequeña de la casa. La de mis padres y la de mi hermana mayor son más grandes. Eso no me gusta.*

▶ **E:** *¿Y estás mucho tiempo en casa?*

▶ **C:** *Sí. Cuando salgo del colegio, voy a casa a estudiar. Los fines de semana me gusta estar con mi hermana y mis padres en casa. A veces no estamos allí porque hacemos viajes.*

Tarea 1

●●●●● Recuerda que la tarea dura de **1 a 2 minutos**.

 Pon la pista n.º 37. Escucha y lee las instrucciones, y comienza tu presentación.

🎤 **Graba** tus respuestas.

▶ **Entrevistadora:** *Hola, soy Pilar, ¿y tú?*
▶ **Candidato:**...
▶ **E:** *¿De dónde eres?*
▶ **C:** ...

▶ **E:** *De acuerdo. Vamos a empezar con la tarea 1. Tienes que hacer una presentación personal de 1 o 2 minutos. ¿Estás preparado?*
▶ **C:** ...

Tarea 2

●●●●● Recuerda que la tarea dura de **2 a 3 minutos**.

 Pon la pista n.º 38. Escucha y lee las instrucciones, y comienza tu presentación.

🎤 **Graba** tus respuestas.

▶ **Entrevistadora:** *Ahora vas a hacer la tarea 2. ¿Sobre qué tema vas a hablar?*
▶ **Candidato:** ...
▶ **E:** *De acuerdo. ¿Qué 3 opciones eliges?*

▶ **C:** ...
▶ **E:** *Vale. Puedes empezar. Habla durante unos 2 minutos.*
▶ **C:** ...

Tarea 3

●●●●● Recuerda que la duración de esta tarea es de **3 a 4 minutos**.

 Pon la pista n.º 39. Escucha las instrucciones y las preguntas, y responde.

🎤 **Graba** tus respuestas.

▶ **Entrevistadora:** *Acabamos la tarea 2 y ahora vamos a hacer la tarea 3. Ya sabes que voy a hacerte preguntas sobre tu casa. ¿Hay cosas en tu casa que no te gustan? ¿Por qué?*
▶ **C:** ...
▶ **E:** *¿Cómo es tu casa ideal? ¿Puedes describirla?*
▶ **C:** ...

▶ **E:** *¿Estás mucho tiempo en casa? ¿Qué cosas haces allí?*
▶ **C:** ...
▶ **E:** *¿Sueles invitar a tus amigos a casa? ¿Qué cosas hacéis?*
▶ **C:** ...

Expresión e Interacción orales

- E: *¿Cuál es tu mueble favorito de la casa? ¿Por qué?*
- C: ...
- E: *¿Pasas tiempo en la cocina de casa? ¿Sueles cocinar?*
- C: ...
- E: *¿Ayudas a tu mamá y a tu papá en casa? ¿Cómo los ayudas?*
- C: ...
- E: *¿Te gusta la zona donde está tu casa? ¿Por qué?*
- C: ...
- E: *¿Qué otras zonas de la ciudad te gustan? ¿Por qué?*
- C: ...
- E: *¿Tienes ordenador en casa? ¿Dónde está?*
- C: ...
- E: *Ahora tienes que hacerme dos preguntas a mí sobre este tema.*
- C: (Pregunta 1) ...
- E: (Respuesta 1). *¿Cuál es tu segunda pregunta?*
- C: (Pregunta 2) ...
- E: (Respuesta 2). *Pues… esto es todo. La prueba termina. Muchas gracias y mucha suerte.*

CLAVES

Antes de empezar la prueba de Expresión e Interacción orales.

1. Tarea 2: Al principio de esta tarea el entrevistador va a preguntarte cuál es tu tema; **2.** Tarea 1: Haz una presentación ordenada. Primero tu nombre, después tu edad, etc.; **3.** Tarea 3: No puedes saber qué preguntas va a hacerte el entrevistador, pero puedes intentar adivinarlas; **4.** Tareas 1 y 2: Recuerda que en estas dos tareas el entrevistador no habla; **5.** Tarea 3: En esta tarea, al final, tienes que hacer dos preguntas al entrevistador. Puedes prepararlas antes de entrar en la sala de examen. Las preguntas son sobre el mismo tema de la tarea 2; **6.** Tarea 1: Intenta controlar el tiempo siempre; **7.** Tarea 2: En esta tarea también es importante ser ordenado. Primero habla sobre una opción, luego sobre la segunda y, al final, sobe la tercera.

Control de progreso

Escucha tus respuestas en cada prueba. Marca con un ✔.

¿Qué tal la prueba 4 de este examen?	Tarea 1	Tarea 2	Tarea 3
Entiendo sin problemas la tarea.			
Tengo notas que me ayudan.			
Hablo sobre el tema y no sobre otras cosas.			
Uso el tiempo para hacer las tareas.			
Aunque a veces tengo problemas, puedo contar mis ideas.			
Entiendo bien las preguntas del entrevistador.			
Tengo una pronunciación clara.			
No tengo errores graves de gramática.			
No cometo errores graves de vocabulario.			
Solo uso palabras en español.			

¿Cómo te sientes después de esta prueba? Marca con una ✗.

- ESTOY MUY CONTENTO/A ☺☺
- ESTOY CONTENTO/A ☺
- NO ESTOY CONTENTO/A ☹

 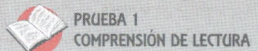 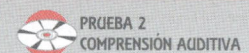 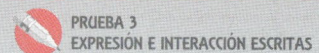 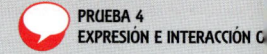

Actividades sobre el **Modelo n.º 3**

¡Atención! Ya sabes que estas actividades no son las del examen pero son útiles para prepararte.

Tarea 1.

a. Ordena las sílabas de las siguientes palabras. Son informaciones de la tarea 1. Sigue el ejemplo.

1.	BRE-NOM Y PE-LLI-A-DOS	nombre y apellidos	4.	QUE-BLAS-GUAS-HA-LEN	
2.	CIO-LI-NA-DAD-NA		5.	SO-NA-PER-DAD-LI	
3.	DAD-E		6.	TU-ES-DIOS	

b. Completa la tabla con las palabras de la actividad anterior y añade tu propia información:

1.	Tu nombre y apellido(s):	Me llamo ……………………………… .
2.	Tu ……………………………… :	Soy ……………………………… . Vengo de ……………………………… .
3.	Tu ……………………………… :	Tengo ……………………………… años.
4.	……………………………… :	Mi lengua materna es el ……………………………… También hablo ……………………………… .
5.	……………………………… / Tu carácter.	Soy ……………………………… y ……………………………… .
6.	Tus ……………………………… :	Soy estudiante de ……………………………… . Estudio en ……………………………… .

c. Y ahora… un poco de diversión. Aquí tienes una sopa de letras con palabras que puedes usar en tu presentación. Búscalas y después escribe una presentación en la que utilices todas esas palabras.

apellidos	hablo	secundaria
años	lengua	simpático
estudiante	nombre	tímido

W	I	O	L	D	P	X	S	Y	J
D	M	C	J	S	S	E	S	A	B
B	O	I	G	F	E	Y	I	P	Ñ
Y	L	T	E	I	C	O	P	E	K
S	E	A	P	I	U	D	F	L	M
F	N	P	S	K	N	I	E	L	U
Ñ	G	M	X	G	D	M	S	I	P
X	U	I	A	J	A	I	T	D	R
R	A	S	F	V	R	T	U	O	E
M	Q	V	J	F	I	Ñ	D	S	A
C	D	J	X	L	A	L	I	U	Ñ
N	O	M	B	R	E	I	A	S	O
R	H	A	B	L	O	T	N	W	S
X	Q	Y	Y	R	J	Q	T	W	J
T	D	L	Q	A	N	Y	E	I	B

¡Ánimo, adelante!

> Actividades sobre el Modelo n.º 3

Escribe ahora tu presentación:

....
....
....
....

Tarea 2.

a. En la tarea 2 de este modelo tienes que hablar sobre tu casa. Aquí tienes las descripciones de tres casas. ¿Qué dibujo va con cada descripción? Relaciónalos:

○ **DIBUJOS**

a.

b.

c.

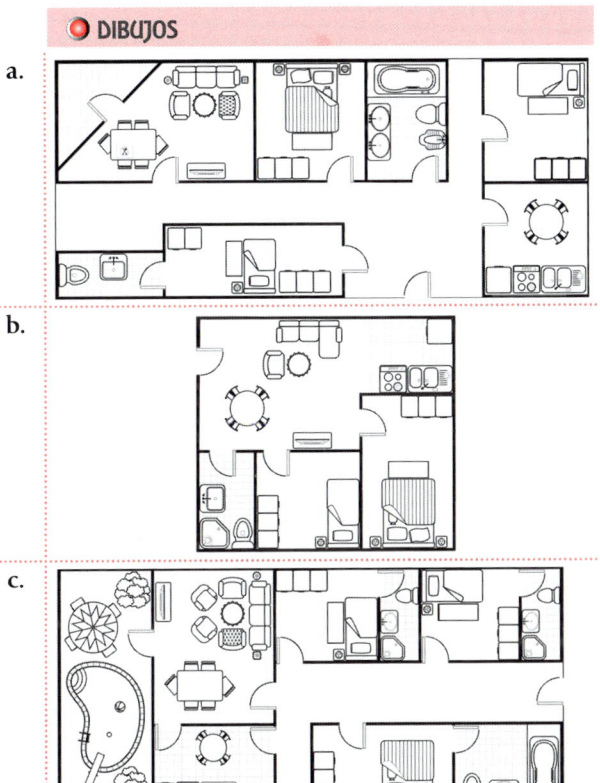

○ **DESCRIPCIONES**

1. Mi casa no es muy grande pero a mí me gusta mucho. Es una casa un poco antigua pero muy bonita. La casa tiene 2 habitaciones, la de mis padres y la mía, 1 salón con cocina y 1 baño.

2. Mi casa tiene unos 100 m². La casa tiene 3 habitaciones, 1 salón, 1 cocina y 3 baños, uno en cada habitación. Es una casa con piscina y jardín. ¡Me encanta la piscina!

3. Mi casa es grande y tiene mucha luz. Es una casa muy nueva y bonita. La casa tiene 3 habitaciones, 1 salón, 1 cocina, 2 baños, uno más pequeño y el otro más grande. También tenemos una terraza pequeña.

b. Escribe el nombre de 4 muebles u objetos que puedas encontrar en estas partes de la casa. No puedes repetir ninguno.

⚠ **¡Atención!** Puedes usar el diccionario:

○ Salón	○ Cocina	○ Dormitorio	○ Baño	○ Terraza/Jardín

 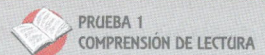 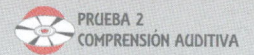 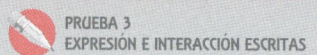 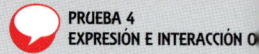

c. Dibuja tu casa y descríbela.

● DIBUJO DE MI CASA	● DESCRIPCIÓN EN ESPAÑOL

🎤 Ahora graba tu descripción.

🔊 Escucha tu grabación. ¿Qué tal la pronunciación? ¿Cuánto tiempo dura?

Tarea 3.

a. Aquí tienes unas preguntas de la tarea 3, pero las palabras están desordenadas. ¿Puedes ordenarlas tú?

1.	¿Qué/casa/te/mueble/tu/de/más?/gusta	¿ .... ?
2.	es/la/habitación/padres/tus/de/¿Cómo	¿ .... ?
3.	gusta/cocinar/casa/¿Te/en/tu/familia?/para	¿ .... ?
4.	casa?/cosas/tu/de/hay/¿Qué/cerca/	¿ .... ?
5.	diferentes/ordenadores/¿Tenéis/en/casa?	¿ .... ?
6.	invitar/casa?/a/¿Te/tus/gusta/a/amigos	¿ .... ?

Comprueba la solución de la actividad en la página 150.

▶ Actividades sobre el **Modelo n.º 3**

b. Escribe de nuevo las preguntas y respóndelas. No tienes que decir la verdad. Puedes inventar la información.

1. ¿ .... ?   ....

2. ¿ .... ?   ....

3. ¿ .... ?   ....

4. ¿ .... ?   ....

5. ¿ .... ?   ....

6. ¿ .... ?   ....

🔊 En esta prueba no preparas antes las respuestas. Escucha tus respuestas de la actividad **b.** y vuelve a contestar las preguntas de la actividad **a.** con informaciones diferentes.

CLAVES

Tarea 1.

a. 1. NOMBRE y APELLIDOS; 2. NACIONALIDAD; 3. EDAD; 4. LENGUAS QUE HABLAS; 5. PERSONALIDAD; 6. ESTUDIOS.

b. Respuesta de ejemplo:

1. Tu nombre y apellido(s): *Me llamo* Franz Zimmermann.

2. Tu nacionalidad: *Soy* alemán, *de* Münster.

3. Tu edad: *Tengo 14 años.*

4. Lenguas que hablas: **Mi lengua materna es el** alemán. También **hablo** turco, porque mi madre es turca, y un poco de español.

5. Tu personalidad/Tu carácter: *Soy* un poco travieso pero soy buen estudiante.

6. Tus estudios: *Soy estudiante de* Secundaria. *Estudio en* una escuela que está en el centro de la ciudad.

c.

```
W I O L D P X S Y J
D M C J S E S P A B
B O I G F C Y I P Ñ
Y L T E I U O P E K
S E A P K N D F L M
F N P S X D I E L U
Ñ G M X G A M S I P
X U I A F R I T D R
R A S F V I T U O E
M Q V J F A Ñ D S A
C D J X L   L I U Ñ
  N O M B R E A W O
R   H A B L O   T S
X Q Y Y R J Q T E J
T D L Q A N Y E I B
```

Tarea 2.

a. Dibujo a: Descripción 3; Dibujo b: Descripción 1; Dibujo c: Descripción 2.

b. Ejemplo de respuesta:

Salón	Cocina	Dormitorio	Baño	Terraza/Jardín
silla	armario	cama	lavabo	plantas
mesa	microondas	mesita de noche	ducha	hamaca
televisión	frigorífico	ordenador	váter	sombrilla
sofá	lavavajillas	alfombra	espejo	piscina

c. Respuesta de ejemplo:

Mi piso no es muy grande pero a mí me gusta mucho. Es un piso un poco antiguo y muy bonito. La casa tiene dos habitaciones, la de mis padres y la mía, un salón con cocina y un baño. La habitación de mis padres tiene una cama de matrimonio, un armario grande y dos mesitas de noche. La mía tiene una cama pequeña, una mesita, un armario, un escritorio y un ordenador. En el salón hay una mesa grande, un sofá, dos sillones, cuatro sillas, dos lámparas y un televisor. En invierno también ponemos una alfombra grande en el suelo. En la cocina hay de todo: un frigorífico, un microondas, un horno, etc. El baño tiene una ducha, un lavabo y una estantería.

Tarea 3.

a. 1. ¿Qué mueble de tu casa te gusta más?; 2. ¿Cómo es la habitación de tus padres?; 3. ¿Te gusta cocinar en casa para tu familia?; 4. ¿Qué cosas hay cerca de tu casa?; 5. ¿Tenéis diferentes ordenadores en casa?; 6. ¿Te gusta invitar a tus amigos a casa?

b. Ejemplo de respuesta:

1. El mueble de mi casa que más me gusta es una mesa grande de madera que hay en el salón; 2. La habitación de mis padres es grande. También es moderna y muy luminosa; 3. No me gusta cocinar. En casa siempre cocina mi padre; 4. Cerca de mi casa hay un supermercado y un parque para ir a pasear. Es muy tranquilo; 5. En casa tenemos dos ordenadores. Uno es para mis padres y otro, para mí; 6. Mis amigos vienen mucho a casa. Los sábados por la tarde normalmente vienen a casa para ver alguna película y comer pizza.

DELE A1
para escolares

Modelo de examen n.º 4

 PRUEBA 1. COMPRENSIÓN DE LECTURA — 45 min.

 PRUEBA 2. COMPRENSIÓN AUDITIVA — 20 min.

 PRUEBA 3. EXPRESIÓN E INTERACCIÓN ESCRITAS — 25 min.

 PRUEBA 4. EXPRESIÓN E INTERACCIÓN ORALES — 10 min.

 **Claves, comentarios, consejos y actividades sobre este modelo de examen.**
En este modelo n.º 4 trabajamos en especial las **técnicas de examen**: qué puedes hacer durante el examen, qué puedes escribir en el cuadernillo, cómo escuchar las audiciones, etc.

 El Cronómetro, manual de preparación del DELE. Examen A1 para escolares

Prueba 1: Comprensión de lectura

● ● ● ● ● ● **Antes de empezar la prueba de Comprensión de lectura.**

¿De qué tareas son las siguientes respuestas? Tienes que marcarlo con un ✔.

	RESPUESTAS	TAREA 1	TAREA 2	TAREA 3	TAREA 4
1.	Solo está abierto por la mañana. MENSAJE H				
2.	Y a mí no me gustan los animales pequeños. La verdad, prefiero uno para poder salir al campo y hacer deporte. ANUNCIO J				
3.	Va a viajar a Bilbao… a) con su hermana. b) con sus padres. c) con su madre.				
4.	Necesito un perro guardián para proteger la casa. Vivo sola y a veces tengo miedo. ANUNCIO G				
5.	No puedes pasar con el perro. MENSAJE A				
6.	La actividad para aprender a leer prensa es para .... a) todos los alumnos del instituto. b) los alumnos de Bachillerato. c) los alumnos de Secundaria.				
7.	.... pueden ir a la actividad deportiva. a) Todos los alumnos. b) Los alumnos de Bachillerato. c) Los alumnos de Secundaria.				
8.	Puede elegir qué comida quiere tomar. MENSAJE G				
9.	Macarena escribe un correo electrónico sobre… a) sus vacaciones. b) su viaje al extranjero. c) su curso de español.				

Fuente: *Instituto Cervantes.*

❗ Consejo. Busca en el examen original del *Instituto Cervantes* los textos de esas respuestas correctas.

¿Qué haces tú para encontrar la respuesta correcta? Escribe aquí tu comentario, en español o en tu idioma.

....
....
....

¡Ya puedes empezar esta prueba!

❗ **¡Atención!** Recuerda que no puedes usar el diccionario.

🕐 Pon el reloj al principio de cada tarea.

Prueba 1: Comprensión de lectura

La prueba de **Comprensión de lectura** tiene cuatro tareas. Debes responder a **25 preguntas**.

●●●●● 🕐 La prueba dura **45 minutos**. ¡Pon el reloj al principio de cada tarea!

Escribe o marca tus opciones únicamente en la **Hoja de respuestas**.

Tarea 1

INSTRUCCIONES

Vas a leer un correo electrónico de Julia a Andrea, dos amigas. A continuación, debes leer las preguntas (de la 1 a la 5) y seleccionar la opción correcta (A, B o C).

Tienes que marcar la opción elegida en la **Hoja de respuestas**.

0. A ☐ B ☐ C ☐

PARA: andrea.mar@terruna.com
CC:
CCO:
ASUNTO: Mis compañeros de clase

Hola, Andrea:
¿Cómo estás? Yo estoy muy contenta en mi nuevo colegio. Todos mis compañeros son muy divertidos. Mis profesores de Matemáticas, Historia y Literatura también son muy simpáticos, pero el de Inglés es muy serio. Tengo cuatro amigos con los que estoy todo el día, todos tienen 13 años como yo, Mónica no, ella tiene 14. Uno es Pablo, es muy alto, más alto que mi hermano. Pablo es muy delgado y muy hablador, es muy divertido. Ana es mucho más tímida que Pablo, pero es muy guapa, es morena y tiene los ojos azules. Laura es mucho más bajita que Pablo y un poco gorda, la verdad es que también es muy divertida.
Por último, quiero hablar de Mónica, ella es mi mejor amiga. Hacemos un curso de baloncesto y jugamos partidos todos los fines de semana. Mónica es rubia y tiene el pelo corto, lleva gafas y siempre está feliz. Tengo mucha suerte de ser su amiga.
¿Y tú también tienes muchos amigos en tu nueva escuela?
Espero tu respuesta.
Un abrazo,
Julia

PREGUNTAS

1. Los profesores de Julia…
   a) son todos muy simpáticos.
   b) son un poco raros.
   c) la mayoría son simpáticos.

2. Los amigos de Julia tienen…
   a) todos la misma edad.
   b) casi todos 13 años y una 14.
   c) la misma edad que ella.

3. Pablo es…
   a) alto y divertido.
   b) gordito y callado.
   c) alto y aburrido.

4. La mejor amiga de Julia es…
   a) Mónica.
   b) Laura.
   c) Ana.

Continúa ➡

5. El deporte que practican Laura y Julia es...

a)

b)

c)

● ● ● ● ● 🕐 Mi tiempo para esta tarea: _____ min.

Tarea 2

● ● ● ● ● 🕐 Pon otra vez el reloj.

INSTRUCCIONES

Vas a leer unos anuncios que están en la secretaría de la escuela. Debes relacionar los anuncios (A-J) con las frases (de la 6 a la 11).

Hay diez anuncios, incluido el ejemplo. Debes seleccionar seis.

Tienes que marcar la opción elegida en la **Hoja de respuestas**.

Ejemplo: Frase 0. No se puede llamar por teléfono.

❗ **¡Atención!** El anuncio relacionado con la frase es el **A**, porque en la biblioteca no se puede usar el teléfono móvil.

```
    A  B  C  D  E  F  G  H  I  J
0.  ■  □  □  □  □  □  □  □  □  □
```

A — BIBLIOTECA
Prohibido usar el teléfono móvil en la biblioteca. Solo se puede usar en el patio exterior y en el pasillo durante las pausas de clase.

B — CAFETERÍA
Durante el mes de septiembre y hasta el 10 de octubre, la cafetería abre solo en horario de mañana. Desde las 8:00 hasta las 15:00.

C — CAMPEONATO DE BALONCESTO
A partir de mañana empieza el plazo para inscribirse en el campeonato de baloncesto. Termina el próximo 1 de octubre.

D — PROFESOR DE MATEMÁTICAS
El profesor Juan Antonio Sánchez Pez está enfermo. Se cancelan las clases de Matemáticas hasta la próxima semana.

E — MÉDICO DE LA ESCUELA
Del 1 al 15 de octubre el médico Santiago Urrutia Sanchos está de vacaciones. La sustituta es la doctora Ana María Bermejota Irreal.

Comprensión auditiva

PISCINA

A partir del día 15 de septiembre cerramos la piscina.
Los cursos de natación vuelven el próximo verano, a partir de junio.

F

LIBROS DE LA BIBLIOTECA

Está prohibido marcar y subrayar los libros prestados de la biblioteca. Si alguien marca los libros, tiene que pagar 3□.

G

DECORACIÓN DE NAVIDAD

Concurso para la decoración de Navidad. Presentar los proyectos por equipo antes del 1 de noviembre.
El ganador recibe material gratis para decorar la escuela.

NÚMERO DE TELÉFONO DE SECRETARÍA

El despacho de secretaría tiene un nuevo número de teléfono:
09964674376
El horario de las llamadas es de 9:00 a 16:00.

A partir del 15 de septiembre el menú de la cafetería es 1€ más caro. Los nuevos precios están en la puerta de la cafetería.

H   I   J

	FRASES	ANUNCIOS
0.	No se puede llamar por teléfono.	A
6.	Temporalmente hay una nueva doctora.	
7.	Puedes trabajar en este proyecto con tus amigos.	
8.	No puedo usar el número de teléfono antiguo.	
9.	No hay clase de Matemáticas.	
10.	Hay que pagar más para comer.	
11.	Hay que respetar el material de la biblioteca.	

• • • • • 🕘 Mi tiempo para esta tarea: _____ min.

Tarea 3

• • • • • 🕘 Pon el reloj.

INSTRUCCIONES

Vas a leer los anuncios publicados en la escuela para preparar las jornadas sobre "Ciclo formativo: un día en una profesión". Debes relacionar los cursos (A-J) con las frases (de la 12 a la 17).
Hay diez ofertas, incluido el ejemplo. Debes seleccionar seis.
Tienes que marcar la selección en la **Hoja de respuestas**.

Ejemplo: Frase 0. Soy valiente y me gustan mucho las actividades peligrosas y con acción.

❗ **¡Atención!** El anuncio relacionado con esta frase es **A**, porque a los bomberos les gusta la acción y saben reaccionar cuando hay fuego.

```
    A B C D E F G H I J
0.  ■ □ □ □ □ □ □ □ □ □
```

Continúa →

A
BOMBERO/A

Si te gusta la acción, esta es tu actividad. Hacemos pruebas para saber cómo reaccionar cuando hay fuego... y más consejos.

B
MÉDICO/A

Si te gusta la Medicina, aprendemos las enfermedades más conocidas de la actualidad y cómo curar algunos pequeños problemas de salud.

C
PERIODISTA

Si te gusta escribir y hacer fotos, esta es tu actividad. Escribimos un pequeño periódico con artículos sobre actualidad y entrevistas a compañeros y profesores de la escuela.

D
GUARDIA DE TRÁFICO

Si te gustan los coches y las señales de tráfico, puedes aprender las normas de circulación y cómo organizar a los conductores en la ciudad.

E
PROFESOR/A

Si te gusta enseñar y dar clases, puedes preparar una clase de tu asignatura preferida, seleccionar la información y una prueba para tus compañeros.

F
VETERINARIO/A

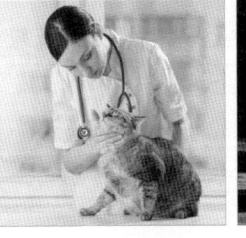

Si quieres aprender cómo cuidar a tus animales preferidos, puedes observar cómo viven la mayoría de los animales, qué alimentos comen y qué enfermedades tienen.

G
ACTOR/ACTRIZ

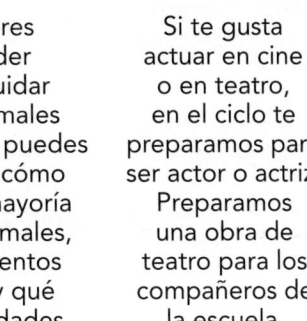

Si te gusta actuar en cine o en teatro, en el ciclo te preparamos para ser actor o actriz. Preparamos una obra de teatro para los compañeros de la escuela.

H
COCINERO/A

Si te gusta cocinar y preparar nuevos platos, vamos a preparar cuatro platos diferentes: uno italiano, otro argentino, otro español y otro chileno.

I
ADMINISTRATIVO/A

Si te gustan las matemáticas y organizar la economía, vamos a aprender a trabajar en el sector administrativo de la escuela.

J
DIRECTOR/A DE CINE

Si eres creativo y te gusta el cine, puedes aprender cómo se dirige una película de cine, cómo funcionan las cámaras de video... Hacemos un vídeo del teatro.

Comprensión auditiva

	FRASES		ANUNCIOS
0.	Soy valiente y me gustan mucho las actividades peligrosas y con acción.		A
12.	Me gusta mucho escribir historias.		
13.	Me encantan los autos y conozco casi todas las reglas de circulación.		
14.	Me encanta preparar diferentes recetas y probar nuevas comidas.		
15.	Me gusta mucho el cuerpo humano y me gusta ayudar a las personas, pero no me gustan los animales.		
16.	Me gusta mucho el cine y el teatro, pero no me gusta actuar.		
17.	Tengo un perro y dos gatos, me encantan los animales de todo tipo.		

●●●●● 🕐 Mi tiempo para esta tarea: _____ min.

Tarea 4

●●●●● 🕐 Pon otra vez el reloj.

INSTRUCCIONES

Vas a leer la información de las tiendas de un centro comercial. A continuación, debes leer las preguntas (de la 18 a la 25) y seleccionar la opción correcta (A, B o C).

Tienes que marcar la opción elegida en la **Hoja de respuestas**.

A B C
0. ☐ ☐ ☐

Continúa →

CENTRO COMERCIAL "LA MARINA DE LA ISLA"

MARILUZ	DOUGLASI	BASSIS
Ropa femenina para todas las edades. Ofertas de verano. Planta 3, local 16. De 10:00 a 18:00 sin pausa.	Cosmética y perfumería. Consejos a sus clientas. Descuento con tarjeta de la tienda. Planta 2, local 17. De 11:00 a 19:00 sin pausa.	Tienda moderna y diferente de productos deportivos. Primeras marcas. Gimnasio en la tienda. Planta baja, local 12. De 11:00 a 22:00.
DON DIMAS	**CLUB PEQUES**	**TRENETTON**
Tienda especializada en juguetes, marcas nacionales. Intercambio de juguetes. De 13:00 a 20:00. Planta 5, local 36.	Guardería activa. Los niños juegan o ven "pelis" mientras esperan a sus padres. 8☐ la hora. Planta 5, local 37. De 9:00 a 16:00 los fines de semana.	Ropa de moda para hombres, de estilo italiano, con carácter y calidad. De 11:00 a 20:00. Planta 3, local 15.
SHARA	**MANGAS**	**BURGUESERÍA**
Moda femenina para jóvenes de 12 a 22 años. Sorteos diarios de discos de música. De 10:00 a 22:00. Planta baja, local 36.	Ropa para todos los estilos y todas las edades. En la tienda puedes comprar refrescos. De 10:00 a 22:00. Planta 2, local 12.	Las hamburguesas a la parrilla saben mejor. Bebidas sin límite. Descuentos para grupos. De 10:00 a 21:00. Lunes cerrado. Planta 1, local 50.
ZAPATOS FRESCOS	**CINETEKA**	**HELADEROS**
El espacio donde podrá encontrar la mejor selección de calzado en primeras marcas. Este mes, cerrado por reformas. Abrimos el mes que viene.	Las películas más actuales. Sábados, clásicos. Lunes, entradas con descuento para menores de 18 años. Planta 1, local 51.	Helados y postres con sabor a frutas de todo el mundo. Desayunos. De 7:30 a 12:00 y de 16:00 a 20:00. Planta 1, local 12.

18. Las mujeres adultas pueden comprar ropa en ....
    a) Mariluz.
    b) Trenetton.
    c) Shara.

19. Los niños pueden ver películas ....
    a) todos los días.
    b) los sábados y domingos.
    c) no se sabe cuándo.

20. Hay dos .... en la misma planta.
    a) tiendas de ropa.
    b) tiendas de deportes.
    c) zapaterías.

21. En Don Dimas se pueden .... juguetes.
    a) vender.
    b) comparar.
    c) intercambiar.

22. Se puede ver una película junto a ....
    a) un restaurante.
    b) una tienda de ropa.
    c) un espacio para niños pequeños.

23. Hay que subir .... para tomar un helado.
    a) un piso.
    b) dos pisos.
    c) cinco pisos.

24. En Mariluz hay precios especiales solo ....
    a) de 10:00 a 18:00.
    b) en verano.
    c) durante las vacaciones.

25. Hay un local que ....
    a) nunca cierra.
    b) cierra los jueves.
    c) está cerrado.

● ● ● ● ● 🕐 Mi tiempo para esta tarea: _____ min.

Comprensión de lectura

CLAVES

● ● ● ● ● **Antes de empezar la prueba de Comprensión de lectura.**

Tarea 1: 3, 9; **Tarea 2:** 1, 5, 8; **Tarea 3:** 2, 4; **Tarea 4:** 6, 7.

Comentario. Cada candidato encuentra las respuestas correctas de una manera diferente, pero hay algunas cosas que puedes hacer:
- marcar con círculos o con líneas las palabras importantes en las preguntas y en los textos;
- comparar y relacionar las palabras del texto y las de las preguntas;
- leer dos o tres veces las preguntas y los textos;
- observar las fotografías;
- imaginar que estás en esa situación;
- observar bien las imágenes.

Tarea 1				
1	2	3	4	5
C	B	A	A	C

Tarea 2					
6	7	8	9	10	11
E	H	I	D	J	G

Tarea 3					
12	13	14	15	16	17
C	D	H	B	J	F

Tarea 4							
18	19	20	21	22	23	24	25
A	B	A	C	A	A	B	C

Control de progreso

Marca con un ✔.

¿Qué tal la prueba 1 de este examen?	Tarea 1	Tarea 2	Tarea 3	Tarea 4
⏱ Tiempo de cada tarea.				
Respuestas correctas.				
Conocer el tipo de texto me ayuda.				
Entiendo bien las instrucciones.				
No tengo problemas con el vocabulario.				
No tengo problemas con la gramática.				
Las imágenes me ayudan.				
Hay mucha información pero no es un problema.				

¿Cómo te sientes después de esta prueba?
Marca con una ✗.

- ESTOY MUY CONTENTO/A 😊😊 ☐
- ESTOY CONTENTO/A 😊 ☐
- NO ESTOY CONTENTO/A ☹ ☐

Puntos: ____

| PRUEBA 1 COMPRENSIÓN DE LECTURA | PRUEBA 2 COMPRENSIÓN AUDITIVA | PRUEBA 3 EXPRESIÓN E INTERACCIÓN ESCRITA | PRUEBA 4 EXPRESIÓN E INTERACCIÓN ORAL |

Actividades sobre el Modelo n.º 4

¡Atención! Ya sabes que estas actividades son útiles para mejorar los resultados, no son como las del examen.

Tarea 1.

a. Relaciona las palabras con significado contrario.

1. divertido
2. contenta
3. serio
4. alto
5. delgada
6. hablador
7. tímido
8. guapo
9. morena

a. callado
b. feo
c. triste
d. aburrido
e. gorda
f. rubia
g. alegre
h. bajo
i. atrevido

(1 → d)

b. Aquí tienes frases y preguntas con esas palabras. Marca si tienen el mismo significado. Sigue el ejemplo.

FRAGMENTOS DEL TEXTO	PREGUNTAS	¿Es lo mismo?
1. Conozco a un chico muy **divertido**.	Dice que es una persona **aburrida**.	No
2. **No** estoy muy **contenta** con la **nota** del examen.	Está **triste** por el **resultado** del examen.	
3. Mi nuevo profesor es **un poco serio**.	Dice que es **poco alegre**.	
4. Mi hermano es más **alto** que yo.	Es más **bajo** que su hermano.	
5. Hago más deporte porque **quiero** estar más **delgado**.	**Cree que** está un poco **gordo**.	
6. Mi novio es **un poco hablador**, la verdad.	Opina que su pareja es **muy callado**.	
7. Yo creo que el chico nuevo es bastante callado porque en realidad es **tímido**.	Habla de un chico que es muy **atrevido**.	
8. Me gusta mucho porque es muy **guapo**.	Dice que **no** es **feo, al contrario**.	
9. Mi padre es **moreno**, alto y delgado.	Dice que su **madre** es **rubia**.	

c. Ahora busca y subraya en el texto las frases de las respuestas correctas.

160

Modelo de examen n.º 4

▶ Actividades sobre el **Modelo n.º 4**

Tarea 2.

a. Los anuncios de la tarea 2 cumplen varias funciones. Completa la tabla con la siguiente información.

¿EN QUÉ ANUNCIOS?	Anuncios	¿QUÉ SE DICE?
1. …se suspende una actividad.	D	– Las clases de Matemáticas porque el profesor está enfermo.
2. …hay un cambio.		
3. …se prohíbe algo.		
4. …se anuncia un concurso o competición.		

b. En la siguiente tabla tienes las siete frases de la tarea 2. Escribe al lado de cada frase las palabras relacionadas con el vocabulario de esa frase.

FRASES	PALABRAS RELACIONADAS CON LOS ANUNCIOS
0. No se puede llamar por teléfono.	Prohibido usar el teléfono.
6. Temporalmente hay una nueva doctora.	
7. Puedes trabajar en este proyecto con tus amigos.	
8. No puedo usar el número de teléfono antiguo.	
9. No hay clase de Matemáticas.	
10. Hay que pagar más para comer.	
11. Hay que respetar el material de la biblioteca.	

Tarea 3.

a. Relaciona las fotografías con el nombre de las profesiones.

1. ☐  2. ☐  3. ☐  4. ☐  5. ☐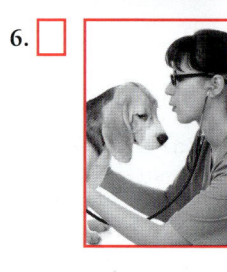

6. ☐  7. ☐  8. ☐  9. ☐  10. ☐

- **a.** Guardia de tráfico.
- **b.** Director/a de cine.
- **c.** Bombero/a.
- **d.** Actor/Actriz.
- **e.** Cocinero/a.
- **f.** Periodista.
- **g.** Médico/a.
- **h.** Profesor/a.
- **i.** Veterinario/a.
- **j.** Administrativo/a.

b. Relaciona esas profesiones con sus definiciones:

1. ☐ 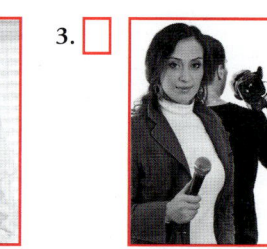 2. ☐  3. ☐  4. ☐  5. ☐

6. ☐  7. ☐  8. ☐  9. ☐  10. ☐

- **a.** Controla el tráfico y organiza a los conductores en la ciudad.
- **b.** Enseña, da clases y prepara y corrige exámenes.
- **c.** Actúa en cine o en teatro.
- **d.** Es una persona muy valiente y sabe reaccionar cuando hay fuego.
- **e.** Cocina y prepara nuevos platos con sus recetas.
- **f.** Organiza la economía de una empresa.
- **g.** Dirige películas y organiza las cámaras de vídeo.
- **h.** Hace fotografías, escribe artículos y hace entrevistas.
- **i.** Cuida y cura a los animales.
- **j.** Ayuda a las personas y cura enfermedades y problemas de salud.

▶ Actividades sobre el Modelo n.º 4

Tarea 4.

a. Aquí tienes la información del centro comercial. Hay 15 palabras diferentes. Son informaciones que están mal. Tienes que localizar esos errores.

CENTRO COMERCIAL "LA MARINA DE LA ISLA"

A. MARILUZ Ropa femenina para todos los años. Ofertas de verano. Planta 3, local 16. De 10:00 a 18:00 sin pausa.	**B. DOUGLASI** Cosmética y perfumería. Consejos a sus clientas. Descuento con marca de la tienda. Planta 2, local 1,7€. De 11:00 a 19:00 sin pausa.	**C. BASSIS** Tienda moderna y diferente de deportistas. Primeras marcas. Gimnasio en la tienda. Planta baja, local 12. De 11:00 a 22:00.
D. DON DIMAS Tienda especializada en jugos, marcas nacionales. Intercambio de juguetes. De 13:00 en 20:00. Planta 5, local 36.	**E. CLUB PEQUES** Guardería activa. Los niños juegan o ven "pelis" mientras trabajan. 8 € la hora. Planta 5, local 37. De 9:00 a 26:00 los fines de semana.	**F. TRENETTON** Ropa de moda para animales, de estilo italiano, con carácter y calidad. De 11:00 a 20:00. Planta 3, local 15.
G. SHARA Moda femenina para jóvenes de 12 a 220 años. Sorteos diarios de discos de música. De 10:00 a 10:00. Planta baja, local 36.	**H. MANGAS** Ropa para todos los estilos y todos las estilos. Refrescos en la tienda. De 10:00 a 22:00. Planta 2, lugar 12.º.	**I. BURGUESERÍA** Las hamburguesas a la parrilla saben mejor. Bolsas de papel sin límite. Descuentos para grupos. De 10:00 a 21:00. Lunes abierto. Planta 1, local 50.

b. Aquí tienes nuevas preguntas sobre la tarea 4. Lee de nuevo el texto original (página 158) y marca si son verdaderas (V) o falsas (F).

● PREGUNTAS	V	F
1. La ropa de Mariluz se puede usar muchos años.		
2. Los perfumes son más baratos con una tarjeta de cliente.		
3. Bassis es una tienda para deportistas.		
4. En Don Dimas se pueden tomar jugos.		
5. En Club Peques trabajan cuidadores de niños.		
6. La ropa de Trenetton va bien si tienes animales.		
7. Shara cierra a las diez de la mañana.		
8. El número del local de Mangas es el mismo que el de Bassis.		
9. Puedo comer una hamburguesa todos los días de la semana.		

 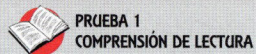 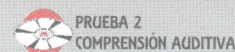 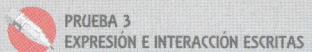 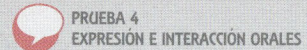

CLAVES

Tarea 1.

a. 1. d; 2. c; 3. g; 4. h; 5. e; 6. a; 7. i; 8. b; 9. f.

b. 1. No; 2. Sí; 3. Sí; 4. Sí; 5. Sí; 6. No; 7. No; 8. Sí; 9. No.

c. 1. *Mis profesores de Matemáticas, Historia y Literatura también son muy simpáticos, pero el de Inglés es muy serio*; 2. *Tengo cuatro amigos con los que estoy todo el día, todos tienen 13 años como yo, Mónica no, ella tiene 14*; 3. *Uno es Pablo, es muy alto, más alto que mi hermano. Pablo es muy delgado y muy hablador, es muy divertido*; 4. *Mónica, ella es mi mejor amiga*; 5. *Hacemos un curso de baloncesto y jugamos partidos todos los fines de semana.*

Tarea 2.

a. 1. D. Las clases de Matemáticas porque el profesor está enfermo, F. Los cursos de natación porque cierran la piscina; 2. B. Horario de la cafetería, E. El médico, del 1 al 15 de octubre, es otra doctora, I. El número de teléfono de secretaría, J. El menú de la cafetería cuesta más; 3. A. Usar el móvil en la biblioteca, G. Marcar y subrayar libros de la biblioteca; 4. C. Campeonato de baloncesto, H. Concurso de decoración navideña.

b. 1. *Prohibido usar el teléfono*; 2. *Del 1 al 15 de octubre el médico Santiago Urrutia Sanchos está de vacaciones. La sustituta es…*; 3. *Presentar los proyectos por equipo*; 4. *El despacho de secretaría tiene un nuevo número de teléfono*; 5. *Se cancelan las clases de Matemáticas*; 6. *…el menú de la cafetería es 1€ más caro*; 7. *Está prohibido marcar y subrayar los libros prestados de la biblioteca.*

Tarea 3.

a. 1. c; 2. g; 3. f; 4. a; 5. h; 6. i; 7. d; 8. e; 9. j; 10. b.

b. 1. d; 2. j; 3. h; 4. a; 5. b; 6. i; 7. c; 8. e; 9. f; 10. g.

Tarea 4.

a. A. para **todos los años**; B. Descuento con **marca** / local **1,7€**; C. diferente **de deportistas**; D. especializada en **jugos** / De 13:00 **en** 20:00; E. mientras **trabajan** / De 9:00 a **26:00**; F. para **animales**; G. de 12 a **220 años** / De 10:00 a **10:00**; H. todos los estilos y **todos las estilos** / lugar **12.º**; I. **Bolsas de papel** sin límite / Lunes **abierto**.

b. 1. F; 2. V; 3. V; 4. F; 5. V; 6. F; 7. F; 8. V; 9. F.

Prueba 2: Comprensión auditiva

• • • • • **Antes de empezar la prueba de Comprensión auditiva.**

¡Atención! Antes de hacer esta actividad, tienes que pensar qué haces normalmente para seleccionar las respuestas correctas de la prueba 2 y qué dificultades tienes. Observa la lista y anota en qué tarea se pueden hacer estas cosas. Puedes seleccionar más de una tarea. Marca con un ✔.

ESTRATEGIAS	TAREA 1	TAREA 2	TAREA 3	TAREA 4
1. Observo bien las imágenes: dónde están las personas, qué objetos tienen, qué diferencias hay entre las imágenes.				
2. Leo rápido dos o tres veces las preguntas o la información. Miro las preguntas mientras escucho.				
3. Comparo mentalmente las palabras de las preguntas y las palabras de las audiciones. Busco palabras iguales o palabras relacionadas.				
4. Diferencio entre la voz de chicos y chicas en las preguntas.				
5. Imagino que estoy en esa situación, qué puedo responder o qué puedo decir.				
6. Marco con círculos o con líneas las palabras importantes en las instrucciones y en las preguntas.				
7. Escribo palabras junto a las imágenes antes de escuchar la audición.				
8. Busco relaciones gramaticales.				
9. Intento anticipar con la información de las preguntas e imágenes lo que se va a escuchar.				
10. Leo bien las instrucciones donde se explica la situación.				

Cada candidato encuentra las respuestas correctas de una manera diferente. ¿Cuál es tu manera?

¡Ya puedes empezar esta prueba!

Prueba 2: Comprensión auditiva

La prueba de **Comprensión auditiva** tiene cuatro tareas. Debes responder a **25 preguntas**.

●●●●● La prueba dura **20 minutos**.

Debes marcar o escribir únicamente en la **Hoja de respuestas**.

Pon la pista n.° 40. No uses el botón de ⏸ PAUSA en ningún momento. Sigue todas las instrucciones que escuches.

Tarea 1

INSTRUCCIONES

Vas a escuchar cinco conversaciones. Hablan dos personas. Las conversaciones se repiten dos veces. Hay una pregunta y tres imágenes (A, B y C) para cada conversación. Tienes que seleccionar la imagen que corresponde a cada pregunta.

Debes marcar la opción elegida en la **Hoja de respuestas**.

Ahora vas a escuchar un ejemplo.

0. ¿Quién es el mejor amigo de la chica?

A

B

C

La opción correcta es la letra C.

```
     A   B   C
0.  ☐   ☐   ■
```

1. ¿Qué curso está haciendo la chica?

A

B

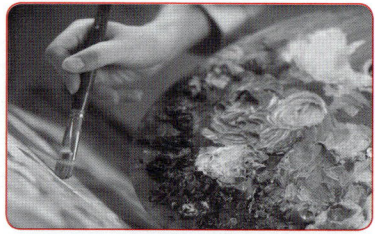
C

2. ¿Qué medio de transporte va a utilizar el chico?

A

B

C

Comprensión auditiva

3. ¿Qué tiempo va a hacer mañana?

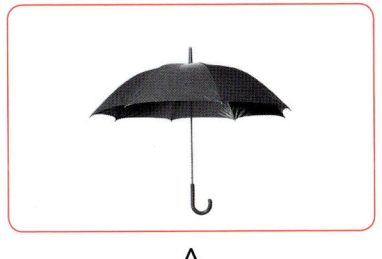
A

B

C

4. ¿Qué día de la semana no va al curso de español?

Lunes	Miércoles	Viernes
A	B	C

5. ¿Qué tiene que comprar la chica para el viaje?

A

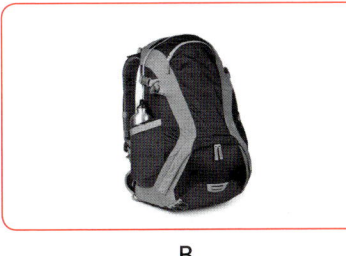
B

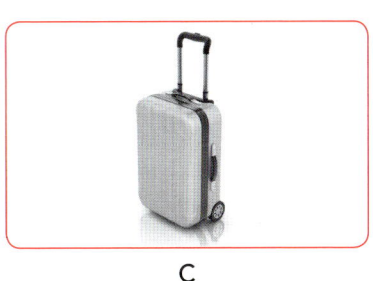
C

Tarea 2

INSTRUCCIONES

Vas a escuchar cinco mensajes. Cada mensaje se repite dos veces. Debes relacionar las imágenes (de la A a la I) con los mensajes (del 6 al 10). Hay nueve imágenes, incluido el ejemplo. Tienes que seleccionar cinco.

Debes marcar la opción elegida en la **Hoja de respuestas**.

Ahora vas a escuchar un ejemplo. Atención a las imágenes.

Ejemplo: Mensaje 0. Se recuerda a los señores pasajeros que es obligatorio comprar el billete antes de subir al tren.

La opción correcta es la letra A.

```
    A   B   C   D   E   F   G   H   I
0.  ■   □   □   □   □   □   □   □   □
```

	MENSAJES	IMÁGENES
0.	Mensaje 0	A
6.	Mensaje 1	
7.	Mensaje 2	
8.	Mensaje 3	
9.	Mensaje 4	
10.	Mensaje 5	

Continúa ➔

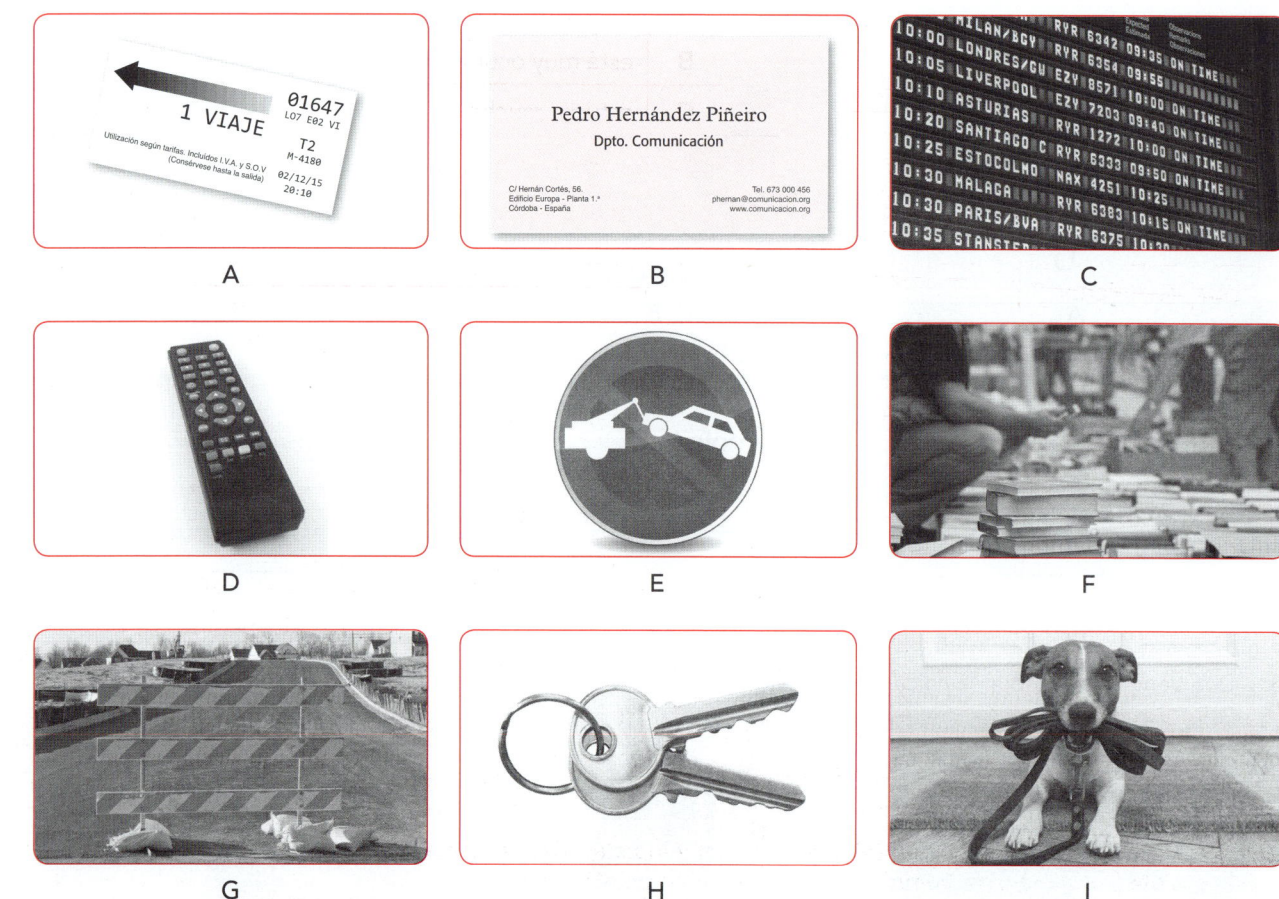

Tarea 3

INSTRUCCIONES

Vas a escuchar a un chico, Diego, que habla de sus compañeros de teatro. La información se repite dos veces.

A la izquierda, están los nombres de sus compañeros. A la derecha, la información sobre ellos. Debes relacionar los números (del 11 al 18) con las letras (de la A a la L).

Hay 12 letras, incluido el ejemplo. Tienes que seleccionar 8.

Debes marcar la opción elegida en la **Hoja de respuestas**.

Ahora vas a escuchar un ejemplo.

Ejemplo: Frase 0. Mis compañeros del grupo de teatro son todos muy diferentes. Manuel es nuestro director. Nos ayuda a entender y a amar el teatro.

La opción correcta es la letra **D**.

	A	B	C	D	E	F	G	H	I	J	K	L
0.	☐	☐	☐	■	☐	☐	☐	☐	☐	☐	☐	☐

Comprensión auditiva

0.	Manuel	D
11.	Ricardo	
12.	Mario	
13.	Elena	
14.	A Alejandro	
15.	Penélope	
16.	Mercedes	
17.	A Juan	
18.	Salvador	

A	es nuevo.
B	está muy ocupada.
C	estudia mucho.
D	dirige al grupo con pasión.
E	sabe bailar.
F	es mal actor.
G	no le gusta ir a teatro.
H	es actor profesional.
I	le gusta hacernos reír.
J	toca el piano y canta.
K	tiene mucha experiencia.
L	quiere conocer a nuevas personas.

Tarea 4

INSTRUCCIONES

Vas a escuchar a un chico, Esteban, que habla con su amiga Silvia sobre el nuevo mercado de su barrio. Vas a escuchar la conversación dos veces.

Tienes siete frases (de la 19 a la 25) que no están completas. Debes leer las frases y seleccionar una opción del cuadro (de la A a la I) para completar las frases, como en el ejemplo.

Debes marcar la opción elegida en la **Hoja de respuestas**.

Ejemplo: La opción correcta para completar la frase 0 es la letra **D**.

```
     A   B   C   D   E   F   G   H   I
0.   □   □   □   ■   □   □   □   □   □
```

●●●●● 🕐 Ahora tienes **30 segundos** para leer las frases.

0.	El mercado "amigo" está .	D
19.	Es un mercado	
20.	Los productores venden	
21.	Venden carne, pescado, ... y verdura.	
22.	Los productos son más	
23.	No está ...., en la Plaza del Agua.	
24.	Deciden ir juntos el sábado	
25.	Este mercado abre	

A	nuevo
B	fruta
C	de lunes a domingo
D	bastante cerca
E	por la tarde
F	sus propios productos
G	baratos y naturales
H	el sábado
I	lejos

CLAVES

• • • • • 🕐 **Antes de empezar la prueba de Comprensión auditiva.**

Solución. Tarea 1: 1, 2, 4, 7; **Tarea 2:** 1, 4, 7; **Tarea 3:** 2, 3, 4, 8; **Tarea 4:** 2, 3, 5, 8; **Todas las tareas:** 6, 9, 10.

Tarea 1					Tarea 2				
1	2	3	4	5	6	7	8	9	10
B	C	A	B	B	I	F	E	H	C

Tarea 3								Tarea 4						
11	12	13	14	15	16	17	18	19	20	21	22	23	24	25
L	F	B	G	E	C	I	A	A	F	B	G	I	E	H

Control de progreso

Marca con un ✔.

¿Qué tal la prueba 2 de este examen?	Tarea 1	Tarea 2	Tarea 3	Tarea 4
Respuestas correctas.				
Puedo anticipar lo que voy a escuchar.				
Me concentro en la diferencia entre las imágenes.				
Comprendo palabras nuevas por el contexto.				
Conocer mensajes en mi idioma me ayuda.				
Hacer hipótesis me facilita la tarea.				

¿Cómo te sientes después de esta prueba? Marca con una ✗.

- ESTOY MUY CONTENTO/A 😊😊
- ESTOY CONTENTO/A 😊
- NO ESTOY CONTENTO/A ☹

Puntos: _____

¡Ánimo, adelante!

Actividades sobre el Modelo n.º 4

> ¡Atención! Ya sabes que estas actividades sirven para preparar todas las tareas, no son tareas de la prueba.

Tarea 1.

> ¡Atención! A veces entiendes solo una parte de la conversación, pero tienes que seleccionar la opción correcta. En estas actividades vamos a trabajar con esa situación.

a. Vas a escuchar cinco conversaciones, pero parte de la conversación no se oye. Las conversaciones se repiten dos veces. Mira las fotos y elimina las imágenes que no responden a la pregunta. Observa el ejemplo.

Pon la pista n.º 41. No uses el botón de ⏸ PAUSA. Sigue todas las instrucciones que escuches.

0. ¿Qué tiene que comprar el chico esta tarde?

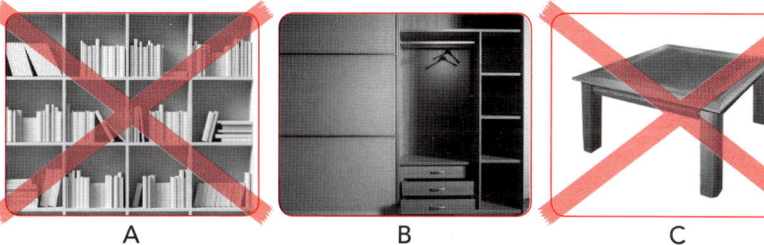

1. ¿Qué le van a regalar a Paqui?

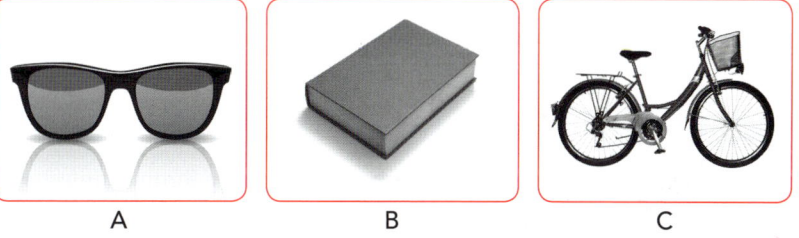

2. ¿Cuántos van a ir a la fiesta?

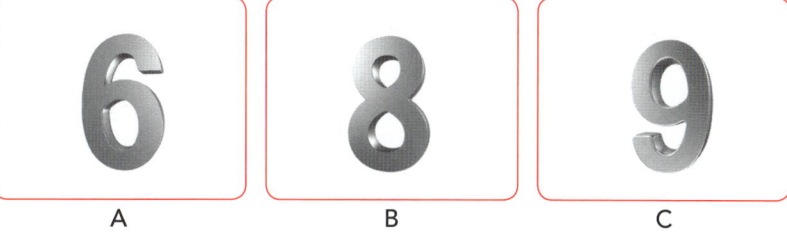

3. ¿A qué hora cierra la escuela?

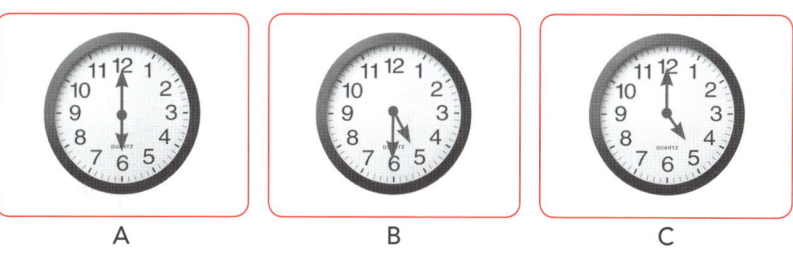

Continúa →

 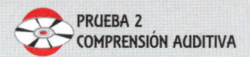  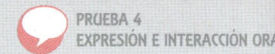

4. ¿Qué va a escuchar el chico?

A B C

5. ¿Qué objeto no encuentra el chico?

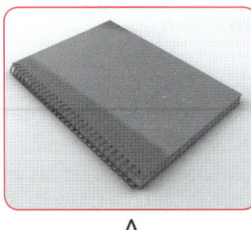 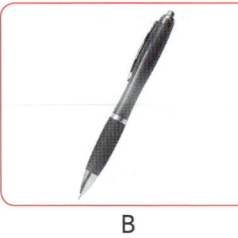 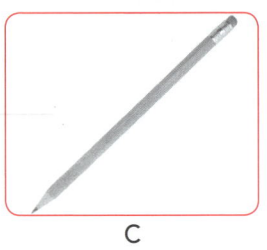

A B C

b. Observa las imágenes eliminadas del ejercicio anterior y escribe la respuesta correcta a las preguntas.

c. Como ves, a veces puede pasar que no entiendes la información que responde a la pregunta pero entiendes otra información que es útil. ¿Qué haces tú en esos casos? Escribe aquí tu comentario, en español o en tu idioma.

....
....

MUY IMPORTANTE
En una situación formal hablamos de **usted** y en una situación informal hablamos de **tú**.

Tarea 2.

Consejo. A veces entender si la situación es **formal** o **informal** te puede ayudar a seleccionar la imagen adecuada.

a. Observa bien las imágenes y escribe si la situación es formal o informal. Usa tu imaginación.

• • • • • Tienes **30 segundos**. Pon el reloj.

 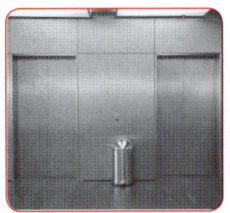   

A. .... B. .... C. .... D. .... E. ....

F. .... G. .... H. .... I. ....

▶ Actividades sobre el **Modelo n.º 4**

b. Escucha los siguientes mensajes. Marca si son formales e informales. Explica luego por qué (en español o en tu idioma). Sigue el ejemplo.

🔘 **42** **Pon la pista n.° 42**. Usa el botón de ⏸ PAUSA para escribir.

	Formal	Informal	¿Por qué? Escribe aquí tu comentario, en español o en tu idioma.		Formal	Informal	¿Por qué? Escribe aquí tu comentario, en español o en tu idioma.
0.		X	Conoce el nombre de la persona, habla de un niño y de un viaje que tienen que hacer.	5.			
1.				6.			
2.				7.			
3.				8.			
4.							

Relaciona ahora los mensajes con las imágenes de la actividad **a.**

c. Tienes que escuchar la audición y copiar las frases como en un dictado.

🔘 **42** **Pon otra vez la pista n.° 42**. Puedes usar el botón de ⏸ PAUSA si lo necesitas.

Tarea 3.

a. Observa la tabla de la tarea 3 de este modelo de examen.

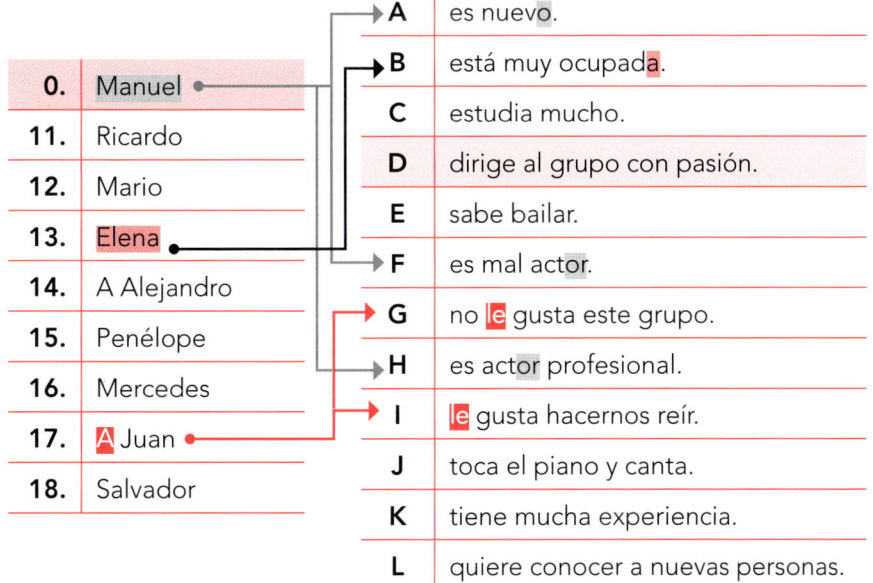

0.	Manuel	→	A	es nuevo.
11.	Ricardo	→	B	está muy ocupada.
12.	Mario		C	estudia mucho.
13.	Elena	→	D	dirige al grupo con pasión.
14.	A Alejandro		E	sabe bailar.
15.	Penélope	→	F	es mal actor.
16.	Mercedes		G	no le gusta este grupo.
17.	A Juan	→	H	es actor profesional.
18.	Salvador		I	le gusta hacernos reír.
			J	toca el piano y canta.
			K	tiene mucha experiencia.
			L	quiere conocer a nuevas personas.

Continúa ➡

| PRUEBA 1 COMPRENSIÓN DE LECTURA | PRUEBA 2 COMPRENSIÓN AUDITIVA | PRUEBA 3 EXPRESIÓN E INTERACCIÓN ESCRITA | PRUEBA 4 EXPRESIÓN E INTERACCIÓN ORAL |

Puedes hacer estas combinaciones gramaticalmente correctas:

	Manuel	es nuevo.
		es mal actor.
		es actor profesional.

| | A Juan | le gusta hacernos reír. |
| | | no le gusta este grupo. |

¿Te puede ayudar esto a hacer la tarea? Anota aquí tu comentario, en español o en tu idioma.
....
....

b. A continuación tienes otra tabla. Haz todas las combinaciones posibles de frases gramaticalmente correctas.

● ● ● ● ● 🕐 Tienes **1 minuto** para hacerlo. Pon el reloj.

0.	Marisa	D	A	es una mala persona.
11.	A Pedro		B	cambia de coche todos los años.
12.	Juan		C	le gusta estar siempre con gente.
13.	Luisa		D	vive ahí desde hace mucho tiempo.
14.	Julián		E	tiene una mujer y cuatro hijos.
15.	Dani		F	le gustan las motos.
16.	Salvador		G	ya no vive con su mujer.
17.	A Angelines		H	es un gran cocinero.
18.	David		I	es músico.
			J	come mucho.
			K	le gustan los animales.
			L	no soporta ver la casa sucia.

🔊 **Pon la pista n.° 43**. Sigue todas las instrucciones. No uses el botón de ⏸ PAUSA.
43

¿Es útil preparar así la tarea? Anota aquí tu comentario, en español o en tu idioma.
....
....

Haz todas las combinaciones posibles en las tablas de la tarea 3 de los modelos de examen 1, 2 y 3.

c. 🔊 **Pon otra vez la pista n.° 43** y copia las frases como en un dictado. Puedes usar el botón de ⏸ PAUSA si lo necesitas.
43

▶ Actividades sobre el Modelo n.º 4

Tarea 4.

a. Observa la tabla de la tarea 4 de este modelo de examen.

0.	El mercado "amigo" está ....
19.	Es un mercado ....
20.	Los productores venden ....
21.	Venden carne, pescado, ... y verdura.
22.	Los productos son más ....
23.	No está ...., en la Plaza del Agua.
24.	Deciden ir juntos el sábado ....
25.	Este mercado abre ....

A	nuevo
B	fruta
C	de lunes a domingo
D	bastante cerca
E	por la tarde
F	sus propios productos
G	baratos y naturales
H	el sábado
I	lejos

A continuación tienes otra tabla. Tienes que hacer todas las combinaciones posibles gramaticalmente correctas.

0.	Claudia está muy .... con su viaje.
19.	En clase de Claudia son .... alumnos.
20.	La .... de Tenerife es muy agradable.
21.	Tenerife tiene playa y ....
22.	.... estudiantes no van a Tenerife.
23.	Va a estar en Tenerife .... días.
24.	Exactamente .... allí dos semanas.
25.	Claudia va a escribirle a Julia un ....

A	correo electrónico
B	va a estar
C	gente
D	escuela
E	muchos
F	tres
G	pocos
H	contenta
I	montaña

 Pon otra vez la pista n.° 44. Ahora haz la tarea. No uses el botón de ⏸ PAUSA en ningún momento.

¿Es útil preparar así la tarea? Anota aquí tu comentario, en español o en tu idioma.

....
....

b. Tienes que escuchar la misma conversación y al mismo tiempo leer la transcripción. Hay diferencias. Tienes que marcar esas diferencias en la transcripción.

Pon la pista n.° 44. No uses el botón de ⏸ PAUSA en ningún momento.

Continúa ➡

 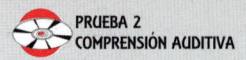 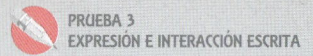

● TRANSCRIPCIÓN	● CORRECCIÓN
▶ Hola, Claudia. ¿Qué tal?	
▶ Muy mal, Julia. Estoy muy preocupada. La semana que viene voy a España a hacer un curso de español.	
▶ ¿Y eso?	
▶ Porque no me gusta y no quiero practicar más. En clase hablamos, pero somos pocos.	
▶ ¿Y a dónde vas?	
▶ Voy a Madrid porque sé que la gente es muy amable y sincera y dicen que es muy bonita.	
▶ Ah, ¿sí?	
▶ Sí, tiene playa y campo.	
▶ ¿Y vas sola?	
▶ No, voy con varios amigos de la escuela pero cinco vamos a Madrid y seis a Toledo.	
▶ ¿Cuánto tiempo vas a estar allí?	
▶ Muchos días. Voy a estar allí exactamente dos meses.	
▶ Bueno, ¡qué bien! Pues, estamos en contacto.	
▶ Claro que sí. Te escribo un correo electrónico,	

Vuelve a escuchar el diálogo y escribe las frases correctas. Usa el botón de ⏸ PAUSA si lo necesitas.

c. El tema de la conversación de la actividad anterior es "El próximo viaje de Claudia" y en la conversación se dan informaciones como estas: ¿dónde va?, ¿por qué?, ¿con quién?, ¿cómo es la gente?, ¿cómo es el lugar? Además, el tema tiene un tipo de palabras concreto, por ejemplo:

| Ir a / ir en | Tren bus, coche... | Hotel, pensión... | Playa, montaña... | El 1 de julio | 2 días / 3 semanas |

Ahora, 🔊 **escucha** la tarea 4 de los modelos 1, 2 y 3 y escribe palabras relacionadas con los temas de esos modelos.

● ● ● ● ● 🕐 Tienes **15 segundos** para hacerlo. Pon el reloj.

▶ Actividades sobre el **Modelo n.º 4**

○ MODELO 1	○ MODELO 2	○ MODELO 3
Pista n.º 11	**Pista n.º 22**	**Pista n.º 35**
La casa de David.	Una semana en la vida normal de Álex.	El cumpleaños de Daniel.

Escucha las audiciones de este modelo y compara las palabras del cuadro y las de los diálogos.

¿Imaginar las palabras que puedes escuchar te ayuda a hacer esta tarea? Escribe aquí tu comentario, en español o en tu idioma.

CLAVES

Tarea 1.

a. Las fotos eliminadas son: **0.** A y C; **1.** B y C; **2.** A y B; **3.** B y C; **4.** A y C; **5.** B y C.

b. **0.** B; **1.** A; **2.** C; **3.** A; **4.** B; **5.** A

c. ❗ **¡Atención!** Esta es una de las principales dificultades de la prueba: no entender todo y tener que seleccionar la respuesta. Puedes hacer varias cosas:
  – las palabras que sí entiendes pueden ser las opciones que no tienes que elegir;
  – hay otras palabras importantes. Por ejemplo, en la conversación 0 hay dos imágenes de palabras femeninas ("librería" y "mesa") y una de palabra masculina ("armario"), y en el diálogo se oye: "El que tengo está roto". Solo puede hablar del "armario", que es masculino;

Tarea 2.

a. **Formal:** fotos A, B, C, G; **Informal:** fotos D, E, F, H, I.

b. **1.** Formal: *se recuerda/adulto*; **2.** Informal: *Juan/cine/te esperamos*; **3.** Informal: *Clara/juguetes/invitados*; **4.** Formal: *se recuerda/es importante/no tirar papeles*; **5.** Formal: *es obligatorio/cinturón*; **6.** Informal: *Lucía/mañana te lo da*; **7.** Formal: *el espectáculo va a comenzar*; **8.** Formal: *está usted*.

Relación entre imágenes y mensajes: 0. E; **1.** D; **2.** F; **3.** I; **4.** C; **5.** G; **6.** H; **7.** A; **8.** B.

c. **Mensaje 0.** *Miriam, prepara al niño que salimos de viaje a las 8*; **Mensaje 1.** *Se recuerda que para poder entrar en la zona de juegos es necesario estar acompañado por un adulto*; **Mensaje 2.** *Juan, ¿vienes con nosotros al cine? Venga, te esperamos*; **Mensaje 3.** *Clara, por favor, recoge los juguetes que hoy vienen invitados*; **Mensaje 4.** *Se recuerda que es importante tener el parque limpio. No tirar papeles ni comida. Gracias*; **Mensaje 5.** *Es obligatorio ponerse el cinturón de seguridad*; **Mensaje 6.** *Lucía, tu libro lo tiene María. Lo necesita, pero mañana te lo lleva a clase*; **Mensaje 7.** *El espectáculo de música va a comenzar*; **Mensaje 8.** *Está usted en el segundo piso.*

Tarea 3.

a. **Comentario.** Hacer estas combinaciones puede ayudar, y mucho, a anticipar lo que se va a escuchar y a buscar más rápido y con más seguridad las opciones correctas. Además, ayuda a concentrarse en la tarea.

b. **Combinaciones gramaticalmente correctas:**

0 y 13: A, B, D, J, L; **11 y 17**: C, F, K; **12, 14, 15, 16, 18**: A, B, D, E, G, H, I, J, L.

Como puedes observar en la columna de la izquierda hay nombres masculinos y femeninos. Esto es muy importante porque en la columna de la derecha hay información que puede ser correcta solo si se habla de un chico o de una chica. Por ejemplo, la información "es nuev**o**" solo se puede referir a un chico, en cambio, la información "está muy ocupad**a**" solo se puede referir a una chica.

Además, a veces se habla de los gustos: "no le gusta este grupo", "le gusta hacernos reír". Este tipo de estructuras requieren la "a" delante del nombre y por eso solo podrían ser o Alejandro o Juan porque llevan la "a" delante de su nombre: "A Alejandro **no le gusta** este grupo"; "A Juan **le gusta** hacernos reír".

Respuesta a la actividad: **11.** K; **12.** G; **13.** A; **14.** B; **15.** I; **16.** H; **17.** C; **18.** L.

Comentario. En esta tarea aparecen ideas equivalentes. Por ejemplo, hay adjetivos que describen ideas:

Ricardo no habla mucho con la gente / es tímido.
Penélope sabe bailar / es bailarina.
Mario no sabe actuar / es muy mal actor.
Nos reímos mucho con él / es muy divertido.

c. Hola, me llamo Marisa y os voy a hablar de mis vecinos. Vivo en este edificio desde hace muchos años; Mi vecino Pedro vive en el primer piso, saca todos los días al perro; Juan vive con Pedro porque está divorciado; Luisa vive en el segundo piso y habla mal de todos; Julián es el marido de Luisa y cada año compra un coche nuevo; Dani es el hijo de Julián y de Luisa y toca siempre la guitarra; Salvador es mi vecino del tercero, cocina muy bien; Angelines es la novia de Salvador e invita a sus amigas a tomar té casi todos los días; David es el vecino del cuarto. Siempre limpia su casa, por la mañana, por la tarde y por la noche.

Tarea 4.

a. **Combinaciones gramaticalmente correctas: 0.** H; **19.** E, F, G; **20.** C, D; **21.** I, C, D; **22.** E, F, G; **23.** E, F, G; **24.** B; **25.** A.

Respuesta a la actividad: **0.** H; **19.** E; **20.** C; **21.** I; **22.** F; **23.** G; **24.** B; **25.** A.

Comentario. Como en la tarea anterior, hacer esta actividad antes de empezar a escuchar el diálogo puede ayudar, y mucho, a anticipar lo que se dice en el diálogo y a hacer la actividad al mismo tiempo que se escucha la audición: una de las dificultades más importantes de las tareas 3 y 4, leer y escuchar al mismo tiempo.

b. Muy **bien** Julia; Estoy muy **contenta**; Porque **me gusta** y **quiero**; somos **muchos**; Voy a **Tenerife**; la gente es muy amable y **abierta**; Sí, tiene playa y **montaña**; pero **cuatro** vamos a Tenerife y **tres** a Toledo; Voy a estar allí exactamente dos **semanas**.

c. Esta respuesta es una propuesta. **Modelo 1:** *salón, cocina, habitaciones, baño, cerca/lejos, bien comunicado, vivir/estar cerca/lejos*; **Modelo 2:** *la escuela, las actividades extraescolares, los fines de semana, me acuesto más o menos a las diez, me levanto temprano, salgo de clase a las tres, los martes y los jueves, los lunes, los sábados, ir a clases de piano/inglés/jugar al fútbol/ir al gimnasio*; **Modelo 3:** *dónde se celebra, quiénes van, el regalo, la música, la tarta, cumpleaños, la fiesta, fiesta sorpresa.*

Prueba 3: Expresión e Interacción escritas

• • • • • **Antes de empezar la prueba de** Expresión e Interacción escritas.

Croni tiene algunas ideas para hacer mejor esta prueba. ¿Son buenas ideas?

1. Leer el título.
   Tarea ....1....

2. Pensar un poco antes de empezar a escribir.
   Tarea ......

3. Recordar los elementos del tipo de texto.
   Tarea ......

4. Leer despacio las preguntas y las opciones.
   Tarea ......

5. Pensar en tu vida diaria para responder.
   Tarea ......

6. Leer y entender bien la situación.
   Tarea ......

7. Escribir una frase para cada verbo.
   Tarea ......

8. Contar el número de palabras.
   Tarea ......

¿Para qué tarea es **especialmente buena** cada idea? Tienes que escribir el número de la tarea, como en el ejemplo. Algunas ideas son buenas para las dos tareas.

¿Tienes más ideas para hacer mejor esta prueba? Anota aquí esas ideas, en español o en tu idioma.

1. ....
2. ....
3. ....
4. ....

Si preparas el examen con otros compañeros, compara con ellos tus ideas y las suyas.

Comentario. Cada candidato hace el examen de una manera diferente. Es importante saber cuál es tu forma personal de escribir los textos de la prueba 3, qué ideas son útiles y qué técnicas no son útiles en tu caso. Algunas ideas pueden ser nuevas para ti, y puede ser útil probar esas ideas nuevas. Con El Cronómetro. Examen A1 para escolares, puedes probar nuevas formas de hacer las tareas, solo o con tu profesor y tus compañeros.

¡Ya puedes empezar esta prueba!

Prueba 3: Expresión e Interacción escritas

Consejo: Observa el título y los tipos de preguntas antes de empezar.

¡Atención! Este modelo de examen es un poco más difícil de lo normal.

La prueba de **Expresión e Interacción escritas** tiene 2 tareas.

• • • • • 🕒 La prueba dura **25 minutos**.

Pon el reloj al principio de cada tarea.

Tarea 1

INSTRUCCIONES

Un grupo de profesores de tu instituto quiere ayudar a los estudiantes a estudiar y necesita información. Debes completar este formulario para ayudar a los profesores en su proyecto.

Escribe la respuesta únicamente dentro del cuadro.

---

http://www.colegio.es

TÉCNICAS DE ESTUDIO

Curso: _____   Grupo: _____

Sexo: ☐ Masculino   ☐ Femenino   Edad: _____

Número de hermanos:
☐ Ninguno
☐ Uno
☐ Entre dos y cuatro

Distancia de la escuela a casa:
☐ Muy cerca (menos de 10 minutos)
☐ No muy cerca (de 10 a 30 minutos)
☐ Lejos (más de 30 minutos)
☐ Muy lejos (casi una hora)

¿Qué notas tienes normalmente?
☐ Buenas   ☐ Ni buenas ni malas   ☐ Malas

¿Estudias siempre en el mismo lugar? ¿Por qué? (De 8 a 10 palabras)
☐ Sí ....
☐ No ....

¿Estudias regularmente todos los días? ¿Por qué? (De 8 a 10 palabras)
☐ Sí ....
☐ No ....

¿Preparas los exámenes el día antes del examen? ¿Por qué? (De 8 a 10 palabra)
☐ Sí ....
☐ No ....

ENVIAR

• • • • • 🕒 Mi tiempo para esta tarea: _____ min.

Expresión e Interacción escritas

Tarea 2

● ● ● ● ● Pon otra vez el reloj.

INSTRUCCIONES

En el instituto hay un profesor nuevo. Escribe un correo electrónico a un amigo o amiga. En él debes:
- saludar;
- decir cómo es;
- explicar qué asignatura da;
- escribir si te gusta o no;
- despedirte.

Número de palabras: entre 30 y 40.

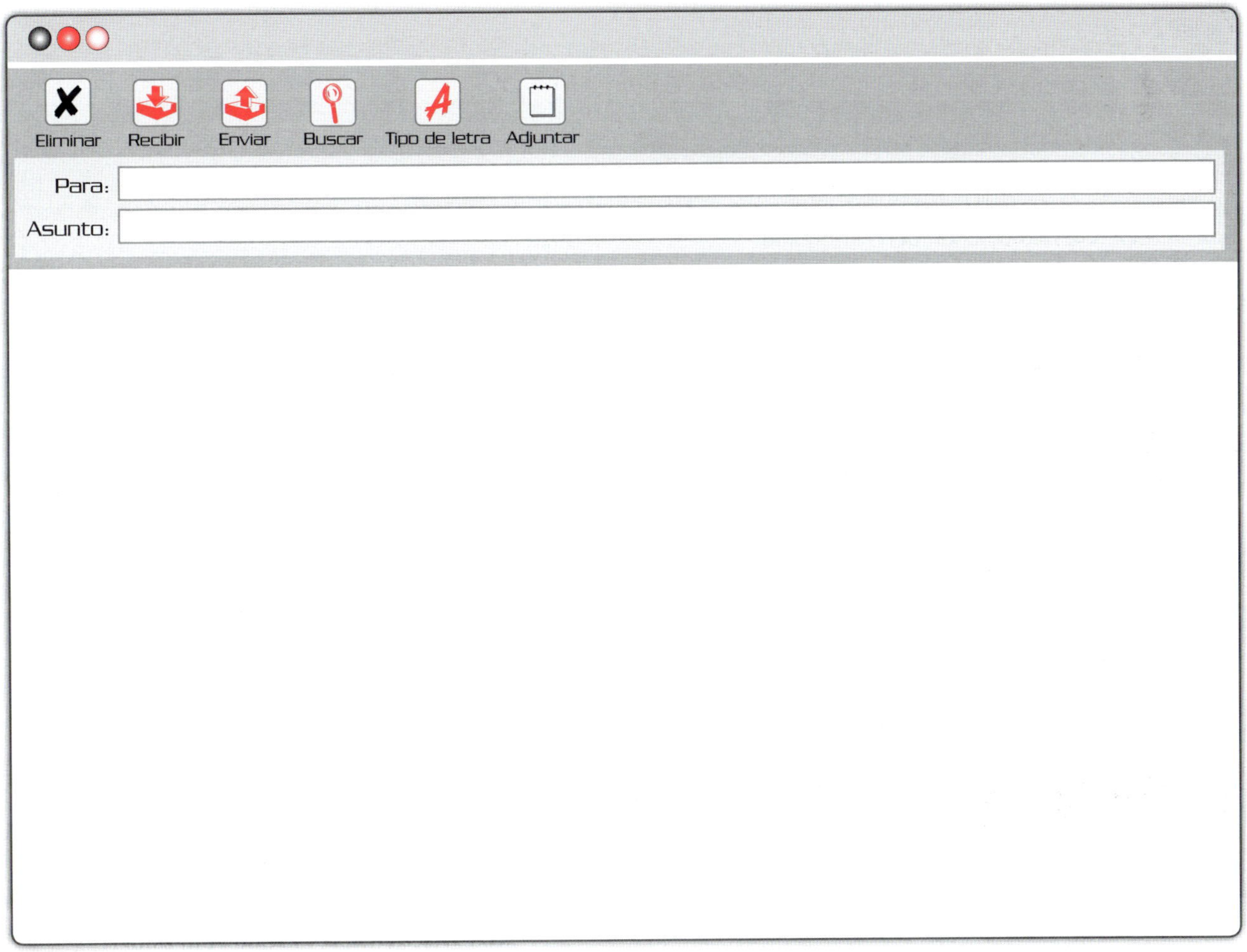

N.º de palabras: _____.

● ● ● ● ● Mi tiempo para esta tarea: _____ min.

CLAVES

● ● ● ● ● Antes de empezar la prueba de **Expresión e Interacción escritas**.

Tarea 1: 1, 2, 3, 4, 5, 8; **Tarea 2:** 2, 3, 5, 6, 7, 8.

 ¡Atención! Recuerda que las siguientes soluciones son solo dos propuestas.

Tarea 1.

TÉCNICAS DE ESTUDIO

Curso: 2.º de ESO   Grupo: D
Sexo: Femenino.   Edad: 12 años.
Número de hermanos: Uno.
Distancia de la escuela a casa: No muy cerca (de 10 a 30 minutos).
¿Qué notas tienes normalmente? Ni buenas ni malas.

¿Estudias siempre en el mismo lugar? ¿Por qué? (De 8 a 10 palabras)
No. A veces en casa de una amiga: mi hermano pequeño hace mucho ruido y siempre quiere jugar.

¿Estudias regularmente todos los días? ¿Por qué? (De 8 a 10 palabras)
No. A veces voy a la piscina o tengo que hacer la compra con mi madre.

¿Preparas los exámenes el día antes del examen? ¿Por qué? (De 8 a 10 palabras) Sí. Me va mejor, tengo mejores notas, el estrés me ayuda.

Tarea 2.

Para: raul.sanchez@yahoo.es
Asunto: Mi nuevo profesor

Hola, Raúl:
Ya sabes que el profe de Historia es nuevo, ¿no? No lo conoces: es bastante alto, muy guapo. A las chicas les encanta, pero a mí no: es un poco arrogante.
Escríbeme pronto, ¿ok? Beso.
Marina

N.º de palabras: 38.

Control de progreso

Lee otra vez despacio tus textos. Marca con un ✔.

¿Qué tal la prueba 3 de este examen?	Tarea 1	Tarea 2
¿Cuánto tiempo necesitas en cada tarea?		
Entiendo bien las instrucciones.		
Entiendo todas las preguntas.		
Conozco los dos tipos de texto.		
No escribo demasiadas palabras.		
Tengo pocos errores de gramática o de vocabulario.		

¿Cómo te sientes después de esta prueba? Marca con una ✗.

ESTOY MUY CONTENTO/A 😊😊
ESTOY CONTENTO/A 😊
NO ESTOY CONTENTO/A ☹

 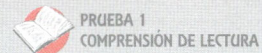 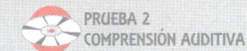 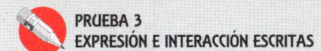 

Actividades sobre el Modelo n.º 4

¡Atención! En el examen es importante corregir los errores, por eso, en estas actividades vas a practicar y corregir errores.

Tarea 1.

a. Tienes que corregir los errores de datos personales en este cuestionario.

TEXTO CON ERRORES

TUS DATOS PERSONALES

1. Apellidos:
   Antonia

2. Nombre:
   Márquez García

3. Dirección:
   Instituto "López Heredia" de Valencia

4. Teléfono fijo:
   96 795 768 906

5. Teléfono móvil:
   5.º B

6. Centro educativo:
   Avenida 2 de julio, Valencia

7. Curso:
   3.º de ESO

8. Grupo:
   Muy bueno

9. Fecha de nacimiento:
   Hoy es 3 de enero

10. Edad:
    12 años

11. Sexo:
    Chica

12. Número de hermanos:
    No hay

13. Distancia de casa a la escuela:
    No es una escuela, es un instituto.

14. Nombre del padre:
    No hay

15. Nombre de la madre:
    García

b. Ahora tienes que corregir los errores de gramática y vocabulario en estas respuestas. Los errores están marcados. Escribe la corrección debajo de cada frase.

TEMAS DEL CUESTIONARIO		PREGUNTAS	RESPUESTAS
A. Intercambio escolar		1. ¿Cómo eres tú (características físicas y personalidad)?	Soy pelo rubio, soy chica alto, no gordo, poco tímido.
		2. ¿Qué te gusta hacer en el tiempo libre?	Mucho gusto nadar en piscine de barrio.
B. Actividades físicas		3. ¿Con quién realizas tus actividades deportivas? ¿Por qué?	Con amigos y hermanos por eso está muy aburrido.
		4. ¿Dónde realizas esas actividades?	A instituto y a el parque de mio barrio.

Continúa →

El Cronómetro ■ Manual de preparación del DELE. Examen A1 para escolares

 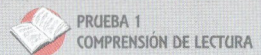 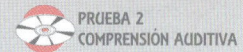 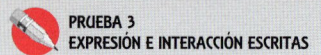 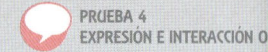

C. **Técnicas de estudio** 	5. ¿Estudias siempre en el mismo lugar?	No, veces a casa, veces a biblioteca de instituto.
	6. ¿Preparas los exámenes el día antes del examen?	No, me gusta yo estudio todos días.
D. **Videoclub "El barrio"** 	7. ¿Qué tipo de películas te gusta? ¿Por qué? ✔ De ciencia ficción	Gusta filmos de ciencia fición por están interesantos y yo aprender cosas.
	8. ¿Con quién ves películas? ¿Por qué? ✔ Con mis hermanos	Mi hermano gusta tam filmas ciencia ación.
E. **Costumbres ecológicas** 	9. ¿Recicláis la basura en casa?	Sí, especial plastik, papier y bottle.
	10. ¿Es importante ahorrar agua?	¡Claro! Está mucho importante por planet.

C. Aquí tienes un nuevo cuestionario. Puedes completarlo. Pon el reloj.

Costumbres ecológicas

Fecha: _____   Nombre de la escuela: _____

Nombre del participante:
_____

¿Cómo vas al colegio o al instituto?
☐ En transporte público   ☐ En transporte privado   ☐ A pie o en bicicleta

¿Cuántas horas diarias pasas frente al televisor?
☐ Nunca veo la televisión   ☐ Entre 1 y 3 horas   ☐ Más de 3 horas

¿Recicláis la basura en casa?   ¿Por qué? (De 8 a 10 palabras)
☐ Sí, separamos papel, plástico y vidrio.
☐ Solo a veces.
☐ En casa echamos todo a la misma bolsa.

¿Dejas el grifo abierto mientras te cepillas los dientes?   ¿Es importante ahorrar agua? ¿Por qué? (De 10 a 15 palabras)
☐ Sí   ☐ No

Firma: _____

¡CUIDADO CON TUS ERRORES!

 Mi tiempo para esta tarea: _____ min.

▶ Actividades sobre el Modelo n.º 4

Tarea 2.

a. Tienes que corregir los **errores de vocabulario** de estos mensajes. Los errores están marcados.

Mensaje A

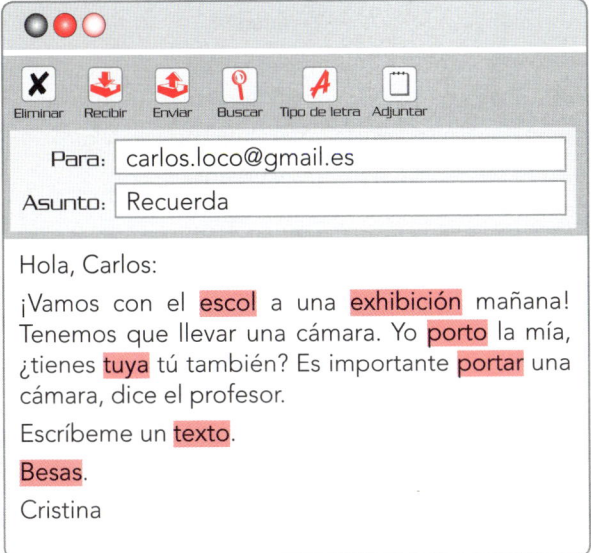

Para: carlos.loco@gmail.es
Asunto: Recuerda

Hola, Carlos:

¡Vamos con el escol a una exhibición mañana! Tenemos que llevar una cámara. Yo porto la mía, ¿tienes tuya tú también? Es importante portar una cámara, dice el profesor.

Escríbeme un texto.

Besas.

Cristina

36 palabras

Mensaje B

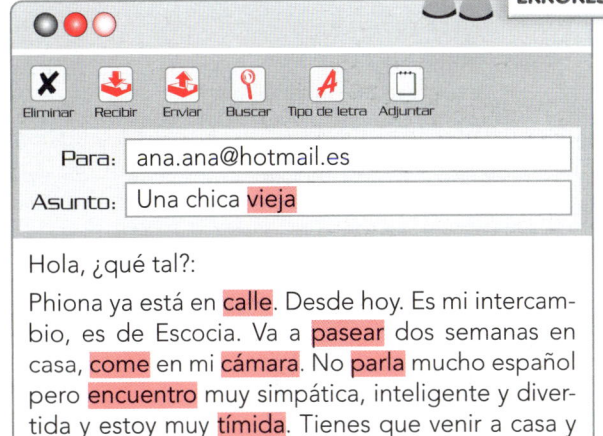

Para: ana.ana@hotmail.es
Asunto: Una chica vieja

Hola, ¿qué tal?:

Phiona ya está en calle. Desde hoy. Es mi intercambio, es de Escocia. Va a pasear dos semanas en casa, come en mi cámara. No parla mucho español pero encuentro muy simpática, inteligente y divertida y estoy muy tímida. Tienes que venir a casa y conocerla.

Ven pronto a verla. Vasos.

Mónica

56 palabras

b. En estos dos mensajes tienes que corregir los **errores de gramática**.

Mensaje C

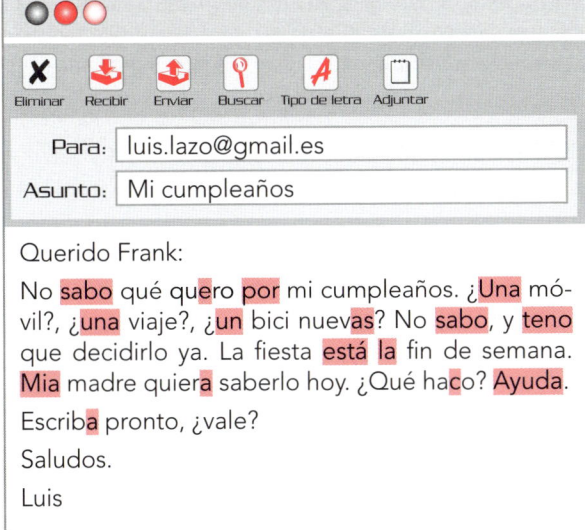

Para: luis.lazo@gmail.es
Asunto: Mi cumpleaños

Querido Frank:

No sabo qué quero por mi cumpleaños. ¿Una móvil?, ¿una viaje?, ¿un bici nuevas? No sabo, y teno que decidirlo ya. La fiesta está la fin de semana. Mia madre quiera saberlo hoy. ¿Qué haco? Ayuda.

Escriba pronto, ¿vale?

Saludos.

Luis

43 palabras

Mensaje D

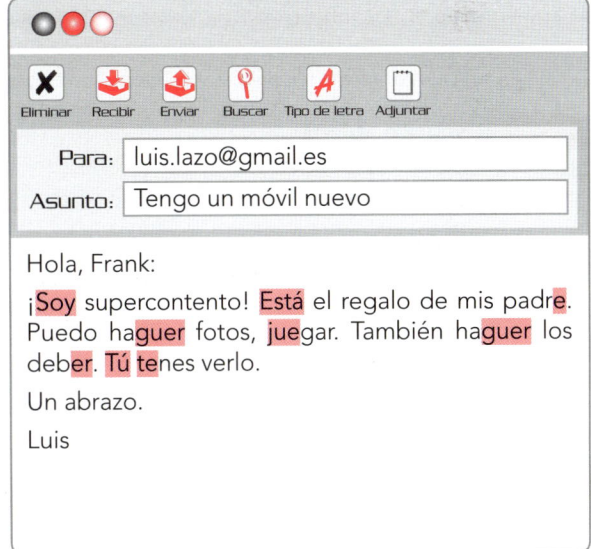

Para: luis.lazo@gmail.es
Asunto: Tengo un móvil nuevo

Hola, Frank:

¡Soy supercontento! Está el regalo de mis padre. Puedo haguer fotos, juegar. También haguer los deber. Tú tenes verlo.

Un abrazo.

Luis

24 palabras

 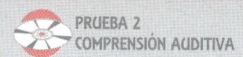 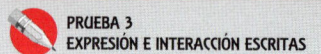 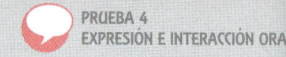

c. Dos de esos mensajes están relacionados con una de estas instrucciones. ¿Con cuál?

Instrucción 1

Vas a una exposición y necesitas una cámara de fotos. Escribe un correo electrónico a un amigo. En él debes:

– saludar;
– pedir la cámara;
– explicar por qué la necesitas;
– despedirte.

Instrucción 2

Es tu cumpleaños. Te regalan un móvil. Escribes un correo electrónico a un amigo. En él debes:

– saludar;
– dar la noticia;
– decir de quién es el regalo;
– explicar qué haces con el aparato;
– despedirte.

Instrucción 3

En tu grupo de amigos hay una chica nueva. Escribe un correo electrónico a un amigo o amiga. En él debes:

– saludar;
– dar la noticia;
– decir cómo es físicamente;
– explicar cómo es de carácter;
– despedirte.

Escribe el mensaje de una de las otras instrucciones. **¡Atención a los errores!**

¡Atención! Tienes que usar el reloj y medir el tiempo que necesitas.

CLAVES

Tarea 1.

a. 1. Márquez García; 2. Antonia; 3. Avenida 2 de julio, 5.°B Valencia; 5. No tengo; 6. Instituto "López Heredia" de Valencia; 8. H; 9. 12 de junio de 2002; 11. femenino; 12. No tengo; 13. 15 minutos / 1,5 km.; 14. Fernando; 15. Marina. (4, 7 y 10 están bien; 5, 8, 9, 12, 13, 14 y 15 son posibles respuestas).

b. Propuesta de corrección: 1. Tengo el pelo rubio, soy una chica alta, no soy gorda, pero sí un poco tímida; 2. Me gusta mucho nadar en la piscina de mi barrio; 3. Con amigos y hermanos porque es muy divertido; 4. En el instituto y en el parque de mi barrio; 5. No, a veces en casa, a veces en la biblioteca del instituto; 6. No, me gusta estudiar todos los días; 7. Me gustan los filmes/las películas de ciencia ficción porque son interesantes y yo aprendo cosas; 8. A mi hermano le gustan también los filmes/las películas de ciencia ficción; 9. Sí, especialmente plástico, papel y botellas/vidrio; 10. ¡Claro! Es muy importante para el planeta.

c. Respuesta abierta.

Tarea 2.

a. Propuesta de corrección.

Mensaje A

Hola, Carlos:
¡Mañana vamos con el instituto a una exposición! Tenemos que llevar una cámara. Yo llevo la mía, ¿tú tienes la tuya también? Es importante llevar una cámara, dice el profesor.
Escríbeme un mensaje.
Besos.
Cristina

37 palabras

Mensaje B

Hola, ¿qué tal?:
Phiona ya está en casa. Desde hoy. Es mi intercambio, es de Escocia. Va a pasar dos semanas en casa. Me parece muy simpática y estoy muy contenta. Tienes que conocerla.
Ven pronto a verla.
Besos.
Mónica

40 palabras

▶ Actividades sobre el **Modelo n.º 4**

b. Propuesta de corrección.

Mensaje C

Querido Frank:
No sé qué quiero para mi cumpleaños. ¿Un móvil?, ¿un viaje?, ¿una bici nueva? No sé, y tengo que decidirlo ya. La fiesta es el fin de semana. Mi madre quiere saberlo hoy. ¿Qué hago? Ayúdame.
Escribe pronto, ¿vale?
Saludos.
Luis

43 palabras

Mensaje D

Hola, Frank:
¡Estoy supercontento! Es el último modelo. Es el regalo de mi padre. Puedo hacer fotos, bajar aplicaciones, jugar. También hacer los deberes porque tiene Internet. Tienes que verlo.
Un abrazo.
Luis

33 palabras

c. Los mensajes C y D están relacionados con la instrucción 2.

⚠ **Comentario. Mensaje A.** Instrucción 1: El número de palabras está bien, pero no cumple la instrucción porque no pide la cámara, el mensaje solo recuerda el tema de la exposición. No aprueba la tarea; **Mensaje B.** Instrucción 3: No cumple la instrucción porque tiene que ser una chica nueva en un grupo de amigos y no hay descripción física. Tiene demasiadas palabras. No aprueba la tarea; **Mensaje C.** Instrucción 2: El número de palabras está bien, pero no dice para qué quiere el móvil. No aprueba la tarea; **Mensaje D.** Instrucción 2: Cumple la instrucción pero no tiene suficientes palabras. No aprueba la tarea. Además, todos tienen problemas de gramática o de vocabulario.

CONCLUSIÓN

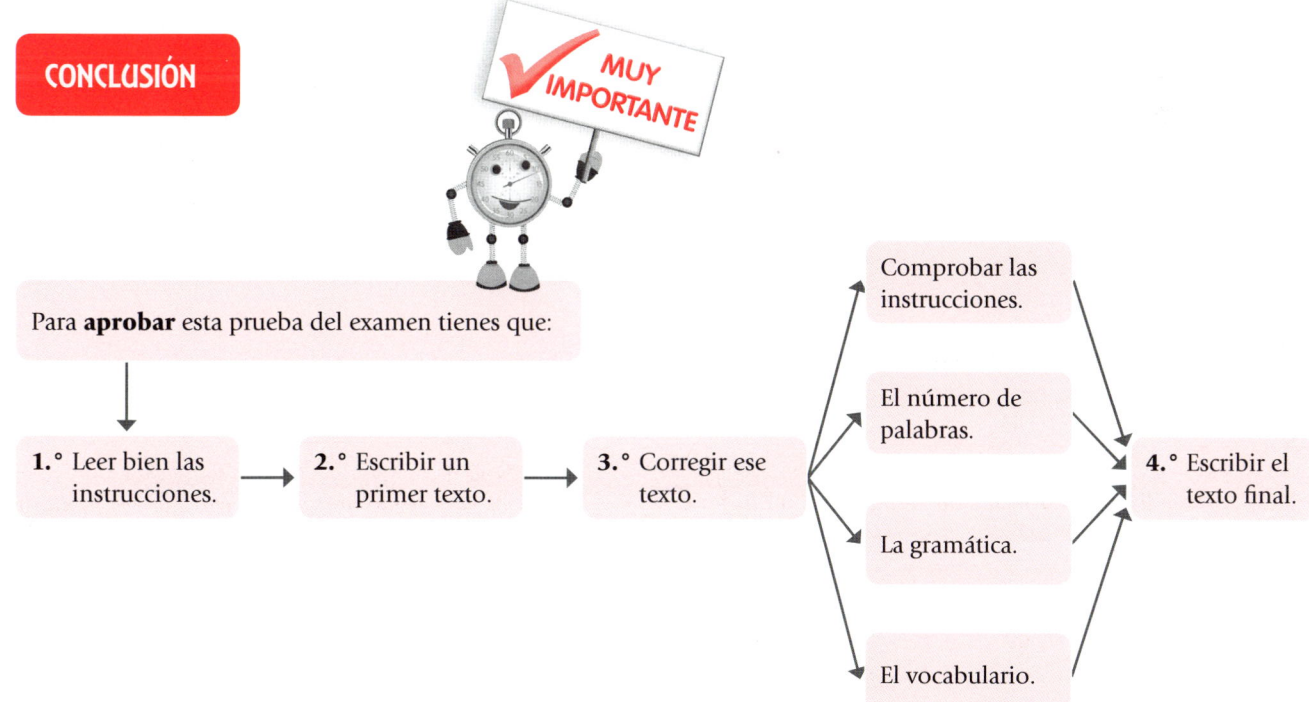

Para **aprobar** esta prueba del examen tienes que:

1.º Leer bien las instrucciones. → 2.º Escribir un primer texto. → 3.º Corregir ese texto. → Comprobar las instrucciones. / El número de palabras. / La gramática. / El vocabulario. → 4.º Escribir el texto final.

El Cronómetro ■ Manual de preparación del DELE. Examen A1 para escolares

Prueba 4: Expresión e Interacción orales

• • • • • **Antes de empezar la prueba de Expresión e Interacción orales.**

Croni quiere ayudarte a hacer bien la prueba de **Expresión e Interacción orales**. ¿Recuerdas las tareas del modelo 3? Coloca las frases de un posible candidato y de su examinador abajo en la tabla. ¿Sabes a qué tarea pertenecen? Usa un **color** para indicar las frases del candidato y otro **color** para las frases del examinador.

 ¡Atención! Las frases no tienen los errores originales, están corregidas.

1. Ahora vas a presentar tu tema. ¿Qué tema es?

2. En esta tarea vamos a conversar sobre el tema de la tarea 2.

3. Mi habitación es la más pequeña de la casa. La de mis padres y la de mi hermana mayor son más grandes. Eso no me gusta.

4. Tienes que hacer una presentación personal de 1 o 2 minutos. ¿Estás preparado?

5. De acuerdo. ¿Qué tres opciones eliges?

6. ¿Ayudas a tu mamá y a tu papá en casa? ¿Cómo los ayudas?

7. Me llamo Thierry. Soy francés, de Lyon. Tengo 14 años y hablo francés, inglés y español.

8. Vas a hablar sobre el tema aproximadamente 2 minutos.

9. Ahora tienes que hacerme 2 preguntas a mí sobre este tema.

10. Hola, soy Pilar, ¿y tú?

Tarea 1	Tarea 2	Tarea 3
☐ ☐ ☐	1 ☐ ☐ ☐	☐ ☐ ☐

¡Ya puedes empezar esta prueba!

Prueba 4: Expresión e Interacción orales

LA PREPARACIÓN

●●●●● 🕐 Tienes **10 minutos** para preparar las tareas 1 y 2. Sigue todas las **instrucciones.**

Tarea 1

INSTRUCCIONES

❗ **Consejo.** Si tienes un compañero, podéis preparar juntos la prueba. Antes de hacer la prueba, tenéis que escribir vuestra presentación personal. Después, le das tu presentación a tu compañero y él/ella te da la suya a ti. La tenéis que calificar: ☺ (si piensas que está bien) o ☹ (si piensas que está mal porque falta información o no está clara. Después, le explicas en vuestra lengua qué cosas te gustan y qué cosas no).

Tienes que hacer una presentación personal. Tienes que hablar de **1 a 2 minutos**. El entrevistador no habla en esta parte de la prueba.

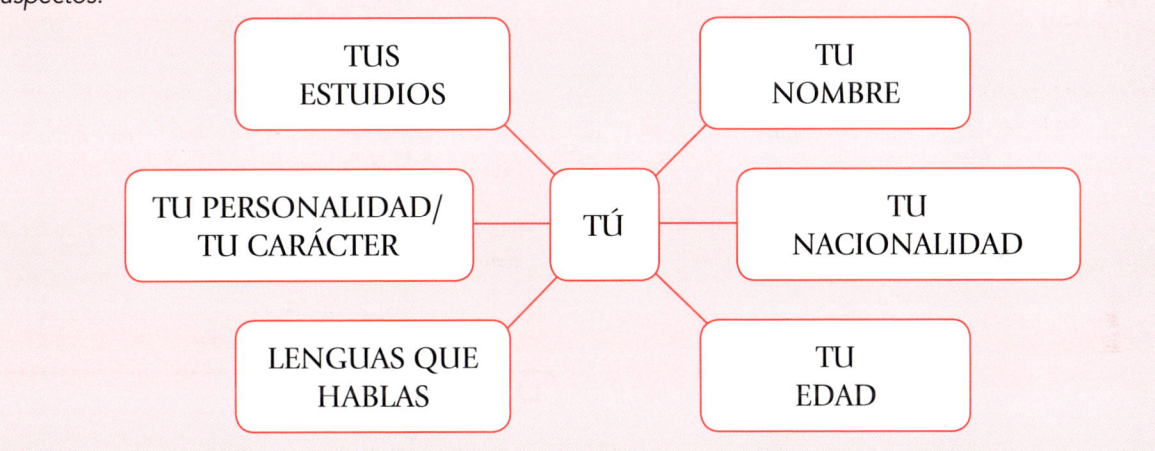

Vas a preparar una presentación personal de 2 minutos aproximadamente. Puedes hablar sobre los siguientes aspectos:

- TUS ESTUDIOS
- TU NOMBRE
- TU PERSONALIDAD/TU CARÁCTER
- TÚ
- TU NACIONALIDAD
- LENGUAS QUE HABLAS
- TU EDAD

❗ **¡Atención!** Ya sabes que en la prueba de **Expresión e Interacción orales** la tarea 1 comienza así:

▶ **Entrevistador:** *Hola, me llamo Javier, ¿y tú?*
▶ **Candidata:** *Hola. Yo soy Lola.*
▶ **E:** *¿De dónde eres?*
▶ **C:** *Soy alemana.*
▶ **E:** *Vale, Lola. Vamos a comenzar con la tarea 1. Tienes que hacer una presentación personal de 1 a 2 minutos. ¿Estás preparada?*
▶ **C:** *Sí. Me llamo Lola y vengo de Alemania, de Berlín. Tengo 15 años y hablo alemán, que es mi lengua materna, inglés y español.*

Tarea 2

> **INSTRUCCIONES**

Tienes que hacer una presentación sobre un tema. Tienes que hablar de **2 a 3 minutos**. El entrevistador no habla en esta parte de la prueba.

Vas a seleccionar tres de las cinco opciones para hablar aproximadamente durante dos minutos:

- **EN CASA:** ¿Cuándo sales? ¿A qué hora llegas?
- **EN VACACIONES:** ¿Qué te gusta hacer?
- **HÁBITOS**
- **CLASES:** horario
- **ACTIVIDADES:** ¿Qué haces después de clase?
- **FINES DE SEMANA:** ¿Qué haces normalmente?

 ¡Atención! La tarea 2 comienza así:

- **Entrevistador:** *Lola, ahora vas a hacer la tarea 2. ¿Tu tema es…?*
- **Candidata:** *Mi tema es HÁBITOS.*
- **E:** *¿Sobre qué 3 aspectos vas a hablar?*
- **C:** *Voy a hablar sobre mis clases, mis actividades y los fines de semana.*
- **E:** *Ya puedes comenzar. Tienes que hablar durante unos 2 minutos.*
- **C:** *Pues… Estudio de lunes a viernes. No tengo clase ni los sábados ni los domingos. Por las mañanas, empiezo a las 8:30 y a las 13:00 tengo un descanso para comer. Después, a las 14:00 vuelvo a clase y estoy en la escuela hasta las 16:00.*

> **LA ENTREVISTA**

 Mira las siguientes viñetas para entender bien cómo funciona la entrevista, la tarea 3:

En la tarea 3 habláis los dos.

El entrevistador va a hacerte varias preguntas.

Expresión e Interacción orales

Recuerda que en la tarea 3 tienes que hacer dos preguntas al entrevistador. Puedes pensarlas en la Sala de Preparación.

❗ Puedes leer las preguntas de esta tarea en el documento de transcripciones de la *ELEteca*. No olvides que al final de la tarea 3 tienes que hacerle dos preguntas al entrevistador.

❗ **¡Atención!** La tarea 3 comienza así:

▶ **Entrevistador:** *Ahora vamos a hacer la tarea 3. Tengo algunas preguntas. ¿Te gusta tu horario en la escuela?*

▶ **Candidata:** *Sí, no está mal. Los fines de semana me gusta levantarme tarde, pero de lunes a viernes no tengo problemas. Además, algunos viernes no tenemos clases por la tarde.*

▶ **E:** *¿Qué cosas haces cuando llegas a casa?*

▶ **C:** *Normalmente charlo un poco con mi madre y después hago los deberes. Dos días a la semana tengo clases de inglés y los martes y los jueves juego al voleibol con mis amigos.*

Tarea 1

● ● ● ● ● 🕐 *Recuerda que la tarea dura de **1 a 2 minutos**.*

💿 *Pon la pista n.° 45. Escucha las instrucciones, y comienza tu presentación.*
45

🎤 *Graba tus respuestas.*

Tarea 2

● ● ● ● ● 🕐 *Recuerda que la tarea dura de **2 a 3 minutos**.*

💿 *Pon la pista n.° 46. Escucha las instrucciones, y comienza tu presentación.*
46

🎤 *Graba tus respuestas.*

Tarea 3

● ● ● ● ● 🕐 *Recuerda que la tarea dura de **3 a 4 minutos**.*

💿 *Pon la pista n.° 47. Escucha las instrucciones y las preguntas, y responde.*
47

🎤 *Graba tus respuestas.*

CLAVES

● ● ● ● ● 🕐 **Antes de empezar la prueba de Expresión e Interacción orales.**

Tarea 1: 4, 7, 10; **Tarea 2:** 1, 3, 5, 8; **Tarea 3:** 2, 6, 9.

❗ **Comentario.** En cada tarea tienes que hacer una cosa diferente. En la tarea 1, vas a presentarte. Hablas tú solo durante unos minutos. En la tarea 2 tienes que hablar sobre 3 opciones que tú eliges. Elige las opciones más fáciles para ti. En la tarea 3 tienes que conversar con el entrevistador. Él va a hacerte algunas preguntas, si no entiendes alguna pregunta, siempre puedes pedir repetición. El entrevistador va a ayudarte. Al final de la última tarea, tienes que hacerle dos preguntas, puedes pensarlas en la sala de preparación porque el tema de la conversación es el mismo tema de la tarea 2.

Control de progreso

🔊 Escucha tus respuestas en cada prueba. Marca con un ✔.

¿Qué tal la prueba 4 de este examen?

	Tarea 1	Tarea 2	Tarea 3
Entiendo sin problemas la tarea.			
Tengo notas que me ayudan.			
Hablo sobre el tema y no sobre otras cosas.			
Hablo durante el tiempo que tiene la tarea.			
Aunque a veces tengo problemas, puedo contar mis ideas.			
Entiendo bien las preguntas del entrevistador.			
Tengo una pronunciación clara.			
No tengo errores graves de gramática.			
No tengo errores graves de vocabulario.			
Solo uso palabras en español.			

¿Cómo te sientes después de esta prueba? Marca con una ✗.

ESTOY MUY CONTENTO/A 😊😊 ☐
ESTOY CONTENTO/A 😊 ☐
NO ESTOY CONTENTO/A ☹ ☐

Modelo de examen n.º 4

 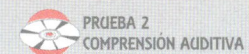  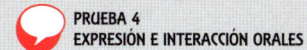

Actividades sobre el Modelo n.º 4

¡Atención! Ya sabes que estos ejercicios no son del examen, pero son útiles para prepararte bien.

Tarea 1.

a. Aquí tienes informaciones de la tarea 1. Hay dos opciones, solo una es correcta. Localiza la que **no es correcta**. Elige **a** o **b**. Recuerda que en esta tarea no hay preguntas, que tienes que hablar solo.

1. **Tu nombre:**
   a) Mi nombre, Peter.
   b) Peter es el nombre de mi padre.

2. **Tu edad:**
   a) Estudio en el Liceo bilingüe de Bratislava.
   b) Casi 15 años.

3. **Tu personalidad / tu carácter:**
   a) Soy una chica alegre y sociable. Me encantan los deportes y viajar con mi familia.
   b) Soy rubia, mis ojos son azules, el pelo largo.

4. **Tu nacionalidad:**
   a) Soy portuguesa, de Lisboa.
   b) Soy inteligente y tengo un hermano.

5. **Lenguas que hablas:**
   a) Prefiero estudiar lenguas modernas, no clásicas.
   b) Sé francés porque es mi lengua materna.

6. **Tus estudios:**
   a) En el instituto tengo muchas asignaturas que me gustan, no sé cuál me gusta más.
   b) Mi padre trabaja en el instituto, pero no es mi profesor.

b. Escribe qué información dan las opciones que no son correctas, como en el ejemplo:

1. Información incorrecta: *Peter es el nombre de mi padre.* **Información correcta:** NOMBRE DEL PADRE.

c. A algunos candidatos les ayuda traducir para aprender una lengua. Aquí tienes un modelo de presentación personal de un candidato. Tienes que traducirlo a tu lengua.

> Me llamo Marco Frattaroli y soy italiano, de Palermo. Tengo 13 años. Hablo italiano, inglés y un poco de español. Me gusta mucho estudiar lenguas.
>
> Soy buen estudiante y me gustan mucho todos los deportes, especialmente el fútbol y el baloncesto. Soy bastante tranquilo y simpático. Tengo muchos amigos.
>
> Estudio Secundaria en un colegio grande y muy bueno. Estudio más de 8 asignaturas diferentes: Español, Inglés, Historia, Matemáticas, Educación Física y otras.

Tu traducción: ....
....
....
....
....
....
....

¿Qué te parece más fácil traducir? ¿Y más difícil? Anota aquí tu comentario.
....
....

 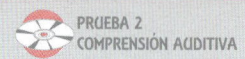 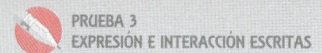 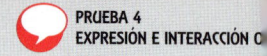

Tarea 2.

a. En la tarea 2 de este modelo tienes que hablar sobre tus hábitos. Aquí tienes diferentes partes de la presentación de un candidato pero están desordenadas. Tienes que ordenarlas. Las opciones del candidato son: *mis clases, mis actividades* y *los fines de semana*.

> **¡Atención!** Las palabras en negrita son importantes para ordenar los fragmentos.

FRAGMENTOS	ORDEN
a. Cuando salgo de clase, **normalmente** charlo un poco con mi madre y después hago los deberes. **Dos días a la semana** tengo clases de inglés y **los martes y los jueves** juego al voleibol con mis amigos.	
b. Por último, voy a hablar de los fines de semana.	
c. Primero, voy a hablar sobre mis clases.	
d. Estudio **de lunes a viernes**. No tengo clase ni los sábados ni los domingos. **Por las mañanas**, empiezo a las 8:30 y a las 13:00 tengo un descanso para comer. **Después**, a las 14:00 vuelvo a clase y estoy en la escuela hasta las 16:00.	
e. Los fines de semana me gusta levantarme tarde. **Normalmente** desayuno con mis padres y mi hermana y **después** salimos al centro de la ciudad. **Algunos fines de semana** vamos de compras a un centro comercial.	
f. Además del voleibol, **también** me gusta el baloncesto pero no tengo tiempo para jugar al baloncesto porque siempre tengo muchos deberes.	
g. Otros fines de semana visitamos algún museo o vamos al cine todos juntos. Me encanta ir al cine y **normalmente** vamos mucho. Los museos son un poco aburridos, pero mi hermana y mis padres **siempre** quieren ir. Esto es todo.	

Escucha la pista n.º 48 y comprueba tu respuesta.

b. Ahora escribe tu propia presentación. Inventa dos o tres informaciones falsas en tu presentación.

```
........................................................................................
........................................................................................
........................................................................................
........................................................................................
........................................................................................
........................................................................................
........................................................................................
........................................................................................
........................................................................................
```

Si tienes un compañero, haz tu presentación frente a un compañero. Él tiene que reconocer qué informaciones son falsas.

Tarea 3.

a. Imagina que este es tu horario de lunes a viernes.

MI HORARIO					
🕐	POR LA MAÑANA	🕐	POR LA TARDE	🕐	POR LA NOCHE
8:30	Ir al instituto.	16:00	Clase de inglés.	21:00	
12:00		17:30	Jugar al fútbol.	21:30	Ver la tele.
13:00	Comer con John y Lea.	19:00	Hacer los deberes.	22:30	¡A dormir!
15:00		20:30	Cenar con papá y mamá.	23:00	

Con esta información tienes que responder a las preguntas del entrevistador.

Escucha la pista n.º 49 y responde. Usa el botón de ⏸ PAUSA para responder.

b. Completa este horario con tu información.

MI HORARIO					
🕐	POR LA MAÑANA	🕐	POR LA TARDE	🕐	POR LA NOCHE
..:..	levantarse	..:..	....	..:..	....
..:..	....	..:..	....	..:..	....
..:..	....	..:..	....	..:..	....
..:..	....	..:..	....	..:..	....

Ahora escucha la pista n.º 49 y responde a las preguntas usando la información de tu horario.

c. Escribe cuatro preguntas nuevas del entrevistador de una posible conversación sobre este tema.

1. ....
2. ....
3. ....
4. ....

CLAVES

Tarea 1.

a. 1. b; 2. a; 3. b; 4. b; 5. a; 6. b.

b. 1. b: Nombre del padre; 2. a: Estudios; 3. b: Descripción física; 4. b: Descripción e información personal; 5. a: Gustos; 6. b: Información del padre.

Tarea 2.

a. 1. C; 2. D; 3. A; 4. F; 5. B; 6. E; 7. G.

Tarea 3.

a. Ejemplo de respuesta:

1. A las 8:30; 2. Como a las 13:00 con John y Lea; 3. Sí, estudio inglés. Me gusta mucho; 4. Después de clase, me gusta jugar al fútbol. Es mi deporte favorito. Mi jugador favorito es Cristiano Ronaldo; 5. Hago los deberes a las 19:00; 6. Normalmente ceno en casa con mis padres; 7. Sí, me gusta pero solo puedo verla una hora al día; 8. Normalmente me acuesto a las 22:30. Duermo unas diez horas.

b. Ejemplo de respuesta, horario con información personal:

MI HORARIO					
	POR LA MAÑANA		POR LA TARDE		POR LA NOCHE
7:30	Levantarse.	16:00	Clase de piano.	21:00	
8:30	Ir al instituto.	17:30	Clase de piano.	21:30	Leer un libro.
		19:00	Hacer los deberes.	22:30	Ir a la cama.
13:00	Comer en casa y volver al Instituto.	20:30	Cenar con mamá.	23:00	

Ejemplo de respuesta a las preguntas del entrevistador:

1. A las 8:30 voy al instituto; 2. A las 13:00 como en casa y después vuelvo al instituto; 3. No estudio idiomas, pero a las 16:00 tengo clases de piano. La clase de piano dura dos horas. Es muy difícil; 4. No, no me gusta hacer deporte. 5. A las 19:00 hago los deberes. Normalmente hago los deberes con un amigo; 6. A las 20:30 ceno en casa con mamá. Normalmente cenamos ensalada; 7. No veo la tele por la noche, prefiero leer un poco; 8. A las 22:30 me voy a la cama porque por la mañana tengo que levantarme muy temprano.

DELE A1
para escolares

Modelo de examen n.° 5

 PRUEBA 1. COMPRENSIÓN DE LECTURA   45 min.

 PRUEBA 2. COMPRENSIÓN AUDITIVA   20 min.

 PRUEBA 3. EXPRESIÓN E INTERACCIÓN ESCRITAS   25 min.

 PRUEBA 4. EXPRESIÓN E INTERACCIÓN ORALES   10 min.

 **Claves, comentarios, consejos y actividades sobre este modelo de examen.**

En este modelo n.° 5 hacemos un repaso general del examen. Tienes que usar todo lo que sabes de las cuatro pruebas y todo lo que sabes de la mejor manera de hacer el examen. La tarea de la introducción de las pruebas 1 y 2 se centra en el vocabulario.

¡Atención! Este es el último modelo de examen del libro, pero tienes el modelo n.° 6 disponible en la *ELEteca*: www.edinumen.es/eleteca

 El Cronómetro, manual de preparación del DELE. Examen A1 para escolares

Prueba 1: Comprensión de lectura

● ● ● ● ● **Antes de empezar la prueba de Comprensión de lectura.**

Aquí tienes grupos de palabras. Son de modelos anteriores. ¿De qué tareas son? Marca con un ✔.

	VOCABULARIO	TAREA 1	TAREA 2	TAREA 3	TAREA 4
1.	¿Cómo estás?/estoy muy contenta/¡Lo vamos a pasar muy bien!/Espero tu respuesta/una chica muy divertida				
2.	4 días, 239 euros/Kárate/niños y adolescentes/Todos los jueves				
3.	Librería/Oferta especial en cómics/para todos los niveles/entradas gratuitas/abrimos la piscina/pista de balonmano/Tu música y cantantes/a buen precio				
4.	Fiesta de inauguración/Fiesta de disfraces/4.º de Secundaria/Lectura de poesía				
5.	¡Hasta pronto!/¡Me encanta la playa!/Te escribo desde Sevilla/quedo a menudo con las amigas				
6.	para aprender a bailar/a partir de las 17:00/La relación entre Tomás y su perro Lucas				
7.	Una niña llega/El documental/Teatro de marionetas/historias con mucho humor/Teatro musical/La princesa está encerrada				
8.	Visita a la casa de bomberos/Fiesta de despedida/Películas infantiles/por familia				
9.	Oferta en mapas/Si compras tres/Las mejores guías de viaje/ya no utilizas/Vendo cámara de fotos/Se vende teléfono/Si estás interesado/te lo puedo enviar por correo				
10.	Traer comida y bebidas/De 12 años en adelante/15€ con consumición/Entrada libre				
11.	No hay equipos/Hay 3 personas por equipo/este es tu juego/Gana el equipo más rápido				
12.	el próximo fin de semana hacemos una excursión/Un beso/Te escribo porque/Espero tu respuesta/¿Puedes ayudarme a estudiar?				

¿Es importante el **vocabulario** en esta prueba? Escribe aquí tu comentario, en español o en tu idioma.

....

¡Ojo!

❗ **¡Atención!** En los modelos de examen 5 y 6 no hay actividades después del modelo. Solo esta actividad previa. Además, estos dos exámenes son un poco más difíciles de lo normal. Por ejemplo, los textos son un poco más largos. El objetivo es asegurar la preparación del examen.

¡Ya puedes empezar esta prueba!

Comprensión de lectura

¡Atención! Recuerda que no puedes usar el diccionario.

La prueba de **Comprensión de lectura** tiene cuatro tareas. Debes responder a **25 preguntas**.

● ● ● ● ● 🕐 La prueba dura **45 minutos**. ¡Pon el reloj al principio de cada tarea!

Debes escribir o marcar tus opciones únicamente en la **Hoja de respuestas**.

Tarea 1

INSTRUCCIONES

Vas a leer un correo de Laura a Amanda, dos amigas. A continuación, debes leer las preguntas (de la 1 a la 5) y seleccionar la opción correcta (A, B o C).

Tienes que marcar la opción elegida en la **Hoja de respuestas**.

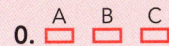

PARA: amandapur@mimail.es
CC:
CCO:
ASUNTO: Navidad

Hola, Amanda:

¿Cómo estás? Yo estoy muy contenta porque pronto vuelvo a España y podemos pasar las navidades juntas con papá y mamá, ¡seis meses sin vernos!

Tenemos que comprar los regalos de Navidad. Tengo algunas ideas. Por ejemplo, a mamá le podemos comprar una mochila para ir al gimnasio, la que tiene esta muy vieja. A papá, un disco de su grupo favorito. A la abuela Luisa, una bufanda, para el invierno es muy práctica. Al abuelo José Luis, un perfume, siempre usa el mismo.

No tengo ideas para las primas. A Ana le podemos comprar ropa, pero… ¿qué tipo de ropa le gusta? Siempre viste con ropa negra, es difícil encontrar un regalo para ella. ¿Tú tienes alguna idea? A Cristina le gusta mucho el deporte, podemos comprar unas entradas para ir a ver un partido de balonmano con ella. A mí me gusta mucho ver los partidos en el estadio. Si tienes más ideas… ¡escríbeme!

Un saludo y hasta pronto,
Laura

PREGUNTAS

1. Amanda y Laura son…
   a) primas.
   b) hermanas.
   c) amigas.

2. Laura y Amanda no se ven desde hace…
   a) un mes.
   b) más de un año.
   c) medio año.

3. Laura propone como regalo para su madre algo para…
   a) hacer deporte.
   b) cocinar.
   c) pintar.

4. No sabe qué regalar a sus primas porque…
   a) no tiene suficiente dinero.
   b) no tiene tiempo.
   c) no conoce sus gustos.

Continúa →

5. ¿Qué tipo de deporte quiere ir a ver con su prima Cristina?

a)   b)   c)

● ● ● ● ● 🕐 Mi tiempo para esta tarea: _____ min.

Tarea 2

● ● ● ● ● 🕐 Pon otra vez el reloj.

INSTRUCCIONES

Vas a leer unos anuncios de un centro de idiomas. Debes relacionar los anuncios (A-J) con las frases (de la 6 a la 11).

Hay diez anuncios, incluido el ejemplo. Debes seleccionar seis.

Tienes que marcar la selección en la **Hoja de respuestas**.

Ejemplo: Frase 0. En verano solo abren por las mañanas.

❗ **¡Atención!** La opción correcta es la letra **A** porque el horario desde julio hasta septiembre es de 8:00 a 14:00.

0. A ■ B ☐ C ☐ D ☐ E ☐ F ☐ G ☐ H ☐ I ☐ J ☐

CENTRO DE IDIOMAS

HORARIO DE VERANO
Desde el 1 de julio al 10 de septiembre el horario es de 8:00 a 14:00.
Y los sábados solo de 10:00 a 12:00

A

SALA DE ORDENADORES
El ordenador de la mesa número 12 y el de la mesa 15 no funcionan. Por favor, no utilizarlos.

B

CURSO ESPECIAL DE INGLÉS
2.º fin de semana de octubre: curso de inglés con juegos. Para niños de 6 a 12 años.

C

TÁNDEN ALEMÁN-ESPAÑOL

Soy Hanna, de Berlín. Busco a una chica para practicar español. Podemos hablar media hora en alemán y media hora en español.

D

USO DE INTERNET
En la sala de ordenadores está prohibido mirar el correo electrónico privado o páginas de redes sociales.

E

Comprensión de lectura

INTERCAMBIO ESPAÑOL-INGLÉS

¡Hola! Soy Juan, de Sevilla. Quiero practicar inglés con un chico nativo porque en verano viajo a Londres.

F

DICCIONARIO DE ESPAÑOL-ALEMÁN

¡No encuentro mi diccionario de español! Siempre me siento en la mesa número 12 de la biblioteca. Si alguien lo encuentra, mi número es: 677574787.

G

EJERCICIOS DE FRANCÉS

Nueva página web de ejercicios de gramática francesa. Puedes probar esta página en la sala de ordenadores.

H

LECTURAS

Ya puedes probar el nuevo CD *Lecturas* en el laboratorio de idiomas. Puedes escuchar pequeños textos de libros famosos en muchos idiomas.

I

LABORATORIO DE IDIOMAS

En el laboratorio de idiomas está prohibido hablar con los compañeros. Cada persona debe usar un ordenador.

J

	FRASES	ANUNCIOS
0.	En verano solo abren por las mañanas.	A
6.	Puedes practicar la gramática francesa.	
7.	Necesita aprender inglés para sus vacaciones.	
8.	Estos ordenadores no se pueden usar.	
9.	No puedes hablar con tus amigos.	
10.	Quiere practicar su español.	
11.	Este curso solo dura dos días.	

• • • • • 🕒 Mi tiempo para esta tarea: _____ min.

Tarea 3

• • • • • 🕒 Pon otra vez el reloj.

INSTRUCCIONES

Vas a leer diferentes ofertas de viajes para un fin de semana. Debes relacionar las ofertas (A-J) con las frases (de la 12 a la 17).

Hay diez ofertas, incluido el ejemplo. Debes seleccionar seis.

*Tienes que marcar la opción elegida en la **Hoja de respuestas**.*

Ejemplo: **Frase 0.** Me encanta la nieve y me gusta mucho hacer deporte. El anuncio relacionado con esta frase es **A**, porque en Pirineos hay nieve y se puede esquiar.

❗ **¡Atención!** La opción correcta es la letra **A**.

	A	B	C	D	E	F	G	H	I	J
0.	■	☐	☐	☐	☐	☐	☐	☐	☐	☐

Continúa ➡

A
ESQUIAR EN LOS PIRINEOS

Fin de semana en los Pirineos. Incluye dos días de clases de esquí con profesores especializados y para todas las edades. El viaje también incluye alojamiento y comida.

B
MULTIAVENTURA

Fin de semana en la montaña con actividades deportivas diferentes: escalada, montar a caballo, hacer excursiones en bicicleta de montaña… El precio incluye todas las actividades y el alojamiento.

C
RECORRIDO HISTÓRICO

Recorrido histórico por las zonas más famosas de la ciudad. El precio de la excursión incluye alojamiento en un hotel en el centro de la ciudad.

D
DESCUBRE LA NATURALEZA

Viaje de fin de semana a Sierra Nevada. Durante esta excursión vamos a pasear por la naturaleza y hablar sobre la vegetación de la zona. El precio incluye habitación.

E
SOL Y FIESTA

Fin de semana en Benidorm. Puedes disfrutar de las playas del Mediterráneo. Además, todos los días hay conciertos. El precio incluye habitación en un hotel cerca de la playa.

F
MAR Y NATURALEZA

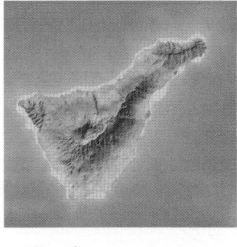

Fin de semana en Tenerife. Si te gusta la playa y también los paisajes naturales, este es tu viaje. Visitamos las playas y el volcán. Incluye: hotel, comida y transporte.

G
CIUDADES CON ENCANTO

Fin de semana en Barcelona y Tarragona. En Barcelona visitamos monumentos y el estadio de fútbol. En Tarragona damos un paseo por el centro. Incluye hotel en Barcelona.

H
UNOS DÍAS EN "LA GRANJA"

Fin de semana en "La Granja" con diferentes actividades: hacer pan, cerámica, ver cómo viven los animales, crear un huerto… El viaje incluye alojamiento en habitación común y comida.

I
VIAJE EN BARCO

Crucero de fin de semana por el Mediterráneo. Salimos desde Gandía y hacemos paradas en ciudades de la costa. El precio del viaje incluye la habitación y la comida.

J
VISITA LOS MEJORES MUSEOS

Visita a los museos de Madrid. En el Museo del Prado puedes ver las obras de pintores clásicos y en el Museo de Arte Moderno Reina Sofía puedes ver obras de Picasso y Dalí.

Comprensión de lectura

	FRASES		OFERTAS
0.	Me encanta la nieve y me gusta mucho hacer deporte.		A
12.	Me encanta la playa, pero me aburro si voy un fin de semana completo a la playa.		
13.	Me encanta el fútbol y quiero ver el estadio del Barça.		
14.	Me encantan los animales y quiero pasar un fin de semana en la naturaleza.		
15.	Me encanta el deporte y la naturaleza y hacer actividades diferentes.		
16.	No me gusta hacer turismo, solo quiero playa y música.		
17.	Me encanta el arte, lo que más me gusta es la pintura.		

• • • • • 🕐 Mi tiempo para esta tarea: _____ min.

Tarea 4

• • • • • 🕐 Pon otra vez el reloj.

INSTRUCCIONES

Vas a leer la información del calendario de un instituto de Secundaria. A continuación, debes leer las preguntas (de la 18 a la 25) y seleccionar la opción correcta (A, B o C).

Tienes que marcar la opción elegida en la **Hoja de respuestas**.

0. A ☐ B ☐ C ☐

Continúa ➜

CALENDARIO DE SEPTIEMBRE – IES PINTOR MIRÓ

LUNES 2	MARTES 3	MIÉRCOLES 4	JUEVES 5	VIERNES 6
Exámenes ESO de septiembre: de 8:00 a 13:00 y de 16:00 a 19:30.	Exámenes 2.º de Bachillerato de septiembre: de 8:00 a 13:30 y de 16:00 a 19:30.	Exámenes 1.º de Bachillerato de septiembre: de 8:00 a 13:30 y de 16:00 a 18:00.	9:30 Entrega de notas: ESO y 2.º de Bachillerato. Reclamaciones de notas: ESO y 2.º de Bachillerato, de 16:00 a 19:00.	9:30 Entrega de notas: 1.º de Bachillerato. Matrícula 1.º de Bachillerato (hasta las 11:00). Reclamaciones (excepto 1.º de Bachillerato): 16:00.
LUNES 9	**MARTES 10**	**MIÉRCOLES 11**	**JUEVES 12**	**VIERNES 13**

Matrícula 1.º de ESO y alumnos antiguos del centro.
 	
9:30 Entrega de horarios con el tutor (en las aulas). Las clases empiezan el próximo lunes.
 	
Reclamaciones por notas (todos los cursos a las 11:00).
	Matrícula ESO / Bachillerato (nuevos alumnos).
	
	Recepción de alumnos:
	– 1.º de ESO (11:30, salón de actos).
	
	Entrega del carné de biblioteca (en la biblioteca, 12:00).
		9:00 Encuentro con tutores de 1.º de ESO.
		
		Recepción de alumnos:
		– 2.º de ESO, en la biblioteca a las 10:00.
		– 3.º y 4.º de ESO (Salón de actos), 10:00.
			Pruebas de inicio:
			– 1.º de ESO:
			  9:30 Inglés.
			  10:30 Matemáticas.
			  12:00 Lengua.
			– 2.º de ESO:
			  9:30 Matemáticas.
			  10:30 Lengua.
			  12:00 Inglés.
			
			Recepción de alumnos:
			– 2.º de Bachillerato. (12:00, Salón de actos).
				Prueba de inicio:
				– 1.º de ESO:
				  10:30 Naturales.
				  12:00 Sociales.
				– 3.º de ESO:
				  9:30 Lengua.
				  12:00 Matemáticas.
				– 4.º de ESO:
				  9:30 Inglés.
				  10:30 Matemáticas.
				
				Recepción de alumnos:
				– 1.º de Bachillerato. (11:00, Salón de actos).

(Adaptado de https://ampainstitutoventura.wordpress.com)

18. Los exámenes .... a la misma hora.
    a) empiezan.
    b) terminan.
    c) hacen pausa.

19. Las notas de Bachillerato se conocen ....
    a) el mismo día del examen.
    b) todas el mismo día.
    c) dos días después.

20. Las reclamaciones por las notas son ....
    a) en el momento de la entrega.
    b) después de la entrega.
    c) una semana después de la entrega.

21. El lunes 9 se pueden matricular ....
    a) todos los alumnos.
    b) solo los alumnos nuevos.
    c) los alumnos del primer curso.

22. Hay dos días para ....
    a) estar con el tutor.
    b) recibir el carné de la biblioteca.
    c) recoger los horarios de clase.

23. La recepción de los alumnos es .... en el salón de actos.
    a) solamente.
    b) siempre.
    c) casi todas las veces.

24. El jueves hay tantas .... como el viernes.
    a) asignaturas.
    b) pruebas de inicio.
    c) clases.

25. .... empiezan las clases.
    a) El primer lunes del mes.
    b) El segundo lunes del mes.
    c) El tercer lunes del mes.

• • • • • 🕐 Mi tiempo para esta tarea: _____ min.

CLAVES

 **Antes de empezar la prueba de Comprensión de lectura.**

Tarea 1: 1, 5, 12; **Tarea 2:** 3, 9; **Tarea 3:** 2, 6, 7, 11; **Tarea 4:** 4, 8, 10.

Comentario. El vocabulario, lógicamente, es muy importante, pero no es lo único. La importancia es diferente en cada tarea. En la tarea 1 es menos importante que en el resto. No solo necesitas conocer palabras, también tienes que conocer sus relaciones. Por ejemplo, si dos palabras significan lo mismo o no. Es un aspecto muy importante en todas las pruebas.

Tarea 1				
1	2	3	4	5
B	C	A	C	C

Tarea 2					
6	7	8	9	10	11
H	F	B	J	D	C

Tarea 3					
12	13	14	15	16	17
F	G	H	B	E	J

Tarea 4							
18	19	20	21	22	23	24	25
A	C	B	C	A	C	B	C

Control de progreso

Marca con un ✔.

¿Qué tal la prueba 1 de este examen?	Tarea 1	Tarea 2	Tarea 3	Tarea 4
Tiempo de cada tarea.				
Respuestas correctas.				
Leo primero las preguntas y luego los textos.				
Subrayo la información importante.				
Localizo las palabras clave.				
Conocer el tipo de texto me ayuda.				
Entiendo bien las instrucciones.				
No tengo problemas con el vocabulario.				
No tengo problemas con la gramática.				
Las imágenes me ayudan.				
Hay mucha información pero no es un problema.				

¿Cómo te sientes después de essta prueba? Marca con una ✗.

ESTOY MUY CONTENTO/A 😊😊 ☐
ESTOY CONTENTO/A 😊 ☐
NO ESTOY CONTENTO/A ☹ ☐

Puntos: _____

Prueba 2: Comprensión auditiva

●●●●● **Antes de empezar la prueba de Comprensión auditiva.**

Aquí tienes 12 grupos de palabras. Como en la prueba 1, son de modelos anteriores. Vas a escuchar cada grupo y una palabra nueva. **Tienes que marcar si esa palabra nueva es del mismo tema de vocabulario o no. Tienes que marcarlo con un ✔.**

50 **Pon dos veces la pista n.° 50.** Puedes usar el botón de ⏸ PAUSA si lo necesitas.

	VOCABULARIO	¿MISMO TEMA?	PALABRA NUEVA
1.	salón, jardín, cocina, baño, habitación		
2.	teatro, centro comercial, cine, biblioteca, parque		
3.	pasteles, hamburguesa, paella, ensalada, bocadillo		
4.	enfermo, farmacia, enfermera, médico, medicinas		
5.	taxista, camarero, actor, veterinario, profesor		
6.	sombrero, pantalones, guantes, zapatos, falda		
7.	verdura, supermercado, clientes, carne, pescado		
8.	horarios, maletas, pasajeros, documentos, aeropuerto		
9.	Literatura, Educación Física, Historia, Música, Matemáticas		
10.	hotel, quinto piso, ascensor, pasillo, habitación		
11.	avión, autobús, metro, tren, coche		
12.	jugar al tenis, ir al gimnasio, salir con amigos, tocar la guitarra, ver la tele		

50 Vuelve a escuchar las listas y escribe la nueva palabra en la última columna.

¿El vocabulario en esta prueba es tan importante como en la prueba 1? Escribe aquí tu comentario, en español o en tu idioma.

....

❗ **¡Atención!** Recuerda que las pruebas de estos dos exámenes son <u>un poco más difíciles de lo normal</u>. Por ejemplo, los textos son un poco más largos. El objetivo es asegurar la preparación del examen.

¡Ya puedes empezar esta prueba!

Prueba 2: Comprensión auditiva

La prueba de **Comprensión auditiva** tiene cuatro tareas. Debes responder a **25 preguntas**.

● ● ● ● ● 🕒 La prueba dura **20 minutos**.

Debes marcar o escribir únicamente en la **Hoja de respuestas**.

 Pon la pista n.° 51. No uses el botón de ⏸ PAUSA en ningún momento. Sigue todas las instrucciones que escuches.

Tarea 1

INSTRUCCIONES

Vas a escuchar cinco conversaciones. Hablan dos personas. Las conversaciones se repiten dos veces. Hay una pregunta y tres imágenes (A, B y C) para cada conversación. Tienes que seleccionar la imagen que corresponde a cada conversación.

*Debes marcar la opción elegida en la **Hoja de respuestas**.*

Ahora vas a escuchar un ejemplo.

0. ¿A qué hora empieza la película?

A　　　　　　　　　　　B　　　　　　　　　　　C

La opción correcta es la letra C.

　　A　B　C
0. ☐　☐　■

1. ¿Qué hace el chico?

  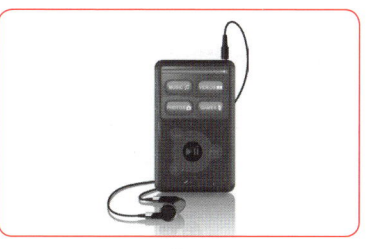

A　　　　　　　　　　　B　　　　　　　　　　　C

2. ¿Quién es su prima?

A　　　　　　　　　　　B　　　　　　　　　　　C　Continúa →

El Cronómetro ■ Manual de preparación del DELE. Examen A1 para escolares

3. ¿Qué necesitan para la comida?

A   B   C

4. ¿Qué va a tomar de postre el chico?

A   B   C

5. ¿Qué va a hacer la chica por la tarde?

A   B   C

Tarea 2

INSTRUCCIONES

Vas a escuchar cinco mensajes. Cada mensaje se repite dos veces. Debes relacionar las imágenes (de la A a la I) con los mensajes (del 6 al 10). Hay nueve imágenes, incluido el ejemplo. Tienes que seleccionar cinco.

Debes marcar la opción elegida en la **Hoja de respuestas.**

Ahora vas a escuchar un ejemplo. Atención a las imágenes.

Ejemplo: Mensaje 0. El horario de verano de esta **zapatería** es el siguiente: de lunes a viernes de 9:00 a 15:00 y el sábado de 9:00 a 13:00.

La opción correcta es la letra B.

	MENSAJES	IMÁGENES
0.	Mensaje 0	B
6.	Mensaje 1	
7.	Mensaje 2	
8.	Mensaje 3	
9.	Mensaje 4	
10.	Mensaje 5	

Comprensión auditiva

A

B

C

E

F

G

H

I

Tarea 3

INSTRUCCIONES

Vas a escuchar a un chico, Ernesto, que habla de sus compañeros de baloncesto. La información se repite dos veces.

A la izquierda, están los nombres. A la derecha, la información sobre ellos. Debes relacionar los números (del 11 al 18) con las letras (de la A a la L).

Hay 12 letras, incluido el ejemplo. Tienes que seleccionar 8.

Debes marcar la opción elegida en la **Hoja de respuestas**.

Ahora vas a escuchar el ejemplo:

Ejemplo: Frase 0. Hola, soy Ernesto. Voy a presentar a mis compañeros del equipo de baloncesto. Yo no soy el más alto, pero tampoco el más bajo del grupo.

La opción correcta es la letra C.

	A	B	C	D	E	F	G	H	I	J	K	L
0.	□	□	■	□	□	□	□	□	□	□	□	□

Continúa →

0.	Ernesto	C
11.	Óliver	
12.	Antonio	
13.	A Bernardo	
14.	Gonzalo	
15.	Damián	
16.	A Armando	
17.	Norberto	
18.	Kevin	

A	es bastante guapo.
B	vive en el campo.
C	no es el más alto ni el más bajo.
D	sabe jugar muy bien.
E	le gusta otro deporte.
F	es extranjero.
G	es más alto que el resto.
H	no le gusta hablar mucho.
I	nunca llega puntual.
J	vive cerca de Ernesto.
K	tiene muchos problemas.
L	es muy rápido.

Tarea 4

INSTRUCCIONES

Vas a escuchar a una chica, Inés, que habla de su nueva vida con su amigo Alberto. Vas a escuchar la conversación dos veces.

Tienes siete frases (de la 19 a la 25) que no están completas. Debes leer las frases y seleccionar una opción del cuadro (de la A a la I) para completar las frases, como en el ejemplo.

Debes marcar la opción elegida en la **Hoja de respuestas**.

La opción correcta para completar la frase 0 es la letra **D**.

• • • • • 🕐 Ahora tienes **30 segundos** para leer las frases.

0.	Inés ahora vive en un ....D........ .	
19.	A sus padres .... vivir fuera de la ciudad.	
20.	A Inés .... su nueva casa.	
21.	Necesita más o menos .... para llegar al centro.	
22.	Ella depende del tráfico porque .... en autobús.	
23.	Inés vuelve a su .... los jueves.	
24.	El amigo de Inés .... de los martes no tiene clases.	
25.	Inés .... porque pierde el tren.	

A	no le gusta
B	viene
C	la mayoría
D	barrio nuevo
E	les gusta
F	antiguo barrio
G	tiene que irse
H	media hora
I	les molesta

Comprensión auditiva

CLAVES

●●●●● 🕐 **Antes de empezar la prueba de Comprensión auditiva.**

Mismo tema: 2, 4, 7, 9, 12; **Tema diferente:** 1, 3, 5, 6, 8, 10, 11; **Palabras nuevas: 1.** tienda; **2.** discoteca; **3.** ordenador; **4.** hospital; **5.** coche; **6.** barba; **7.** oferta; **8.** plaza; **9.** Inglés; **10.** gafas; **11.** barrio; **12.** escuchar música.

❗ **Comentario.** El vocabulario es importante en todas las tareas. Es necesario saber identificar la palabra clave para poder realizar la tarea, para entender el tema del que se está hablando o para poder seleccionar la imagen correcta.

Tarea 1						Tarea 2				
1	2	3	4	5		6	7	8	9	10
B	B	A	C	C		G	I	D	C	E

Tarea 3								Tarea 4						
11	12	13	14	15	16	17	18	19	20	21	22	23	24	25
G	J	E	L	A	H	D	F	E	A	H	B	F	C	G

Control de progreso

Marca con un ✔.

¿Qué tal la prueba 2 de este examen?	Tarea 1	Tarea 2	Tarea 3	Tarea 4
Respuestas correctas.				
Puedo anticipar lo que voy a escuchar.				
Identifico las palabras clave.				
Me concentro en la diferencia entre las imágenes.				
Comprendo palabras nuevas por el contexto.				
Conocer mensajes en mi idioma me ayuda.				
Hacer hipótesis me facilita la tarea.				

¿Cómo te sientes después de esta prueba? Marca con una ✗.

ESTOY MUY CONTENTO/A 😊😊 ☐
ESTOY CONTENTO/A 😊 ☐
NO ESTOY CONTENTO/A ☹ ☐

Puntos: _____

Prueba 3: Expresión e Interacción escritas

●●●●● **Antes de empezar la prueba de Expresión e Interacción escritas.**

Aquí tienes cuatro correos electrónicos. Todos tienen problemas de **vocabulario**. Los errores tienen fondo gris. **Tienes que corregir los textos.**

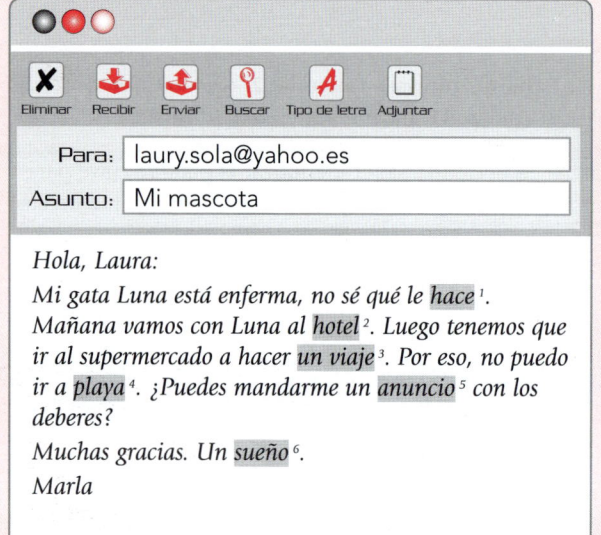

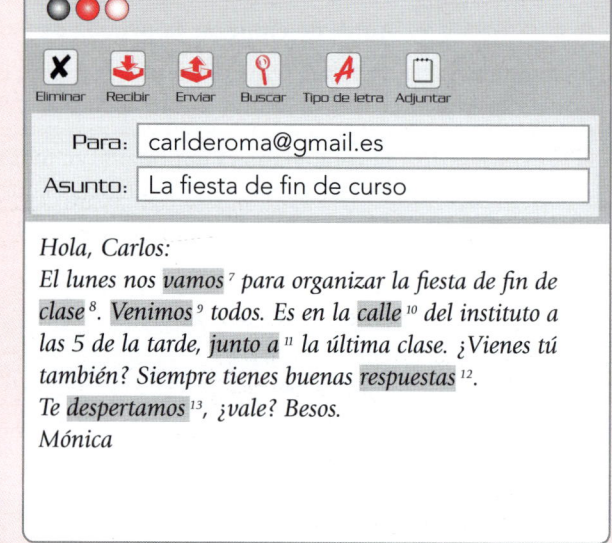

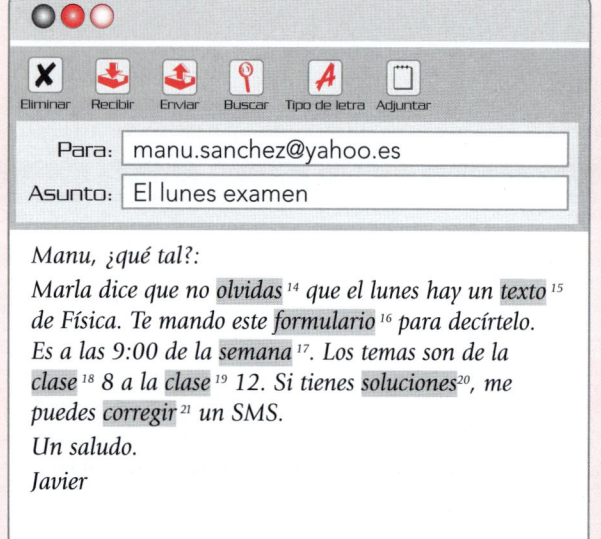

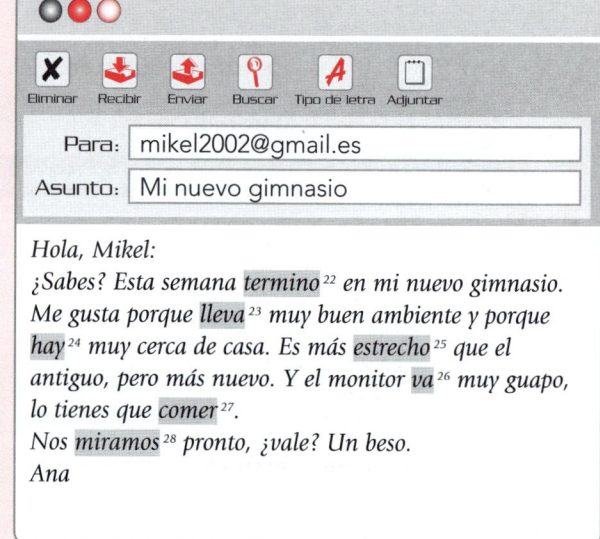

¡Ya puedes empezar esta prueba!

Prueba 3: Expresión e Interacción escritas

La prueba de **Expresión e Interacción escritas** tiene **2 tareas**.

● ● ● ● ● 🕐 La prueba dura **25 minutos**. Pon el reloj al principio de cada tarea.

Escribe tus tareas únicamente en la **Hoja de respuestas**.

Tarea 1

INSTRUCCIONES

Quieres apuntarte en un videoclub para alquilar películas. Debes completar este formulario para tener tus datos e información sobre ti.

Escribe la respuesta únicamente dentro del cuadro.

VIDEOCLUB "EL BARRIO"

Apellidos: _____ Nombre: _____

Correo electrónico: _____ Nacionalidad: _____

Teléfono fijo: _____ Teléfono móvil: _____

Fecha de nacimiento (Día / Mes / Año): _____ Sexo: _____

INFORMACIÓN SOBRE TI

¿Qué tipo de películas te gustan? ¿Por qué? (De 8 a 10 palabras)

- ☐ De terror
- ☐ Comedias
- ☐ De ciencia ficción
- ☐ De acción
- ☐ Otro tipo: ....

¿Con quién ves películas? ¿Por qué? (De 10 a 15 palabras)

- ☐ Con mis amigos
- ☐ Con mis hermanos
- ☐ Con mis padres
- ☐ Con mi novio/a

ENVIAR ➤

● ● ● ● ● 🕐 **Mi tiempo para esta tarea:** _____ min. Pon otra vez el reloj.

Modelo de examen n.º 5

Tarea 2

INSTRUCCIONES

Tienes un examen y necesitas un libro. Escribe un correo electrónico a la bibliotecaria. En él debes:
- saludar;
- decir qué libro necesitas;
- explicar por qué lo necesitas y cuánto tiempo;
- despedirte.

Número de palabras: entre 30 y 40.

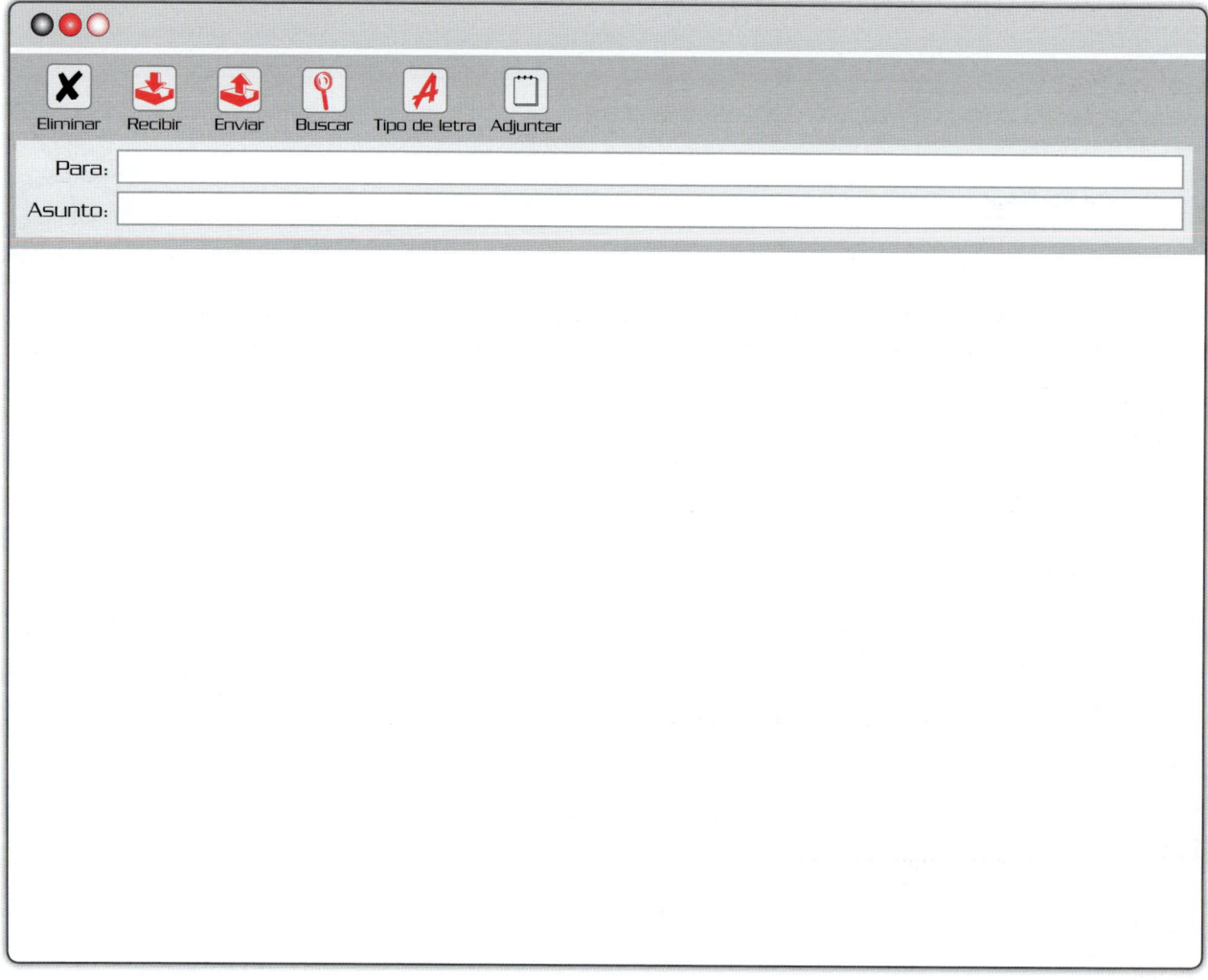

Mi tiempo para esta tarea: _____ min.

Expresión e Interacción escritas

CLAVES

●●●●● Antes de empezar la prueba de **Expresión e Interacción escritas**.

1. pasa; **2.** veterinario; **3.** la compra; **4.** clase; **5.** mensaje; **6.** beso; **7.** vemos; **8.** curso; **9.** Vamos; **10.** cafetería/biblioteca; **11.** después de; **12.** ideas; **13.** esperamos; **14.** sabes/recuerdas; **15.** examen; **16.** mensaje; **17.** mañana; **18./19.** lección/unidad; **20.** preguntas; **21.** mandar; **22.** empiezo/comienzo; **23.** tiene; **24.** está; **25.** pequeño; **26.** es; **27.** conocer; **28.** vemos.

¡Atención! Recuerda que son respuestas posibles.

Tarea 1.

VIDEOCLUB "EL BARRIO"

Apellidos: Romero Reyes. Nombre: Lucía.
Correo electrónico: luciromero@gmail.com
Nacionalidad: Española. Teléfono fijo: No tengo.
Teléfono móvil: 09549 21991 09.
Fecha de nacimiento (Día/Mes/Año): 1 de enero de 2001. Sexo: F.

INFORMACIÓN SOBRE TI
¿Qué tipo de películas te gustan? ¿Por qué? (De 8 a 10 palabras): Comedias, Ciencia ficción. Me gusta reírme. También me gusta imaginar el futuro.
¿Con quién ves películas? ¿Por qué? (De 10 a 15 palabras): Con mis amigos, con mis hermanos. Veo las películas en casa después de hacer los deberes.

Tarea 2.

Para:	biblio.iesmachado@yahoo.es
Asunto:	Libro de Historia

Hola, Lourdes:
El mes que viene tenemos un examen de Historia y necesito leer un libro. Se llama *Los niños de la guerra*. Es un libro sobre la Guerra Civil, pero no sé el autor. La profesora dice que usted conoce el libro. Lo necesito un mes por lo menos. ¿Lo puedo reservar? El lunes voy a buscarlo.
Un saludo.
Manuel.

Control de progreso

Lee otra vez despacio tus textos. Marca con un ✔.

¿Qué tal la prueba 3 de este examen?	Tarea 1	Tarea 2
⏱ ¿Cuánto tiempo necesitas en cada tarea?		
Entiendo bien las instrucciones.		
Entiendo todas las preguntas.		
Conozco los dos tipos de texto.		
No escribo demasiadas palabras.		
Tengo pocos errores de gramática o de vocabulario.		

¿Cómo te sientes después de esta prueba? Marca con una ✗.	ESTOY MUY CONTENTO/A ☺☺	
	ESTOY CONTENTO/A ☺	
	NO ESTOY CONTENTO/A ☹	

💬 Prueba 4: Expresión e Interacción orales

●●●●● **Antes de empezar la prueba de Expresión e Interacción orales.**

En la columna de la izquierda tienes posibles problemas durante la prueba. En la columna de la derecha tienes posibles soluciones. ¿Puedes unirlas?

Problemas

Soluciones

1. No sé qué tema elegir.	a. Puedes preguntar al entrevistador: *¿Es suficiente o tengo que hablar más en esta tarea?*
2. No entiendo una instrucción en la sala de preparación.	b. No tienes que saber todas las palabras. Si no sabes una palabra, puedes intentar explicarla o hablar sobre otra cosa.
3. Empiezo la prueba y estoy nervioso.	c. Puedes decirle: *¿Puede hablar más despacio, por favor?*
4. No sé cómo se dice una palabra y no sé cómo seguir.	d. Tómate tiempo para pensar y elige el tema sobre el que puedes hablar más.
5. El entrevistador habla un poco rápido.	e. Puedes decirle: *No entiendo qué tengo que hacer. ¿Puede repetir, por favor?*
6. No entiendo una pregunta del entrevistador.	f. Puedes decirle: *No entiendo su pregunta. ¿Puede repetirla, por favor?*
7. En una tarea no sé si hablo durante el tiempo suficiente o no.	g. Respira y piensa que es solo una prueba.

❗ **Comentario.** En la página 219 hay comentarios útiles sobre esta prueba.

Mira las siguientes viñetas con más consejos para la preparación de la prueba el día del examen:

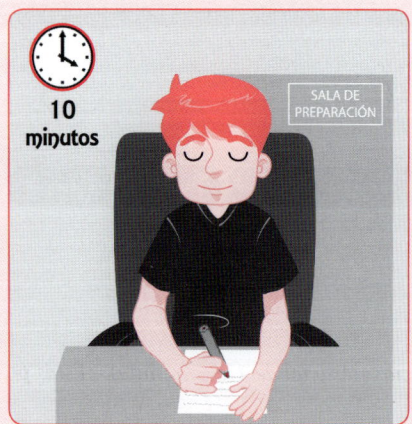

Recuerda que puedes tomar notas y que puedes hacer esquemas.

Elige las opciones sobre las que puedes hablar más. Si sabes más palabras sobre una opción, puedes hablar más sobre el tema.

¡Ya puedes empezar esta prueba!

Prueba 4: Expresión e Interacción orales

LA PREPARACIÓN

••••• 🕒 Tienes **10 minutos** para preparar las tareas 1 y 2. Sigue todas las **instrucciones**.

Tarea 1

INSTRUCCIONES

Tienes que hacer una presentación personal. Tienes que hablar de **1 a 2 minutos**. El entrevistador no habla en esta parte de la prueba.

Vas a preparar una presentación personal de dos minutos aproximadamente. Puedes hablar sobre los siguientes aspectos:

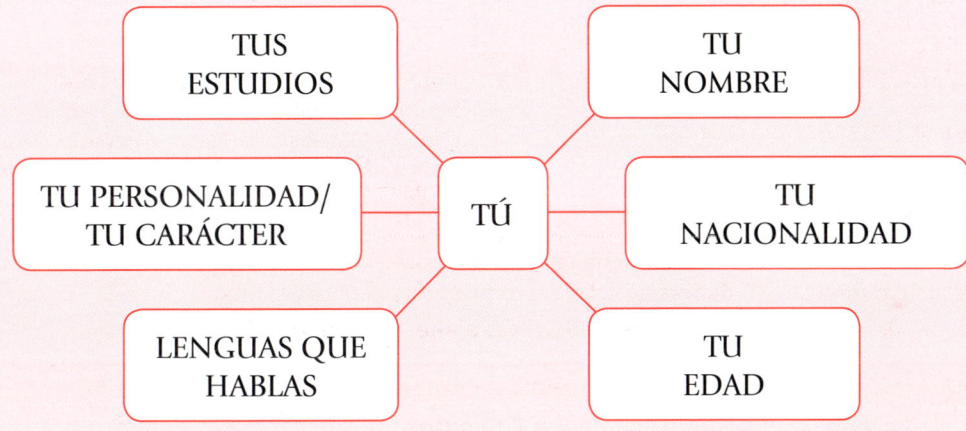

❗ **¡Atención!** La **tarea 1** comienza así (diálogo sin errores):

▶ **Entrevistador:** *Hola, me llamo Fran, ¿y tú?*
▶ **Candidata:** *Hola. Yo soy Isabela.*
▶ **E:** *¿Cuál es tu nacionalidad?*
▶ **C:** *Soy brasileña, de Porto Alegre.*
▶ **E:** *Vale, Isabela. Vamos a comenzar con la tarea 1. Tienes que hacer una presentación personal de 1 a 2 minutos. ¿Estás preparada?*
▶ **C:** *Sí. Me llamo Isabela y mi apellido es Boschi. Soy brasileña, de una ciudad que se llama Porto Alegre. Tengo 12 años y hablo portugués, inglés y un poco de español.*

❗ **Consejo.** Para practicar puedes hacer tu presentación con un compañero y después hacerla él. Podéis hablar sobre las cosas que están bien y las cosas que se pueden mejorar. Si queréis, podéis hablar en vuestra lengua. Si no tienes un compañero cerca, graba tu tarea 1 y escúchala.

Tarea 2

INSTRUCCIONES

Tienes que hacer una presentación sobre un tema. Tienes que hablar de 2 a 3 minutos. El entrevistador no habla en esta parte de la prueba.

Vas a seleccionar tres de las cinco opciones para hablar aproximadamente durante dos minutos:

- EN LA ESCUELA
- EN CASA
- EN MI PAÍS (O EN OTROS)
- LUGARES QUE ME GUSTAN
- EN MI BARRIO
- EN MI CIUDAD

¡Atención! La **tarea 2** comienza así (diálogo sin errores):

▶ **Entrevistador:** *Isabela, ahora vas a hacer la tarea 2. ¿Tu tema es…?*
▶ **Candidata:** *Mi tema es LUGARES QUE ME GUSTAN.*
▶ **E:** *¿Sobre qué 3 opciones vas a hablar?*
▶ **C:** *Voy a hablar sobre mi barrio, mi ciudad y mi país.*
▶ **E:** *Empieza, por favor. Tienes que hablar durante unos 2 minutos.*
▶ **C:** *Pues… mi barrio es muy interesante. Está en el centro de la ciudad y hay muchos lugares que me gustan. Muchos de mis amigos viven en mi barrio y por las tardes podemos jugar juntos. El sitio que más me gusta de mi barrio es un parque que hay cerca de mi casa porque…*

Comentario. Puedes leer las preguntas de esta tarea en el documento de transcripciones de la *ELEteca*. No olvides que al final de la tarea 3 tienes que hacerle dos preguntas al entrevistador.

Tarea 1

●●●●● *Recuerda que la tarea dura de **1 a 2 minutos**.*

Pon la pista n.º 52. *Escucha las instrucciones y comienza tu presentación.*
52

Graba *tus respuestas.*

Tarea 2

●●●●● *Recuerda que la tarea dura de **2 a 3 minutos**.*

Pon la pista n.º 53. *Escucha las instrucciones y comienza tu presentación.*
53

Graba *tus respuestas.*

Tarea 3

●●●●● *Recuerda que la tarea dura de **3 a 4 minutos**.*

Pon la pista n.º 54. *Escucha las instrucciones y comienza tu presentación.*
54

Graba *tus respuestas.*

Expresión e Interacción orales

▶ **Entrevistador:** *Terminamos la tarea 2 y ahora vamos a hacer la tarea 3. Ya sabes que voy a hacerte preguntas sobre LOS LUGARES QUE TE GUSTAN. En general, ¿te gusta viajar? ¿Por qué?*

▶ **Candidata:** *Sí, me gusta mucho porque me gusta conocer lugares diferentes. Normalmente viajo dos veces al año con mis padres.*

▶ **E:** *¿Te gusta viajar con tus padres o prefieres viajar con tus amigos? ¿Por qué?*

▶ **C:** *Ahora prefiero viajar con mis padres porque no tengo dinero suficiente.*

▶ **E:** *En el futuro, ¿vas a viajar solo? ¿Por qué?*

CLAVES

● ● ● ● ● **Antes de empezar la prueba de Expresión e Interacción orales.**

1. d; **2.** e; **3.** g; **4.** b; **5.** c; **6.** f; **7.** a.

Comentario. 1. d. Hay temas que son más fáciles porque son más interesantes para ti. Elige esos temas. Tienes tiempo para elegir; **2. e.** El personal de la sala de preparación va a ayudarte mucho. Si no entiendes algo, puedes preguntar; **3. g.** Es solo una prueba. Es importante respirar bien y estar tranquilo; **4. b.** Puedes decir diferentes cosas en las tareas. Si no sabes una palabra, no importa. Puedes hablar sobre otras cosas relacionadas con el tema de la tarea; **5. c.** El entrevistador va a ayudarte siempre. Si lo necesitas, puede hablar más lento; **6. f.** Ya sabes que en la tarea 3 no sabemos qué preguntas va a hacer el entrevistador. Si no entiendes algo, puedes preguntar; **7. a.** Intenta controlar el tiempo siempre. Si no estás seguro sobre el tiempo, puedes preguntar. Si hablas menos, el entrevistador va a hacerte más preguntas.

Control de progreso

🔊 Escucha tus respuestas en cada prueba. Marca con un ✔.

¿Qué tal la prueba 4 de este examen?	Tarea 1	Tarea 2	Tarea 3
Entiendo sin problemas la tarea.	☐	☐	☐
Tengo notas que me ayudan.	☐	☐	☐
Hablo sobre el tema y no sobre otras cosas.	☐	☐	☐
Hablo durante el tiempo que tiene la tarea.	☐	☐	☐
Aunque a veces tengo problemas, puedo contar mis ideas.	☐	☐	☐
Entiendo bien las preguntas del entrevistador.	☐	☐	☐
Tengo una pronunciación clara.	☐	☐	☐
No tengo errores graves de gramática.	☐	☐	☐
No cometo errores graves de vocabulario.	☐	☐	☐
Solo uso palabras en español.	☐	☐	☐

¿Cómo te sientes después de esta prueba? Marca con una ✗.

ESTOY MUY CONTENTO/A 😊😊 ☐
ESTOY CONTENTO/A 😊 ☐
NO ESTOY CONTENTO/A ☹ ☐

Actividades sobre el Modelo n.º 5

> ¡**Atención!** En esta prueba, a diferencia de las otras pruebas, sí tienes actividades para mejorar la preparación.

Tarea 1.

a. Aquí tienes la presentación personal de una candidata. Relaciona temas y frases de la presentación.

TEMAS		FRASES	
1.	Tu nombre	a.	Estudio en un instituto de Secundaria en mi ciudad. Estudio muchas asignaturas.
2.	Tu nacionalidad	b.	Soy japonesa, de la ciudad de Kioto.
3.	Tu edad	c.	Soy una chica simpática y un poco tímida y me gusta mucho el pop coreano. También soy muy trabajadora y siempre tengo buenas notas. Mis profesores siempre dicen que soy una buena estudiante.
4.	Lenguas que hablas	d.	Me llamo Hiroko y mi apellido es Murakami.
5.	Tu personalidad/tu carácter	e.	Tengo 13 años.
6.	Tus estudios	f.	Hablo japonés, inglés y un poco de español. Español es una de mis asignaturas favoritas. En el futuro quiero ir a España para estudiar la historia de España.

b. Aquí tienes la presentación personal de un candidato. Tiene algunos **errores**. ¿Puedes ayudarlo? Copia el texto de forma correcta.

Me llamo Thierry. Soy un chico francés, a Lyon. Soy 14 años y hablo francés, inglés y un poco español.

Soy un chico activo y me gusto hacer muchas cosas, por ejemplo, jugar de baloncesto. Mios padres dicen soy serioso pero yo no creo.

Estudio en un instituto de Secundaria a mia ciudad. Estudia mucho asignaturas. Mis asignaturas favorito son Matemáticas e Inglés.

▶ Actividades sobre el Modelo n.º 5

Tarea 2.

a. Con el tema LUGARES QUE ME GUSTAN puedes hablar sobre tu barrio o tu ciudad. Busca un mapa de tu barrio, ¿puedes describirlo? Puedes usar:

En mi barrio hay… / Mi barrio tiene… / Mi barrio es…

 Graba tu descripción y luego **escúchala**.

b. Aquí tienes las **notas** para el tema de la tarea 2, LUGARES QUE ME GUSTAN, de dos candidatos. Los candidatos eligen hablar primero sobre la opción: MI BARRIO. El texto no tiene errores.

○ CANDIDATO 1

Mi barrio es muy interesante. Está en el centro de la ciudad y hay muchos lugares que me gustan. Hay varios supermercados, cuatro o cinco restaurantes, varios parques y dos escuelas: una para niños más pequeños y otra de secundaria.

Muchos de mis amigos viven en mi barrio y por las tardes podemos jugar juntos. El sitio que más me gusta de mi barrio es un parque que hay cerca de mi casa porque puedo jugar allí con mis amigos.

○ CANDIDATO 2

Barrio → Interesante

En el centro

Supermercados + restaurantes + parques + escuelas

Amigos en el barrio / jugar juntos

Me gusta → el parque cerca de mi casa

¿Qué notas son más útiles? ¿Por qué? Anota aquí tu comentario, en español o en tu idioma.

....
....

Tarea 3.

a. Aquí tienes algunas preguntas que pueden aparecer en la tarea 3 de este modelo. Cada pregunta tiene tres respuestas pero solo una es correcta. ¿Cuál es la respuesta correcta?

1. ¿Te gusta viajar con tus padres o prefieres viajar con tus amigos? ¿Por qué?

a. Tengo muchos amigos. Tengo amigos en mi barrio y luego… los amigos de la escuela.

b. Prefiero viajar con mis padres porque no tengo dinero para viajar solo. Además, ellos siempre me compran muchas cosas.

c. Prefiero visitar ciudades de mi país. Mi país es muy grande y hay muchos sitios que no conozco.

2. ¿Tienes muchos amigos en tu ciudad? ¿Hacéis cosas juntos? ¿Qué cosas hacéis?

a. Tengo muchos amigos. Tengo amigos en mi barrio y luego… los amigos de la escuela. Hacemos muchas cosas juntos, por ejemplo, jugar al fútbol. A veces también vamos juntos al cine o a tomar una hamburguesa.

b. Mi ciudad es grande y tiene muchos parques. En los parques podemos jugar a diferentes cosas.

c. Hablo alemán y un poco de español. Me gusta mucho estudiar idiomas. Mis amigos estudian idiomas también y, a veces, podemos practicar juntos.

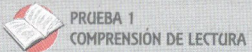 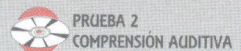 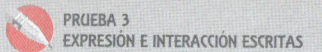 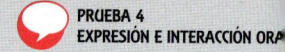

3. ¿Qué cosas de tu ciudad te gustan más? ¿Por qué?

a. Me gusta cantar en el karaoke y jugar al baloncesto.

b. Mi ciudad no es muy grande pero me gusta.

c. Me gustan las bibliotecas y los cines. Me gustan las bibliotecas porque hay muchos libros y me encanta leer. Los cines me gustan porque prefiero ver las películas en los cines. No me gusta nada ver películas en casa.

4. ¿Qué cosas de tu ciudad te gustan menos? ¿Por qué?

a. No me gusta comer verduras. Mi madre cocina muchas verduras, pero yo prefiero la carne.

b. No me gusta que no hay muchos sitios para jóvenes. Creo que necesitamos más sitios para pasar tiempo con los amigos.

c. Mi barrio es muy interesante. Está en el centro de la ciudad y hay muchos lugares que me gustan. Muchos de mis amigos viven en mi barrio y por las tardes podemos jugar juntos.

5. ¿Conoces otros países? ¿Cuáles?

a. En Latinoamérica hablan español y en España también. Me gusta mucho estudiar español. Pienso que es muy útil.

b. Brasil es un país muy bonito. Hay muchas ciudades interesantes que podemos visitar.

c. Conozco dos países: Estados Unidos y México.

6. ¿Cuál es tu país favorito? ¿Por qué?

a. Mi ciudad es grande y tiene muchos parques. En los parques podemos jugar a diferentes cosas.

b. Es… España. Me gustan la gente, la cultura y la comida. Me gustan mucho la paella y la tortilla de patatas.

c. Mi madre es francesa y mi padre, inglés.

⚠️ **¡Atención!** Mira la solución antes de seguir (página 224).

Responde ahora a las preguntas con tu información.

🎤 **Graba** las respuestas. 🔊 **Escucha** las respuestas.

> **Actividades sobre el Modelo n.º 5**

b. Escribe dos preguntas sobre los siguientes temas para el entrevistador.

● MI FAMILIA:

1. ¿ .... ?
2. ¿ .... ?

● LOS AMIGOS:

1. ¿ .... ?
2. ¿ .... ?

● MI MÚSICA FAVORITA:

1. ¿ .... ?
2. ¿ .... ?

● MI LIBRO FAVORITO:

1. ¿ .... ?
2. ¿ .... ?

● MI CASA:

1. ¿ .... ?
2. ¿ .... ?

● MI BARRIO:

1. ¿ .... ?
2. ¿ .... ?

● MI CIUDAD:

1. ¿ .... ?
2. ¿ .... ?

● MI ESCUELA:

1. ¿ .... ?
2. ¿ .... ?

 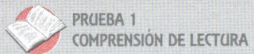 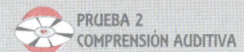  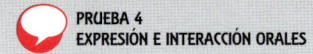

CLAVES

Tarea 1.

a. 1. d; 2. b; 3. e; 4. f; 5. c; 6. a.

b. Propuesta de corrección. Las palabras marcadas son correcciones.

Me llamo Thierry. Soy un chico francés, de Lyon. Tengo 14 años y hablo francés, inglés y un poco de español.

Soy un chico activo y me gusta hacer muchas cosas, por ejemplo, jugar al baloncesto. Mis padres dicen que soy serio pero yo creo que no.

Estudio en un instituto de Secundaria de mi ciudad. Estudio muchas asignaturas. Mis asignaturas favoritas son Matemáticas e Inglés.

Tarea 2.

a. ⚠ **Comentario.** Las notas son algo personal y cada uno tiene una forma diferente de tomarlas. En la sala de preparación no tienes mucho tiempo para escribir textos completos para las tareas 1 y 2. Además, no puedes leer los textos palabra por palabra, solo puedes mirar las notas. Intenta escribir solo las palabras importantes. Puedes usar esquemas o ⟶ flechas. Durante la entrevista es más fácil visualizar palabras sueltas que textos completos.

Tarea 3.

a. 1. b; 2. a; 3. c; 4. b; 5. c; 6. b.

b. Propuestas de preguntas (todas están en estilo formal: *usted*).

Mi familia: 1. ¿Le gusta pasar tiempo con su familia?, **2.** ¿Tiene hijos?; **Los amigos: 1.** Su mejor amigo, ¿trabaja con usted?, **2.** ¿Tiene muchos amigos?; **Mi música favorita: 1.** ¿Qué tipo de música le gusta más?, **2.** ¿Toca usted algún instrumento?; **Mi libro favorito: 1.** ¿Cuál es su libro favorito?, **2.** ¿Le gustan libros como *Harry Potter*?; **Mi casa: 1.** ¿Cuál es el sitio de su casa que más le gusta?, **2.** ¿Qué puede ver por las ventanas?; **Mi barrio: 1.** ¿En su barrio hay algún cine?, **2.** ¿Hay bastantes parques?; **Mi ciudad: 1.** ¿Quiere vivir en otra ciudad en el futuro?, **2.** ¿En cuál?; **Mi escuela: 1.** ¿Quién es el profesor de su infancia favorito?, **2.** ¿Tiene contacto con él?

⚠ **Comentario.** En esta última parte de la tarea hay que hacer dos preguntas al entrevistador. Puedes hablar de *usted*, pero también es posible hablar de *tú*. En esta tarea 3, la forma utilizada es *usted*, pero en el examen no es obligatorio.

Resumen de la preparación

⚠ ¡Atención! Anota aquí los resultados de todos los modelos y algún comentario sobre el modelo, en español o en tu idioma.

Modelo	Fecha	Tiempo utilizado	Puntos	Comentario
1				
2				
3				
4				
5				
6				

Modelo	Fecha	Tiempo utilizado	Puntos	Comentario
1				
2				
3				
4				
5				
6				

El día del examen

Algunos consejos para el día del examen:

- La **inscripción** al examen se hace en un **Centro de examen**. Ahí puedes encontrar toda la información necesaria. También tienes la página del ⌖ **Instituto Cervantes**: http://www.diplomas.cervantes.es/

- Es importante dormir bien el día anterior y llegar puntual al **Centro de examen**.

- No olvides tu **documentación personal**: un documento de identidad con fotografía y la cita del examen.

- Sigue bien las **instrucciones del** examen.

- No te pongas nervioso. Controla el tiempo como en la preparación.

- Si tienes alguna **discapacidad** o minusvalía, es importante informar antes de inscribirte.

- Si tienes **preguntas**, es importante hacerlas directamente al Centro del examen o a personas relacionadas directamente con el Instituto Cervantes.

- Si crees que algo no está bien, puedes hacer una **reclamación**.

- Puedes mirar el resultado de la **nota** en la página web del Instituto Cervantes unos 3 meses después del día del examen (en tu Centro de examen te explican cómo hacerlo). La página web es ⌖ **www.diplomas.cervantes.es**.

Comentario final (en español o en tu idioma):

Escribe sobre tu preparación del examen DELE A1 para escolares.

....

....

....

DELE A1
para escolares

Apéndices

APÉNDICE 1
Listado de contenidos del nivel A1

APÉNDICE 2
Transcripciones de las audiciones

Disponible en la *ELEteca*

APÉNDICE 3
Hojas de respuestas para fotocopiar

Edinumen — El Cronómetro, manual de preparación del DELE. Examen A1 para escolares

Apéndice 1

Listado de contenidos del nivel A1 de español

Fuente: *Plan Curricular del Instituto Cervantes*

● ● ● ● ● **¡Atención!** Se recomienda a los profesores consultar el texto completo, en especial en lo relativo a las variedades hispanoamericanas. Los ejemplos que aparecen aquí son los mismos del texto original.

1. EL SUSTANTIVO

- Nombres propios: nombres de pila y apellidos. Formas de tratamiento. Nombres de lugares.
- Nombres comunes: nombres de periodos temporales.
- El género de los sustantivos.
- El número de los sustantivos.

2. EL ADJETIVO

- Adjetivos calificativos.
- El género del adjetivo.
- Posición del adjetivo.
- Gentilicios frecuentes.
- El número del adjetivo.
- Grados del adjetivo: positivo, superlativo.

3. LOS ARTÍCULOS

- El artículo definido: forma, distribución sintáctica.
- El artículo indefinido: forma, valores/significado, distribución sintáctica.
- Ausencia de determinación: los nombres escuetos.

4. LOS DEMOSTRATIVOS

- *Este, ese, aquel.*

5. LOS POSESIVOS

- *Mi, mis, tu, tus, su, sus.*

6. LOS CUANTIFICADORES

- *Uno, dos...*
- *Poco, mucho.*
- *Primero, segundo.*
- *También, tampoco.*

7. LOS PRONOMBRES

- El pronombre personal: sujeto, OI, OD.
- Los relativos: *que.*
- Los interrogativos: *qué; quién/quiénes; cuánto/cuánta/cuántos/cuántas.*

 Apéndices

8. EL ADVERBIO

- *Ahí, allí; lejos, cerca; ahora, hoy, mañana; poco, mucho, bastante; mucho/muy; bien, mal; sí, no; también, tampoco; entonces.*
- Posición posverbal.

9. EL VERBO

- Presente: forma, valores/significado.
- Formas no personales del verbo: infinitivo, participio. Forma, valores/significado.

10. EL SINTAGMA NOMINAL

- Complementos y modificadores.
- Concordancia interna al SN.
- Concordancia del SN con el verbo.
- El vocativo: *¡Señor González!*

11. EL SINTAGMA ADJETIVAL

- Complementos y modificadores.

12. EL SINTAGMA VERBAL

- El núcleo.
- Complementos: atributo, objeto directo, objeto indirecto.

13. LA ORACIÓN SIMPLE

- Concordancia. Concordancia sujeto–verbo. Concordancia sujeto–atributo.
- Tipos de oraciones simples: enunciativas (afirmativas y negativas), interrogativas directas, impersonales con el verbo *haber*, copulativas o atributivas, transitivas e intransitivas.

14. ORACIONES COMPUESTAS POR COORDINACIÓN

- Copulativas: *y; ni.*
- Disyuntivas: *o.*
- Adversativas: *pero.*
- Adversativas: *uno... otro.*

15. LA ORACIÓN SUBORDINADA

- Oraciones subordinadas sustantivas: *Hablar español es útil. Me gusta estudiar español. Creo que es muy caro.*
- Oraciones subordinadas adjetivas o de relativo: *La profesora que tengo es muy buena. La amiga que viene conmigo. Un libro que lees.*
- Oraciones subordinadas adverbiales: *Estudio español porque mi novio es de Cáceres. Estoy en España porque me gusta.*
- Nexos y conectores de causalidad: *porque, para* + infinitivo.

Contenidos funcionales

1. DAR Y PEDIR INFORMACIÓN

- Identificar.
- Pedir información: persona, cosa, lugar, nacionalidad, actividad, cantidad, hora, razón, causa, proponer alternativas.
- Dar información: datos personales, cosa, lugar, hora, tiempo, finalidad, razón, causa, corregir una información de otra persona (con una negación o con una afirmación).
- Pedir confirmación.
- Confirmar la información previa.

2. EXPRESAR OPINIONES, ACTITUDES Y CONOCIMIENTOS

- Pedir opinión: *Yo creo que el francés es fácil. ¿Y tú? Creo que esto es muy caro, ¿no?*
- Dar una opinión: *Yo creo que Santiago es una ciudad muy bonita.*
- Pedir valoración: *¿Está bien?*
- Valorar: (*Muy/Bastante*) *bien, mal, regular.* Gestos con la cabeza.
- Expresar aprobación y desaprobación: ¡(*Muy*) *mal/bien!* Gestos con la cabeza.
- Expresar acuerdo/desacuerdo: *Sí, no, yo también, yo tampoco.*
- Mostrar escepticismo: *No sé.*
- Presentar un contraargumento: *Sí, pero…*
- Expresar posibilidad: *Es posible. Quizá(s).*
- Preguntar por el conocimiento de algo: *¿Sabes los números en español? ¿Conoces Bolivia?*
- Expresar habilidad para hacer algo: *Pepa no sabe alemán. Sé nadar.*

3. EXPRESAR GUSTOS, DESEOS Y SENTIMIENTOS

- Expresar gustos e intereses: *Me gusta mucho bailar. No me gustan las discotecas.*
- Preguntar por preferencias: *¿Té o café?*
- Expresar preferencias: *Prefiero café. Prefiero bailar.*
- Expresar deseos: *Quiero una bicicleta nueva. Quiero aprender español.*
- Preguntar por planes e intenciones: *¿Trabajas mañana?*
- Expresar planes e intenciones: *Esta noche hago los deberes. El domingo voy de excursión.*

4. INFLUIR EN EL INTERLOCUTOR

- Dar una orden o instrucción: *¡Silencio, por favor! Más despacio, por favor. ¿Puedes repetir?*
- Pedir objetos: *Un café, por favor.*
- Responder a una orden, petición o ruego: *Sí, sí; No; No, lo siento; No. Perdón.*
- Ofrecer e invitar: *¿Quieres una copa? ¿Un café?*
- Aceptar una propuesta, ofrecimiento, o invitación: *Sí, gracias. No,* (*muchas*) *gracias.*

5. RELACIONARSE SOCIALMENTE

- Saludar/responder al saludo: *Hola Buenos/as días/tardes/noches.*
- Dirigirse a alguien.
- Presentar a alguien o a uno mismo: *Esta es Ana. Hola, soy Pedro, ¿qué tal? Buenas tardes, me llamo Julio López Arganda; soy estudiante de informática.*
- Disculparse: *Perdón.*
- Agradecer.
- Proponer un brindis: *¡Salud!*
- Felicitar: *¡Felicidades!*
- Despedirse: *¡Adiós! Adiós, buenos/as días/tardes/noches. Hasta mañana. Hasta el jueves. ¡Chao!*

6. ESTRUCTURAR EL DISCURSO

- Establecer la comunicación y reaccionar: *¡Eh! Por favor, María. ¿Sí?*
- Contacto visual.
- Preguntar por una persona y responder: *¿El Sr. González, por favor? Sí, soy yo.*
- Pedir a alguien que guarde silencio: *Shhh, silencio, por favor.*

Tipos de textos (orales y escritos)

1. GÉNEROS DE TRANSMISIÓN ORAL

(R) (P): recepción y producción; (R): solo recepción; (P): solo producción.

- Conversaciones cara a cara, muy breves e informales, sobre personas y lugares. (R) (P)
- Conversaciones transaccionales cara a cara (compras sencillas, preguntas sobre lugares, indicaciones). (R) (P)

2. GÉNEROS DE TRANSMISIÓN ESCRITA

(R) (P): recepción y producción; (R): solo recepción; (P): solo producción.

- Billetes (de transporte, de banco). (R)
- Carteles en hoteles, tiendas, supermercados, mercados; directorios de centros comerciales… (R)
- Diccionarios bilingües. (R)
- Formularios (datos personales). (R) (P)
- Hojas y folletos con información turística. (R)
- Horarios de establecimientos y transporte público. (R)
- Menús del día, turísticos o en establecimientos de comida rápida. (R)
- Notas muy breves y sencillas. (R)
- Postales y mensajes electrónicos, breves y sencillos. (R) (P)

 **Diploma de Español. Examen A1 para escolares**
Hoja de respuestas

Modelo de examen n.° _____
Fecha: ....

ESCRIBE, POR FAVOR, CON LETRA MAYÚSCULA.

APELLIDO(S)

NOMBRE

PAÍS

CIUDAD

 ## Prueba de Comprensión de lectura

TAREA 1
1. A B C
2. A B C
3. A B C
4. A B C
5. A B C

TAREA 2
6. A B C D E F G H I J
7. A B C D E F G H I J
8. A B C D E F G H I J
9. A B C D E F G H I J
10. A B C D E F G H I J
11. A B C D E F G H I J

TAREA 3
12. A B C D E F G H I J
13. A B C D E F G H I J
14. A B C D E F G H I J
15. A B C D E F G H I J
16. A B C D E F G H I J
17. A B C D E F G H I J

TAREA 4
18. A B C
19. A B C
20. A B C
21. A B C
22. A B C
23. A B C
24. A B C
25. A B C

Prueba de Comprensión auditiva

TAREA 1
1. A B C
2. A B C
3. A B C
4. A B C
5. A B C

TAREA 2
6. A B C D E F G H I
7. A B C D E F G H I
8. A B C D E F G H I
9. A B C D E F G H I
10. A B C D E F G H I

TAREA 3
11. A B C D E F G H I J L
12. A B C D E F G H I J L
13. A B C D E F G H I J L
14. A B C D E F G H I J L
15. A B C D E F G H I J L
16. A B C D E F G H I J L
17. A B C D E F G H I J L
18. A B C D E F G H I J L

TAREA 4
19. A B C D E F G H I
20. A B C D E F G H I
21. A B C D E F G H I
22. A B C D E F G H I
23. A B C D E F G H I
24. A B C D E F G H I
25. A B C D E F G H I

Hoja de respuestas

Diploma de Español. Nivel A1 para escolares
Hoja de respuestas

Modelo de examen n.° _____

Fecha: ....

ESCRIBE, POR FAVOR, CON LETRA MAYÚSCULA.

APELLIDO(S)

NOMBRE

PAÍS

CIUDAD

Prueba de Comprensión de lectura

TAREA 1
1. A B C
2. A B C
3. A B C
4. A B C
5. A B C

TAREA 2
6. A B C D E F G H I J
7. A B C D E F G H I J
8. A B C D E F G H I J
9. A B C D E F G H I J
10. A B C D E F G H I J
11. A B C D E F G H I J

TAREA 3
12. A B C D E F G H I J
13. A B C D E F G H I J
14. A B C D E F G H I J
15. A B C D E F G H I J
16. A B C D E F G H I J
17. A B C D E F G H I J

TAREA 4
18. A B C
19. A B C
20. A B C
21. A B C
22. A B C
23. A B C
24. A B C
25. A B C

Prueba de Comprensión auditiva

TAREA 1
1. A B C
2. A B C
3. A B C
4. A B C
5. A B C

TAREA 2
6. A B C D E F G H I
7. A B C D E F G H I
8. A B C D E F G H I
9. A B C D E F G H I
10. A B C D E F G H I

TAREA 3
11. A B C D E F G H I J L
12. A B C D E F G H I J L
13. A B C D E F G H I J L
14. A B C D E F G H I J L
15. A B C D E F G H I J L
16. A B C D E F G H I J L
17. A B C D E F G H I J L
18. A B C D E F G H I J L

TAREA 4
19. A B C D E F G H I
20. A B C D E F G H I
21. A B C D E F G H I
22. A B C D E F G H I
23. A B C D E F G H I
24. A B C D E F G H I
25. A B C D E F G H I